本研究得到浙江金道律师事务所“鲲鹏计划”资助和浙江理工大学科研启动基金资助（项目编号：23252185-Y），同时系浙江理工大学横向课题“民营企业发展中的法律风险及防范对策研究”（项目编号：23250115-J）的阶段性成果。

民事诉讼代理

方法与应用

Representation in Civil Litigation

Methods and Applications

赵青航 著

法律出版社
LAW PRESS · CHINA
北京

图书在版编目(CIP)数据

民事诉讼代理 : 方法与应用 / 赵青航著. -- 北京 : 法律出版社, 2024
ISBN 978-7-5197-8688-5

Ⅰ. ①民… Ⅱ. ①赵… Ⅲ. ①民事诉讼-代理(法律)-研究-中国 Ⅳ. ①D925.104

中国国家版本馆 CIP 数据核字(2024)第 014175 号

民事诉讼代理:方法与应用
MINSHI SUSONG DAILI:FANGFA YU YINGYONG

赵青航 著

责任编辑 李 群 陈 熙
装帧设计 李 瞻

出版发行 法律出版社
编辑统筹 法规出版分社
责任校对 张红蕊
责任印制 耿润瑜
经　　销 新华书店

开本 710 毫米×1000 毫米 1/16
印张 23 **字数** 300 千
版本 2024 年 2 月第 1 版
印次 2024 年 2 月第 1 次印刷
印刷 天津嘉恒印务有限公司

地址:北京市丰台区莲花池西里 7 号(100073)
网址:www.lawpress.com.cn
投稿邮箱:info@lawpress.com.cn
举报盗版邮箱:jbwq@lawpress.com.cn

销售电话:010-83938349
客服电话:010-83938350
咨询电话:010-63939796

书号:ISBN 978-7-5197-8688-5 **定价**:68.00 元

作者简介

赵青航

法学博士，浙江理工大学特聘副教授、硕士生导师，兼任浙江省法学会诉讼法学研究会理事。在《浙江社会科学》《北方法学》《浙大法律评论》等期刊发表《律师持令取证的实践现状与制度构建——以浙江省为例的实证研究》《论数字时代下协同主义诉讼模式的建构》《协同主义理论下律师在调解中的作用——基于杭州市的实证研究》等学术论文数十篇。在《法治日报》《人民政协报》《人民法院报》等报刊发表近百篇法治评论和案例评析。独著《亲历法庭：民商事案件诉讼思维与代理策略》《律师应是怎样的人》《民办非企业单位法律制度研究——以民办养老机构的发展现状为素材》，执行主编“为业载道”“诉之有道”系列书籍7本，参编书籍6本。参与国家社会科学基金重大项目“深化司法体制改革和现代科技应用相结合的难点与路径研究”，主持浙江省社科规划课题“浙江省促进创业投资发展立法研究”等多项省部级、地厅级课题和政府、企业委托课题。曾获杭州市第十九届哲学社会科学优秀成果奖。

律师执业十余年。现任浙江金道律师事务所品牌与文化建设委员会主任、民商事争议解决领域团队负责人（从教前担任高级合伙人），曾任杭州市律师协会第九届民事专业委员会秘书长。在民商事法律服务领域和政府法律服务领域具有丰富的实务经验。为国网浙江省电力有限公司、中国信达资产管理股份有限公司浙江省分公司等逾30家大型企业提供法律顾问、争议解决和专项法律服务；为浙江省市场监督管理局、浙江省生态环境厅、浙江省交通运输厅、浙江省民族宗教事务委员会等近10家省级行政机关提供法律顾问和专项法律服务。获评全国律师宣传工作先进个人、浙江省第四届优秀青年律师、浙江省律师协会通报表扬（连续四次）、杭州市律师行业最美共产党员、杭州市律师协会个人嘉奖（三次）等荣誉，编写的案例入选“人民法院保障民生典型案例”（载《最高人民法院公报》2014年第10期），并被评为浙江省法院优秀案例。

谨以此书献给我的老师们和学生们

序　一

喜迎亚运之际，我收到赵青航博士的书稿《民事诉讼代理：方法与应用》。他请我为书作序，作为导师看到学生的成长甚为欣喜，故欣然应允。

青航在读本科二年级时参加了浙江大学第十二届“挑战杯”学术竞赛，当时我担任哲学社会科学组的评委。我在那场竞赛上认识了青航，他的表现让我眼睛一亮，看到的是一股子做学问的灵气。当得知他在本科生阶段便已经出版了个人专著，让我意外，虽然该专著还略显稚气，但这种对学术的热爱和对学术的冲劲，在本科生中是十分罕见的。他后来赴香港攻读硕士学位，回内地后又从事实务工作，虽然他没有直接从事学术研究，但这期间，我一直关注他，并相信日后他不会辜负自己的研究热情和学术特长。几年后，他报考了浙江大学的博士研究生，面试时得到了导师组的一致好评，回答问题的视野和自信以及展现的综合实力让人印象深刻。

十二年来，我见证着青航在法学研究和律师实践两个方面所做的点点滴滴的努力，在他的成长轨迹上，可以充分看出学术对于实践的指导作用以及实践对于学术的引领作用。如今，他赴高校任教不久，就在前期积累的基础上拿出了理论联系实践的新作，承载着他的学术探索和实践追求，也是他扎实研究和辛勤付出的成果。

对于该专著的创作过程，我有所了解。青航在启动该书写作的伊始，就与我深入探讨过相关内容。通过他表达的写作思路，我认为该书的主要创新和亮点在于对民事诉讼代理的研究，不限于技巧与实操，而是上升到了“方法”层面，同时又不乏对“应用”元素的提炼。基于此，我建议他可将书名定为《民事诉讼代理：方法与应用》。

近日在翻阅书稿时，我惊喜地看到青航将他在博士期间研究的协同主义理论有效地贯穿于书中，可谓该书的一大特色。党的十八大以来，庭审实质化和庭审优质化的改革日益推进，这对律师在民事诉讼代理方面提出了更高的要求。对此，青航在协同主义理论的视域下提出了商谈型庭审模式。协同主义注重程序参与者之间的沟通、互助、协商，尤其强调诉讼主体的信息交往，而这种信息交往主要通过商谈来实现。在该书的设想下，商谈型庭审模式的建构需要层层相扣、逻辑严谨的制度设计，审判人员和律师要在不同的庭审阶段，不断地围绕商谈主题展开充分的对话，以期对个案中的事实问题和法律问题作出商谈式澄清。继而，该书以民事诉讼一审普通程序的制度规则为基础，设计了商谈型庭审的八个商谈环节。这八个环节以演绎推理为逻辑，从大前提、争点整理，到小前提、论证，再到最后得出结论，事实观点与法律观点在上述商谈过程中得以逐渐清晰，这有助于法院更精确地厘清事实和适用法律，律师更有效地维护当事人的合法权益，从而促进社会的公平正义。

该书的另一个特色是立意鲜明，提出的是一个分析范式、一种思维方式，可以被运用到民事诉讼代理中。该书行文之间展现了青航在民事诉讼代理领域独特且专业的见解，以及体现了一位法学院教师对法科生逐步成长的殷切期望。的确，法科生在校学习期间，只有在老师的指导下与社会实践进行一次次的碰撞与融合，在实践的指引下融通地学习，才能真正盘活所吸收的理论知识，并充实实践储备，进而提升法学综合素养，未来将自己的所学带出学校，在广袤的实践沃土上尽情发挥法律人的智慧与才干，为中国法治的高质量发展作出独到的贡献。从这一意义来看，该书不仅是一本学术专著，也是法科生学习民事诉讼代理的一本指南。社会科学的根本任务是通过提供解决社会问题的知识来改善人类的福利，对于法学研究同样应具有这样的“现实关怀”。

当然，该书的不足之处也是客观存在的，学理上特别是方法论上还可以进一步深挖。未来补足这些缺憾，有待于青航在学术研究方面的进一步精进以及法律实践方面的进一步积累。

为师者最朴实的心愿就是学生能够在适合他们自己的职业发展路径上努力成才。我衷心希望赵青航博士能够在教研岗位上做出更扎实的成绩，勤于育人，乐于教学，也期待他继续坚定地走在用理论关怀现实问题的学术之路上，“只争朝夕，不负韶华”。

是为序。

浙江大学光华法学院院长、求是特聘教授

胡　铭

2023 年 9 月 2 日于之江

序 二

赵青航博士自从事律师工作以来，我为他出版的每一本专著都撰写了序言，这次当然亦不能例外。

看到这本厚重的书稿，我有些意外。我很了解青航，他追求完美，对自己的要求达到了近乎苛刻的程度。他的律师工作繁重，社会事务繁多，去年又开始从事教育工作，要同时兼顾好两份均不简单的工作，必然不易。但他依然能挤出时间沉下心来写作一本将民事诉讼代理理论与实践深度融合的作品，可谓难得。

但稍想后，也就不意外了，因为青航就是这个个性，特别专注。十年前他来求职时，递给我一本他在本科期间出版的专著《民办非企业单位法律制度研究》，当时我就判断出他能坐得住冷板凳，喜欢潜心研究，法学理论功底扎实。果然，在十年不到的时间里，他不仅在律师事业上成为同龄人中的佼佼者，先后获评过杭州市、浙江省青年律师的最高荣誉，而且坚持学术研究，围绕律师的话题产出了一系列优质的学术成果。

再细想后，就觉得本书的诞生实则是水到渠成之事。青航虽然忙，但他这些年忙的大多是和民事诉讼代理相关的事，而且是全身心的投入，比如他在律所办理的一半以上业务都与民事诉讼代理相关，他的学术旨趣（甚至博士论文）也和律师代理民事诉讼有关，即使在大学里讲授的也是民事诉讼法、证据法、律师制度、模拟法庭等与律师高度关联的课程。可以说，青航真正实现了民事诉讼代理领域内研究、实务、教学的“三位一体”，而且三者有机促进，一齐精进。

我想，这就是专注的力量。徐扬生院士曾写道：“人的时间与精力是有限的，如果我们要做得比别人好，只有一个办法，那就是专注。人生中最重要的不是有多少才华，做了多少事，而是在多大程度上能够专注，不至于让精力在无谓的琐事中消耗殆尽。”对此，我深以为然。专注之人往往能够取得不俗的成绩，长期坚持专注，定会取得不凡的成就。

从表面看，我们会感觉这些年青航做了不少事，实际上他是极致地做了很少种类的事，其中民事诉讼代理就是很重要、很突出的一“种”事。他的日常事务虽然多，但都是从研究、实务、教学等不同方面去紧紧围绕着一“种”事做，所以他注定会实现可叠加式的进步。我对这种做事的方法深表赞同，我也认为，如此做事，必会成事。

举个例子。最近两周，我和青航接待了两批当事人，他们都想委托我们代理建设工程施工合同纠纷再审案。我注意到，青航在每次接待前首先仔细地研究了所有的案卷材料，然后提取出案件的主线（其中第一个案件以时间顺序为主线，第二个案件以法律关系为主线），接着提炼琐碎、繁杂的案件事实，并附上一审、二审法院相应的事实认定和法律适用观点，最后将上述内容以精致的作图方法汇聚到一张可视化图里。接待时，我们几乎只需要围绕着可视化图就可以为当事人分析案情，并提出有针对性的意见。整个接待过程非常高效，而且重点明确、观点清晰。我想，这得益于青航对诉讼本质有着非常深刻、通透的认识，即诉讼的本质是信息的处理与传递。将先进的理念与娴熟的实践高度融合后，再辅之以成熟的作图技术，他便能够轻松地将案件中的各种信息以最清晰的方式高质、高效地呈现给有委托意向的当事人。所以他往往能给第一次见面的当事人留下干练、专业、敬业的好印象。

上述例子仅是书中介绍的五种可视化类型中的其中一种，即案件事实可视化，其他还包括法律规定可视化、类案检索可视化、证据材料可视化、代理观点可视化。这五种可视化类型都是青航在长期实践中悉心提炼出来的。我想，若不专注于总结，他自然无法归纳出以上五种可视化类型，也就无法产出相应的研究成果和授课素材。可见，专注于极少种类之事的习惯有多么重要，由此带来的成果有多么丰硕。反观社会上的一些律师，从工作内容上看，他们终其一生所做的工作无非是解决一件件争议、办理一个个项目、服务一个个顾问单位。因为他们没有专注于总结过往的代理和服务方法，所以自然不会形成被实践证明确系行之有效的执业方法论。

如今，青航能系统性地总结出风险告知、诉讼策略、证据收集与运用、法律检索、诉讼可视化、庭审等民事诉讼代理中最具基础性地位的内容，我感到很欣慰。我认为这是一本能惠及法学理论界与法律实务界的佳作。在本书即将出版之际，我衷心祝愿青航能够一直坚持往返于理论与实践之间的科研方法论，继续以严谨、求实、创新的精神专注于他所热爱的工作与事业！

中共浙江省委建设法治浙江专家咨询委员会委员

浙江金道律师事务所首席合伙人、一级律师

胡祥甫

2023 年 9 月 4 日

凡　例

1. 法律名称中的“中华人民共和国”省略，例如《中华人民共和国民事诉讼法》简称为《民事诉讼法》，《中华人民共和国民法典》简称为《民法典》，《中华人民共和国公司法》简称为《公司法》[1]。

2. 对于本文中出现较多的司法解释和司法规范性文件，适用缩略语：

（1）《最高人民法院关于适用〈中华人民共和国民事诉讼法〉的解释》（法释〔2022〕11号），简称为《民诉法司法解释》；

（2）《最高人民法院关于民事诉讼证据的若干规定》（法释〔2019〕19号），简称为《民事诉讼证据规定》；

（3）《最高人民法院关于适用〈中华人民共和国民事诉讼法〉审判监督程序若干问题的解释》（法释〔2020〕20号），简称为《审判监督程序解释》；

（4）《关于加强和规范案件提级管辖和再审提审工作的指导意见》（法发〔2023〕13号），简称为《提级管辖和再审提审指导意见》；

（5）《最高人民法院关于适用〈中华人民共和国民法典〉时间

---

〔1〕本书引用的《公司法》，系2018年修正的《公司法》。

效力的若干规定》（法释〔2020〕15号），简称为《民法典时间效力规定》；

（6）《最高人民法院关于统一法律适用加强类案检索的指导意见（试行）》（法发〔2020〕24号），简称为《类案检索意见》；

（7）《最高人民法院关于人民法院办理执行异议和复议案件若干问题的规定》（法释〔2020〕21号），简称为《执行异议若干规定》；

（8）《最高人民法院关于适用〈中华人民共和国公司法〉若干问题的规定（三）》（法释〔2020〕18号），简称为《公司法司法解释（三）》；

（9）《最高人民法院关于适用〈中华人民共和国公司法〉若干问题的规定（四）》（法释〔2020〕18号），简称为《公司法司法解释（四）》；

（10）《最高人民法院关于审理利用信息网络侵害人身权益民事纠纷案件适用法律若干问题的规定》（法释〔2014〕11号），简称为《利用信息网络侵害人身权益司法解释》（2014）。

3. 除特别说明外，[1] 本书引用的法律、法规、司法解释、司法规范性文件、行业规范等均系现行有效。

---

〔1〕 本书引用的《合同法》、《侵权责任法》、《最高人民法院关于审理利用信息网络侵害人身权益民事纠纷案件适用法律若干问题的规定》（法释〔2014〕11号）、《最高人民法院关于确定民事侵权精神损害赔偿责任若干问题的解释》（法释〔2001〕7号）等法律、司法解释虽已被废止或修订，但笔者代理本书收录的相关案例时，上述法律和司法解释仍系有效，故本书予以引用。

目　录 CONTENTS

插图目录

前　言

几十年来，法学教育（尤其是本科教育）的目的和性质一直是争议较大的一个话题，有人认为其应是素质教育，有人认为应是职业教育。张文显教授在十多年前就已深刻地指出，素质教育与职业教育的矛盾是中国法学教育面临的三大矛盾之一，“法学院希望我们的学生接受精深的法学理论和法律精神的教育，接受系统的法律知识，为未来的法律职业或法律工作奠定良好的基础，所以不太重视法律技术、法律技能的训练。而法律实务部门则希望我们的学生一到法院、检察院、律所就能够独当一面，减少过渡期”。[1] 其实，张文显教授所提到的素质教育与职业教育之间的矛盾，实质上就是法学教育中理论与实践这对教学方向的分歧。

实践中，仁者见仁，智者见智。不同地域、不同发展阶段的法学院各有做法，很难得出统一的结论，也无须形成一致的意见。只有百花齐放，才能使每个法学院具有各自独到的特色，培养出各式优秀的法科人才。但笔者坚持认为，法科学生（尤其是本科生和法律硕士）在接受通识教育、学术熏陶的同时，必须掌握基础性的法

〔1〕 张文显：《〈张文显法学文选〉卷十·法学教育》，法律出版社2011年版，第45页。

律实操技能。[1] 法律人的实操能力应在本科阶段和法律硕士阶段就奠定良好的基础。所以，法律实务类课程应当被置于重要地位。法科生应当兼顾理论与实践的学习，切忌有所偏废，最终在获得双重锻炼的情况下，再根据个人的兴趣选择职业归属。

引导学生发现自己的兴趣和热爱的职业是大学教育的重要目标。法学院和教师们要努力为每一位学生提供充分的学术、实务训练机会，不能让学生们在对个人兴趣无知的情况下茫然地进入职场，被动地接受工作安排；而要让学生们真正发现并勇于追求自己的热爱。笔者力荐法学院应开设多门系统性的实务性课程，绝不意味着要求上过这门课的学生日后一定要选择实务工作，也并非专门为有实务追求的学生而开设，因为民事诉讼法的学习注定是在校园里、课堂上无法彻底完成的，很多知识的深度挖掘和技能的熟练养成要待学生们走进社会、踏上工作岗位以后边做边学，方能习得。但笔者建议法科生都要接受实务训练，即使是立志于从事法学研究的学生也一定要学习实务课程，因为学术研究的对象主要来自实践，脱离实践的研究仿佛无源之水，无本之木。

但想要实现这个目标，绝非易事。有学者已指出："我们的教师几乎都是从学校到学校，绝大多数没有法律实际工作的经验，怀抱着书本知识，尤其是从书本中学到的一知半解的西方国家法律知识，走上讲坛，成为教授……想象一下，一批没有实践经验的教师，在

〔1〕 有位法律人曾谈道："我本科就读于中国政法大学法律系，之后考入北大法学院读了法学硕士。但毕业后开始进入法律实务时，我发现自己在民法的三个层面——民法理论、民法条文和民法实践中，只能说相对熟悉民法理论和民法条文，对实践完全不了解。我硕士毕业时甚至还没有完整地看过一个较长的判决，完全不知道案件怎么审的，也完全不知道合同该怎么写。从事争议解决法律实践的第 2 个十年也过半了，我现在有了一些经验，回想起来，觉得法学院的学生，特别是毕业后马上就要从事实务工作的硕士生，应该对民商法实务有关的系列技能有一个基本的框架性的认知。"参见《教授访谈 | 田朗亮：打破唯一性，接受不确定》，载微信公众号"STL 中国法"，2023 年 5 月 5 日。

课堂上，拿着同样的书，讲授何谓正确的法律知识的场景，就知道，这场改革恐怕早晚都要进行。"〔1〕为此，学校和法学院应充分认识到上述问题，将实训教学置于法学教育的重要地位，并为学生配备充足的师资。具有良好实践素养的老师们应因时制宜、因地制宜地努力提炼出实务教育的目标和方法，研发特色课程，让学生切实受益。〔2〕

笔者结合自己的学术背景和实践经历，尝试设计与民事诉讼法课程相配套的民事诉讼实务课程，本书就是这门课程的教材性专著。民事诉讼法学是应用法学，具有极强的实践性。〔3〕丰富的民事诉讼实践（包括律师代理实践）是民事诉讼法教学的重要素材。学习民事诉讼法学，必须坚持理论联系实际的方法。〔4〕要知道，民事诉讼

---

〔1〕葛洪义：《关于中国法学教育改革的几点认识》，载《中国法学教育研究》2015年第2期。

〔2〕例如在2017年，北京大学法学院民商法学科和民事诉讼法学科的部分教师向学院提出申请，在法本法硕中联合开设“民商事争议解决”方向，重点培养兼具民商事实体法和民事诉讼法知识，有志于从事民商事诉讼和仲裁业务的研究生。获得批准后，从2017年起正式开始招生，至今已逾六年，教学效果广受好评。此外，案例研习课作为北京大学法学院的“王牌课程”，以任务量大、训练强度高、收获极丰厚闻名遐迩。通过结合具体案例，学生们获得了高强度全方位的法律思维训练，完成了从法科学生到法律实务工作者的最后一里路。参见《刘哲玮：一个联合培养项目的诞生与发展》，载微信公众号“教书青年说”，2022年6月27日；参见《刘哲玮：当教学真正激发思维》，载微信公众号“北京大学教务部”，2021年12月8日。

〔3〕“民诉在学校学习时可能主要是靠记忆，在学校阶段不像民法一样涉及高度抽象的理论或概念。但民诉很重要的一点是，很多规则在实践中是有尺度的。比如我们学习民诉时会了解到保全分为诉前保全和诉中保全两种，但到实践当中才会发现很多法院基本不给做诉前保全。这样的事情不会写在任何民诉条文当中，只有通过办案子才能知道。这就跟民法不一样，民法当中我们说有法定解除，也有约定解除。那到实践当中也是有法定解除，有约定解除，不可能有的法院只给做法定解除，或者说不给做约定解除。但民诉在实践中有很多尺度、快慢和程度的差别，这种差别你只有办了案子才知道，不办案子不知道。这些问题你从纸面的民诉法条文是看不出来的，法考也不会考的。所以，民诉的很多问题是毕业之后才知道的，但是民法的学习其实主要就在学校学。”参见《教授访谈｜田朗亮：打破唯一性，接受不确定》，载微信公众号“STL中国法”，2023年5月5日。

〔4〕参见《民事诉讼法学》编写组：《民事诉讼法学》（第三版），高等教育出版社2022年版，第12页。

既是实现民事实体权利的工具，也是民事实体权利打折的过程。诉讼法的确不像实体法那样直接关系到最终的处理结果，但一旦对其不重视，却可能导致实体权益的减损或解决成本的提升。[1] 由此，民事诉讼法学的教学必须涉及民事诉讼实务，其中主要包括律师代理实务。学生有必要掌握相关的原理、知识和技巧，从而提高其从事民商事争议解决工作及其他法律职业工作的能力。

本书的主要内容包括“方法”和“应用”两部分，两部分缺一不可（图前）。第一部分“方法”中既包括诉讼技能，也包括诉讼业务。笔者试图摆脱具体问题的局限，对律师的民事诉讼实务要义进行总结归纳，将重要的民事诉讼代理经验上升到方法论层面，但不刻意拔高到理论层面，通过与民事诉讼法学课堂上讲授的理论知识相衔接，使读者对律师民事诉讼方法论形成一个系统性的认识，相信这对于沟通学术界与实务界亦有意义。

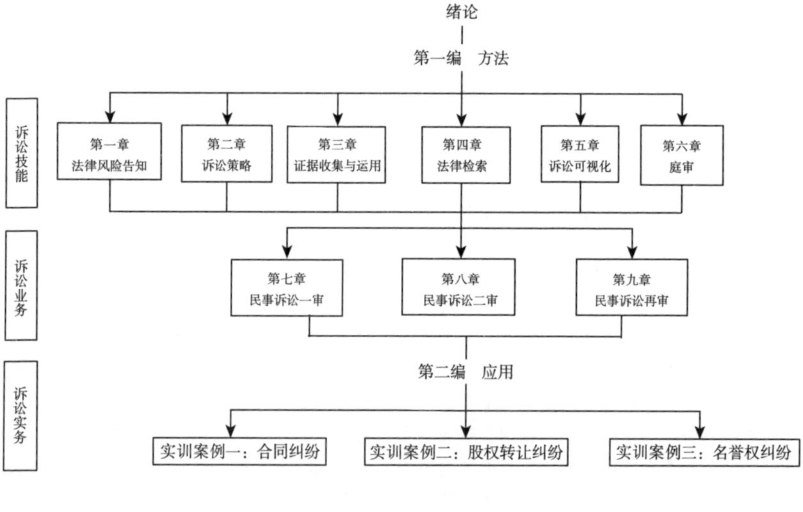

图前　全书章节安排示意

〔1〕 参见刘哲玮编：《民诉小全书》（第二版），北京大学出版社2022年版，第445页。

在第二部分“应用”中，笔者以自己代理的民商事诉讼案件为素材，形象地展示案件的代理思路和推进过程，着重介绍个案所涉及的法律问题，细致梳理蕴含其中的诉讼技巧，客观展示律师办案时各种顺与逆的经历，为读者呈现一个个立体、鲜活的案例，便于读者置身于真实的诉讼情景之中，感受律师办理民商事案件的代理思维与诉讼策略。

在此说明三点：第一，本书的写作范围不包括调解和执行，因为就调解和执行在民事诉讼法学中的分量而言，已完全能够分别开设课程并单独编写教材。

第二，在认识到程序法具有独立价值的同时，必须承认，程序法为实体法的实现所服务。在民事诉讼程序中，确认民商事权利义务关系、制裁民商事违法行为、保护当事人合法权益，必须以民商事实体法的规范为依据。所以，本书的读者应当是扎实掌握民事诉讼法和民商法相关概念、规则、原则及相应原理的人士。

第三，本书书名的关键词之所以采用“民事诉讼”，而非“民商事争议解决”，还是因为本书的主要内容偏重于民事诉讼法的基本原理和制度规则。民商事争议解决领域则需要兼具民商事实体法和民事诉讼法知识，往往前者的占比更重，所以本书不适宜以“民商事争议解决”为书名。

绪　　论

目　　次

协同主义诉讼模式修正了职权主义及当事人主义之缺陷，遵循系统论的规则，既强调法院审判职权的能动发挥，又注重两造对抗能力的实质均衡，通过整合各解纷主体的优势形成共生的有机协作系统，实现诉讼主体以诉讼作业共同体的身份协同发现案件真实和正确适用法律的目标。协同主义诉讼模式包含三个构成要素，即当事人及其律师履行诉讼促进义务，审判人员发挥释明权能，案件做到集中审理。本书秉持协同主义的基本立场，坚持协同主义诉讼模式的基本主张，希冀切实提高律师在民事诉讼中所发挥的代理作用，具体包括探知案件真实、正确适用法律、提升诉讼效率和实现诉讼使命的作用。

一、协同主义诉讼模式的基本主张

职权主义诉讼模式缺乏对当事人自由处分权的客观尊重，不少审判人员过多地干预和限制了当事人的诉讼行为，使程序正义和实体正义往往难以兼得。而当事人主义诉讼模式则将诉讼程序的控制权主要赋予当事人，法院的角色是消极、被动的裁判者，这容易造成诉讼拖延和形式上平等、实质上不平等之弊端。协同主义诉讼模式是指民事诉讼中审判人员运用职权发挥诉讼指挥作用，与当事人充分沟通与合作，使诉讼主体在事实发现、法律适用、程序促进等方面共同推进民事诉讼程序的一种模式。[1] 通过该定义可以看出，此“协同”主要是审判人员与当事人及其律师一起积极地推动民事诉讼的作业任务和程序进程。可见，协同主义诉讼模式正是要打造

---

〔1〕 关于协同主义诉讼模式的内涵，参见田平安、刘春梅：《试论协同型民事诉讼模式的建立》，载《现代法学》2003 年第 1 期；肖建华：《构建协同主义的民事诉讼模式》，载《政法论坛》2006 年第 5 期；熊跃敏、张伟：《民事诉讼中的协同主义：理念及其制度构建》，载《法治研究》2012 年第 1 期；江必新：《加强法官律师良性互动 探索构建协同诉讼模式》，载《中国律师》2018 年第 3 期。

一个各诉讼主体间平等对话的沟通场域。数字时代的在线诉讼关注法院和当事人以及当事人之间的诉讼交往方式，其借助现代信息网络技术的交互性优势，致力于为诉讼主体构筑理想的商谈情境，尽可能地消除各主体间信息不对称的不利状态，实现诉讼资料的公开、透明、共享，有利于适度淡化当事人之间过度对抗、竞技的诉讼文化，增强民事诉讼诸项活动的协同性。协同主义诉讼模式包含三个构成要素，即当事人及其律师履行诉讼促进义务，审判人员发挥释明权能，案件做到集中审理。笔者以研究协同主义诉讼模式为学术志业，本书亦坚持协同主义诉讼模式的基本主张，故在此将上述三个要素简述如下。

（一）当事人及其律师的诉讼促进义务

诉讼促进义务是当事人及其代理律师行使诉讼权利的附随义务，“系基于当事人对他造所负依诚信原则进行诉讼之义务及对于法院即国家所负促进诉讼（协力迅速进行诉讼）之公法上义务，据以保护他造之程序利益及其他诉讼制度使用者迅速裁判之利益”。[1] 诉讼促进义务使诉讼进程具有紧张度，防止律师拖延诉讼。在协同主义诉讼模式下，审判人员与律师应共同负担发现真实的责任，但这并非主张要减轻律师的举证责任。基于诉讼经济的考量，辩论原则仍是协同主义民事诉讼程序建构的基本原则，当事人及其律师须承担事实解明的第一次责任，即审理所需的事实主张、证据资料等主要由当事人负责收集并提出。有时律师已善尽其解明事实的责任，但囿于取证能力所限或存在证据偏在等原因难以凭借一己之力获得接近事证的机会，此时法院为查清案件事实得积极协助律师调取证据，

〔1〕 许士宦：《程序保障与阐明义务》，学林文化事业有限公司2003年版，第298页。

如采取法院依职权取证、律师持令取证和书证提出命令等方式补充和完善当事人的事证收集能力。当然，法院调查的证据原则上只限于双方当事人在辩论中提出的证据，不得超出此范围主动调查新的诉讼资料。

诉讼促进义务既要求当事人及其律师作出内容充足的陈述，又要求及时陈述，使各诉讼主体尽快整合诉讼资料、掌握案情全貌，从而加速程序运行。[1] 具体而言，为实现陈述内容的充足、完备，当事人及其律师须遵守两项具体的诉讼促进义务。第一，当事人须履行具体化义务，避免事实陈述抽象化，亦即当事人就起诉、抗辩或争执相关要件事实得作出详尽的陈述或说明，防止无意义的证据调查，遏制意图射幸投机而拟以空言来主张、抗辩的摸索证明行为，[2] 实现协同主义诉讼模式下程序开展的有效性。第二，当事人须履行真实义务，防止案件事实被歪曲。真实义务较接近真诚义务，又谓主观真实义务，具体包括狭义的真实义务及完全义务。狭义的真实义务系禁止当事人故意作出不真实的陈述，或故意就对方当事人的真实陈述作出无谓的争执。完全义务是指当事人作出的主张或抗辩，无论涉及的事实对其是否有利，均有陈述义务。[3] 狭义的真实义务与完全义务均要求当事人及其律师陈述的主观真实，共同发挥防止当事人通过虚假诉讼、陈述或沉默、不完整陈述等不当方式拖延诉讼、妨碍事实审理的机能，有助于诉讼主体间形成有效、共融的商谈氛围。

为满足及时陈述的要求，律师必须适时提出攻击防御方法，此

---

〔1〕 参见马龙：《民事诉讼中逾时提出攻击防御方法之规制研究》，中国社会科学出版社2018年版，第72－73页。

〔2〕 参见陈贤贵：《当事人的具体化义务研究》，载《法律科学》2015年第5期。

〔3〕 参见姜世明：《举证责任与真实义务》，厦门大学出版社2017年版，第80页。

系辩论原则下律师的义务和责任。“所谓攻击防御方法，系指当事人为对诉讼请求赋予理由（攻击方法），或对之抵拒（防御方法）之事实主张、争执（否认）、证据方法与证据抗辩等。”[1] 在协同主义诉讼模式之下，律师不能自由控制诉讼程序而随时提出重要的诉讼资料及主张。区别于随时提出主义或同时提出主义，适时提出主义要求律师在诉讼过程中的适当时期提出攻击防御方法，尤其须于法定期间内提出证据、进行抗辩，以维持两造实质上的武器平等，违反该义务者将被科处失权效的制裁。

（二）审判人员的释明权能

程序正义往往来源于审理过程的公开与公正。在诉讼过程中的各个阶段，审判人员公开听取意见并及时向当事人及其律师释明尤为重要，体现了司法的民主化。协同主义诉讼模式强调审判人员与当事人及其律师平等的沟通对话，而非审判人员独白式径行审理。有德国学者认为，“协同主义强调信息、意见的形成和决定过程在所有当事人之间是开放和可辩驳的，并且法官负有适当的澄清和参与义务……它使当事人与法官之间的沟通和互动过程开放且灵活，通过针锋相对的、有效的对话，以尽可能广泛的方式开展辩论和解决冲突”。[2] 释明制度系协同主义诉讼模式的核心制度，促使审判人员从消极维持诉讼规则的旁观者嬗变为能动的审理主体，为审判人员与当事人及其律师间的双向互动、积极对话创造制度条件。释明权能兼具权力与义务的双重特征。审判人员的释明行为可归类至诉

---

〔1〕 姜世明：《民事诉讼法》（上册），新学林出版股份有限公司2018年版，第650页。

〔2〕 Peter Gilles, Rechtsmitteleinlegung, Rechtsmittelbegründung und nachträglich Parteidispositionen über das Rechtsmittel, Archiv für die civilistische Praxis, Band 177, Heft 2/3, 1977, S. 204－205.

讼指挥权的范畴，审判人员视情况释明以推进诉讼程序，此为释明的权力属性。在诉讼进行过程中，当事人（律师一般不会）可能会因欠缺法律知识而提出不恰当的诉求，亦可能因诉讼能力不足而提出不适当的事实或证据，以致无法实现两造间的机会与武器平等，这亦是当事人主义诉讼模式的重大缺陷所在。通过审判人员积极的释明可以弥补、修正双方当事人隐性的地位不平等，此系释明的义务属性。协同主义诉讼模式注重审判人员的一般性教导与照顾义务。[1]“法官要认识到当事人只有在得到适当提示的情况下，才能自由地处置自己的权利，其职责是为了让当事人能够在诉讼中适当地做出选择。”[2]释明制度恰能发挥审判人员补偿性的诉讼指挥作用，防止当事人因诉讼能力差异而产生权利失衡的情况，进而增强能力不足一方的对话与讨论能力，弥补处分原则与辩论原则的缺陷，以保障当事人的听审请求权。

协同主义诉讼模式下的释明制度从事实和法律两个层面强化了审判人员与双方当事人及其律师的协同对话能力。在事实层面，释明制度首先有助于实现审判人员与当事人及其律师收集基础事实资料的协同配合，共同探知案件真实。在当事人及其律师承担事实解明的主要责任并适时提出攻击防御方法后，审判人员须对事实的解明负第二次责任。[3]针对当事人及其律师意旨不明、相互冲突的事实主张或举证质证，审判人员可以通过释明的方式告知其予以明确或补正。其次，审判人员适时释明有利于协助律师在庭前整理并明确争议焦点，有益于实现审理集中化。最后，释明制度使失权效、

〔1〕刘明生：《消灭时效抗辩阐明之研究》，载《法学新论》2010年第22期。

〔2〕Rudolf Wassermann, Der soziale Zivilprozeß: Zur Theorie und Praxis des Zivilprozesses im sozialen Rechtsstaat, Neuwied – Darmstadt: Luchterhand, 1978, S. 118 – 119.

〔3〕参见唐力：《辩论主义的嬗变与协同主义的兴起》，载《现代法学》2005年第6期。

罚款及训诫等制裁措施具有了可预测性及正当性。当事人及其律师负有提出完整事实的责任，若其违背具体化义务或完全义务等诉讼促进义务导致诉讼拖延，经审判人员释明后仍不予补正，方能课以当事人不利益。

审判人员与律师不仅需要在上述事实资料收集方面实现协同，还应在法律适用方面尽早达成共识。在法律适用层面，释明制度发挥了以下两个方面的作用：一方面是针对法律释明，审判人员向当事人告知、说明一般性的诉讼权利义务，对法律知识欠缺又无律师代理的当事人给予必要的法律知识性补偿，使后者能正确地行使诉讼权利、履行诉讼义务。另一方面是针对法律观点释明，当当事人及其律师忽略相关法律问题或对法律问题的认识严重有别于审判人员时，为了降低法官知法原则对当事人造成突袭裁判的风险，通过释明赋予当事人发表相关法律观点的机会，更易于当事人日后理解和接受法院的裁判。[1] 法律观点释明亦系审判人员的法律观点指出义务项下的要求，即基于当事人所主张的事实和证据，法院如果欲适用当事人在辩论中没有提出的法律观点作为裁判的基础，必须向当事人专门指出并给予其表明意见的机会。[2] 法律观点指出义务能够避免当事人及其律师将无用的事实和不重要的法律观点带入诉讼中，使律师得以适时提出具有针对性的攻击防御方法，争取一次性解决纠纷。

审判人员释明的目的在于通过必要性的补充以保障当事人及其律师的权利。协同主义诉讼模式下审判人员的释明义务不能违背辩

---

〔1〕 参见任重：《法律释明与法律观点释明之辨》，载《国家检察官学院学报》2020 年第 6 期。

〔2〕 参见熊跃敏：《民事诉讼中法院的法律观点指出义务：法理、规则与判例——以德国民事诉讼为中心的考察》，载《中国法学》2008 年第 4 期。

论原则和处分原则，而是依然要强调当事人的自己责任和审判人员的非偏颇性要求，不能为了过分追求一次性解纷而不断突破释明的界限，导致他造利益严重失衡且遭受不合比例的侵害。协同主义下的审判人员仍应注意中立性，要同时确保双方当事人程序和实体权利的实质平等，切忌将自身置于一方当事人的代理人地位。

（三）庭审的集中审理

庭审虽然在外观上仅是一种程序样式，但这一程序场景应当构成纠纷处理以及程序进行的主体部分。[1] 集中审理主义是指为将原本要经历连续多次开庭的审理模式转变为由充分的言词辩论准备程序和一次全面的言词辩论程序组成的审理模式，使裁判尽可能在一次言词辩论后就作出。[2] 其核心是“要求法院将诉讼事件之审理划分成争点整理阶段及集中调查证据阶段，进行有计划性的审理”。[3] 集中审理主义鼓励审判人员与当事人及其律师协作充实庭前准备程序，从而得以短时间内一举连贯争点整理和集中期日审理，避免多次、重复的开庭以提升审理效率，同时发挥直接言词主义的长处，易于审判人员形成心证，并在心证尚新鲜时作出裁判。从程序公平和效率的角度来看，这一方式能够强化审判人员和当事人的责任，通过各方更多的合作以披露证据、探寻事实。[4]

集中审理主义一方面对当事人及其律师课以诉讼促进义务，着

---

〔1〕 王亚新、陈杭平、刘君博：《中国民事诉讼法重点讲义》（第二版），高等教育出版社 2021 年版，第 284 页。

〔2〕 参见刘鹏飞：《电子诉讼庭审中心主义的程序实现——以借鉴和反思淘宝 ODR 经验为视角》，载《社会科学》2021 年第 5 期。

〔3〕 参见许士宦：《集中审理与审理原则》，新学林出版股份有限公司 2009 年版，第 122 页。

〔4〕 See Astrid Stadler, *The Multiple Roles of Judges and Attorneys in Modern Civil Litigation*, Hastings International and Comparative Law Review, Vol. 27: 55, p. 76(2003).

重要求当事人遵循适时提出攻击防御方法的行为规范，并负相应的行为责任，确保双方当事人在庭前准备阶段就尽可能全面提出与案件相关的事实、证据和其他诉讼资料。集中审理主义另一方面赋予审判人员较大的诉讼指挥权，尤其强化审判人员的释明权能，与律师协同促进后者的行为规范明确化及行为责任具体化。故除了当事人及其律师积极履行诉讼促进义务及审判人员恰当行使释明权能之外，遵循集中审理主义亦成为建构协同主义诉讼模式的关键要素。集中审理主义使审判人员、当事人及其律师得以尽早厘清案情、明确争点，使庭审的证据调查和言词辩论能够围绕争点集中、有序地进行，提升裁判品质及司法公信力。

集中审理主义下实质化的庭前准备程序是实现充实、有效的一审程序之重要前提，只有在言词辩论准备期间充分整理争点，其后的诉讼程序才能高效进行。争点整理程序是指为了实现案件集中审理的目标，在庭前程序或开庭审理程序中法院和当事人一起按照一定的顺序和方式所进行的明确和固定诉讼标的、案件事实、证据上和法律上争点的系列诉讼行为。[1] 争点整理程序便于律师做足事前准备，保证证据调查和口头辩论围绕争点依次展开，防止庭审过程中出现诉讼突袭。为此，案件进入审理程序后，法院通过对原告请求的一贯性审查和对被告答辩的重要性审查，在排除不必要的审理内容的基础上整理争点，确认各方在证据争点、事实争点、法律争点和其他攻击防御方法争点中有争执及无争执的部分，实现争点明确化，并在诉讼主体间达成共识。[2] 攻防焦点的明确有助于诉讼主

〔1〕 章武生：《我国民事案件开庭审理程序与方式之检讨与重塑》，载《中国法学》2015 年第 2 期。

〔2〕 详见许士宦：《集中审理之争点整理：依一贯性审查及可证性审查之法律思维》，载《月旦法学教室》2012 年第 117 期。

体共同围绕争点开展证据调查及言词辩论，避免开庭审理期日涣散化，且在程序上保障了两造充分的口头辩论，由此为各方创造了有效商谈、协同解纷的契机。

二、律师在民事诉讼中的作用

在协同主义诉讼模式下，律师注重与审判人员一齐构筑诉讼作业共同体，在民事诉讼中共同发挥探知案件真实、正确适用法律、提升诉讼效率和实现诉讼使命的作用。具体而言：

第一，律师探知案件真实的作用。发现真实作为诉讼所努力实现的目的之一，具有超越法系及法文化的普遍意义。在协同主义诉讼模式中，通常而言，律师代理当事人主导证据的收集，但法院亦有必要发挥一定的积极作用给予律师必要的协助，双方在协同主义理论的指引下最大限度地发现案件真实，为矛盾纠纷的实质性化解奠定坚实的事实基础。

第二，律师正确适用法律的作用。不可否认，“自从法律制度演变成了茂密的规范丛林之后，找出到底哪些是现行法律的困难变得越来越大”,〔1〕但法律职业主义要求律师秉持专业精神，将抽象的法律规范适用于具体个案。一方面，律师须针对案件事实中的法律问题找寻可以准确适用的法律规范，尤其要专精于寻找请求权基础。另一方面，因为法律在被制定出来的那一刻就已经落后于社会现实，所以律师不仅要善于寻找法律，还要勤于通过解释法律来填补既存的法律规定与鲜活的社会现实之间的缝隙。当对某一具体法律规则的理解存在分歧时，律师与审判人员应协力探知法律条文的立法原

〔1〕［德］鲁道夫·瓦塞尔曼：《从辩论主义到合作主义》，载［德］米夏埃尔·施蒂尔纳编：《德国民事诉讼法学文萃》，赵秀举译，中国政法大学出版社2005年版，第382页。

意，为正确适用法律规定框定界限、达成共识。

第三，律师提升诉讼效率的作用。在协同主义诉讼模式中，律师与审判人员在很大意义上是组成了协同解纷的诉讼作业共同体。律师在诉讼中不再被纯粹地“安排”或“支配”，而是积极主动地配合审判人员的诉讼指挥，与审判人员联袂形成一种健康的互动关系，以促进各方的信息交流，从而尽早地固定重要证据、明确争议焦点、形成要件事实、推进诉讼程序、提升诉讼效率。

第四，律师实现诉讼使命的作用。虽然社会需要民事诉讼这一纠纷解决机制来调整各方行为，维护交易秩序，但此仍系诉讼的间接目的。民事诉讼最直接的目的在于定分止争，维护当事人的合法权益。由此，律师应当尽力协助审判人员彻底化解矛盾纠纷，促进社会的和谐稳定，协同实现民事诉讼的直接与间接目的。

本书秉持协同主义的基本立场，希冀切实提高律师在民事诉讼中所发挥的代理作用。为此，本书系统、完整地介绍了律师在民事诉讼各环节、各阶段的代理方法。但笔者依然要强调，民事诉讼是通过理解与说服式的论辩活动以达成理性共识、解决法律异议的商谈活动，律师唯有与审判人员协同合作、各司其职、各展其长，其在民事诉讼中的作用才能发挥得更彻底。基于此，从更微观的视角来观察，律师在法律商谈过程中应着重发挥其理解与说服等论辩作用，谨守商谈的要义，着力追求言语表达的有效性，致力于与审判人员一起为民事诉讼中的商谈构建理想的交谈情境，尽量减少双方当事人无谓的对抗，为双方提供对话和协商的机会，在修复关系的同时实现当事人双方合法利益的最大化。

第一编

方 法

工欲善其事，必先利其器。

——《论语·卫灵公》

第一章 法律风险告知

目 次

《律师执业管理办法》（2016 修订）第三十三条第一款规定："律师承办业务，应当告知委托人该委托事项办理可能出现的法律风险，不得用明示或者暗示方式对办理结果向委托人作出不当承诺。"律师客观、全面、明确、持续地向当事人告知法律风险，是律师勤勉尽责的重要体现，有利于修正当事人对诉讼结果的不当预期，保障律师执业安全，有利于为当事人甄选最恰当的解纷方式，共筑律师与当事人之间的信任关系，有利于为当事人识别法律风险，保障当事人的交易安全。法律风险告知的类型主要包括法律要件欠缺型、法律适用争议型、程序适用存疑型、解纷方式多元型等。律师向当事人告知法律风险已成为律师代理民事诉讼案件过程中不可或缺的重要环节。

一、案例引入〔1〕

邹某曾委托某律师事务所代理其与丈夫的离婚案件，后法院未支持邹某的离婚诉求。邹某认为代理律师与其签订委托代理合同时未明确告知法院对第一次起诉离婚的案件存在不予支持双方离婚的法律风险，直接影响了其对是否订立委托代理合同、交纳律师费、采取保全措施等行为的准确判断，遂诉至法院，主张案涉委托代理合同因显失公平而应予撤销。

经审理，法院认为委托代理合同之中已有不能保证胜诉的风险告知条款，且代理律师未对诉讼结果作出任何承诺，故该律所已经履行风险告知义务，法律后果应由邹某自担。据此，一审、二审法院均驳回邹某的诉求。

虽然该律师事务所最终未承担法律责任，但该案也反映了律师

〔1〕参见辽宁省大连市中级人民法院（2022）辽 02 民终 637 号民事判决书。

在办案过程中未重视对当事人的法律风险告知，最终招致纠纷。律师需引以为戒，在代理案件过程中要对当事人做好充分的法律风险告知，这既是律师保障当事人合法权益的基本要求，又是保障律师执业安全的基本方式。

二、法律风险告知的意义

（一）修正结果预期，保障执业安全

律师作为提供法律服务的专业人士，需要帮助当事人调查其未知的信息，核实其笃定的事实，并检视其常忽视的败诉风险。法律风险告知正是律师发挥上述作用的一种有效方式，有助于律师合理管理当事人的诉讼预期。《律师执业行为规范（试行）》第四十三条规定："律师在承办受托业务时，对已经出现的和可能出现的不可克服的困难、风险，应当及时通知委托人，并向律师事务所报告。"所谓的"及时通知"有两个方面的要求：第一，确保有言在先。律师在接案时就应衡量、把握当事人对诉讼结果的期望值，不仅不能作出保赢的承诺，还应向当事人强调案件的法律风险，以降低其对结果的预期。例如，开发商"自我举报"无证卖房毁约案和撞伤儿童离开被阻猝死索赔案中的原告如果聘请了代理律师，律师就应告知其诉求不符合社会主义核心价值观，存在极大的败诉风险。[1] 第二，做到随机应变。律师在办案过程中会面对各种突发情况，比如新的证据或信息出现、对方的诉讼策略调整等，这些状况的出现往往会影响事实的认定、改变诉讼的进程甚至使诉讼结果发生变化，此时

〔1〕关于"开发商'自我举报'无证卖房毁约案"和"撞伤儿童离开被阻猝死索赔案"的基本案情，可参见"人民法院大力弘扬社会主义核心价值观十大典型民事案例"，载最高人民法院官网：https：//www. court. gov. cn/zixun－xiangqing－229041. html，2023 年 10 月 31 日最后访问。

律师需要第一时间对当事人作出有针对性的风险告知，合理引导和调整当事人的结果预期。

有时法律风险告知中的部分内容会不可避免地挫伤当事人委托律师的积极性，但律师必须实事求是，深谙“丑话说在前头”之道。在民事诉讼的代理中，律师和己方当事人之间是一种私法上的契约关系，更准确地说，二者是一种委托关系，律师是代理人，当事人是被代理人。基于当事人在诉讼过程中享有最终决策权，其有权在各种诉讼方案中作出最符合其利益的选择，所以当事人知悉案件的法律风险是尤为必要的。在英美国家，当事人控制型代理模式处于理论的主导地位，20 世纪 70 年代中期，法学学者开始将知情同意（informed consent）原则应用于法律职业领域，改变了律师家长式的作风。[1]

我国民事诉讼中决策权的分配虽并非全然属于当事人控制型代理模式，且代理律师具有一定的独立性，但仍需要在代理权限范围内实施诉讼行为。而当事人常认为律师能为自己解决所有的问题而忽视纠纷的客观风险，以至于当案件结果不符合当事人预期时易迁怒于律师。法律风险告知的作用之一就在于能够避免当事人的无端指责。

事实上，法律风险告知也是律师保持执业独立性的要求。根据《律师职业道德和执业纪律规范》第二十七条第二款的规定，[2] 针对当事人不合理的委托事项或要求，律师可以通过风险告知的形式及时与当事人沟通，提出专业意见或直接拒绝。当律师没有能力把控风险或实现当事人的预期时，不宜因贪图利益或碍于情面而盲目代理、冲动代理，否则恐将自己拖入泥淖，最终得不偿失。

---

〔1〕 参见陈虎：《律师与当事人决策权的分配——以英美法为中心的分析》，载《中外法学》2016 年第 2 期。

〔2〕《律师职业道德和执业纪律规范》第二十七条第二款规定：“对委托人拟委托的事项或者要求属于法律或律师执业规范所禁止的，律师应告知委托人，并提出修改建议或予以拒绝。”

（二）甄选解纷方式，形成信任关系

有时，律师通过法律风险告知能够帮助当事人探寻最佳解纷路径。为维护当事人的合法权益，《律师职业道德和执业纪律规范》第二十七条第一款规定律师有权根据法律的要求和道德的标准，选择完成或实现委托目的的方法。实践中，没有任何一种解纷方式可以放之四海而皆准。基于当事人的不同需求以及各种解纷方式的不同特点，律师在选择解纷方式时应“因案制宜”，通过法律风险告知的方式说明不同的解纷策略，预估相应的解纷成本，并向当事人提出切实可行的建议，以帮助其选择合适的解纷方式。

客观而言，诉讼解纷方式可能存在耗时长、成本高、易激化矛盾、结果缺乏确定性等内生性缺陷，这意味着并非所有的纠纷都适合采用诉讼的途径解决。若当事人在个案中盲目拒绝更优的非诉讼解纷方式（如谈判、调解），或许会给其带来不可估量的损失甚至造成难以弥补的损害。此时，律师可以通过风险告知的方式及时提供建议，指导当事人作出理性选择，以免错过黄金的解纷时机。实践中，部分律师会倚仗自己对复杂案件诉讼风险的把控能力，欺瞒委托人、夸大风险系数、抬高律师费，选择对当事人并不合适的纠纷处理方式。[1] 这种利用信息不对称获利的行为实际上是以牺牲当事人对代理律师乃至整个律师行业的信任为代价的。

律师告知当事人法律风险的过程其实也是律师与当事人双向选择并构建信任关系的过程。根据上海市律师协会业务研究指导委员会于2019年通过的《律师办理商事诉讼业务操作指引》第一条的规

〔1〕 参见侯怀霞、荆秋：《律师风险代理制度的完善》，载《法治论丛（上海政法学院学报）》2007年第6期。

定，律师有针对性的沟通以及在此基础上的反馈是取得当事人信任的有效方法。[1] 法律风险告知是律师与当事人有效沟通不可或缺的一个环节。律师不能利用技术优势和信息差去牟取当事人的金钱，而是应在真诚沟通的前提下赢得当事人的认可。只有坦诚相待，方能实现互信。法律风险告知能够理顺“当事人想要律师做的”和“律师实际能够做的”这二者之间的关系。如果经过风险告知后当事人仍期望过高，律师就需要权衡自身的实力能否与当事人的高预期相匹配。遇到当事人不能接受律师的意见或律师自身的实力不能满足其预期的情况，律师的明智之举便是拒绝接受代理，或者提前终止代理关系。若律师对当事人的预期值作出正确的评估，当事人也表示接受，则当事人的预期便与律师的预判相契合。双方的信任关系得以搭建，就可以在合作过程中协力向更佳的解纷结果迈进。

（三）识别法律风险，保障交易安全

诉讼律师的价值不仅在于化解纠纷，风险防范也是其重要的价值体现。律师可将法律风险告知衍生成为专项法律业务（类似于尽职调查）。在交易之初，律师就可以从当事人的商业目的出发，从法律的专业视角分析交易过程中存在于各个环节的潜在风险及注意事项，做到事前风险论证、事中风险把控，从源头阻断纠纷的产生，为当事人的交易保驾护航。笔者就曾办理过多起有关法律风险告知的业务。

关于事前风险论证。有当事人欲合伙购买某一信托资产，希望笔者出具法律风险论证意见，当事人表示将结合律师的意见来决定

〔1〕《律师办理商事诉讼业务操作指引》第一条指明：“律师在接待当事人时，与当事人就案件所涉相关要点进行有针对性的沟通，初步了解当事人的真实诉求和潜在需求，在此基础上对案件进行初步分析，给予初步建议，取得当事人的信任，并在查证确认不存在利益冲突后，办理委托手续。”

是否购买该信托产品。接到当事人的委托后，笔者将当事人的商业需求与法律风险相结合，从案涉信托资产的销售途径、信托资产本身的价值及涉诉风险等角度进行全面分析，并针对当事人面临的风险及管控提出专业意见。当事人结合笔者的风险告知，认为其中的某些风险是其无法承受的，最终放弃该笔交易。

关于事中风险把控。某当事人欲购买价值近一亿元的房产用于公司经营，并委托笔者对交易全流程进行风险把控。在交易前笔者就将房产交易常见的风险（尤其是房屋上存在抵押权可能产生的风险）以书面的形式告知当事人。在交易前的调查阶段，笔者调取了房屋上的抵押信息，当确定案涉房屋上的抵押已解除后才告知当事人可以进行交易。同时，为避免款项支付后对方毁约，笔者协助当事人在半天内先后完成购房款的支付和房产的过户，交易得以成功。律师能够帮助当事人将法律风险置于可控的范围之内，这对于促成交易并且避免后续纠纷的出现具有举足轻重的作用。

三、法律风险告知的特性

目前，我国的律师法律风险告知制度存在以下几个缺陷：第一，法律风险告知制度的效力层级较低。当前仅司法部于2016年修订的《律师执业管理办法》以及中华全国律师协会于2001年修订的《律师职业道德和执业纪律规范》等文件要求律师对委托人进行法律风险告知，[1] 而效力层级更高的法律、行政法规未对此作出规定。第

[1] 《律师执业管理办法》第三十三条第一款规定："律师承办业务，应当告知委托人该委托事项办理可能出现的法律风险，不得用明示或者暗示方式对办理结果向委托人作出不当承诺。"

《律师职业道德和执业纪律规范》第二十六条　律师应当遵循诚实守信的原则，客观地告知委托人所委托事项可能出现的法律风险，不得故意对可能出现的风险做不恰当的表述或做虚假承诺。

二，律师违反法律风险告知制度缺乏惩戒机制。在司法实践中，律师或律师事务所未进行法律风险告知难以成为律所承担赔偿责任的充分理由，[1] 律师也不会仅因此就受到惩戒。第三，法律风险告知的具体要求（尤其是告知范围）并不明晰。司法部和全国律协的以上规定明确禁止律师向当事人作出不当承诺、虚假承诺，却没有将律师未告知法律风险等隐瞒重要信息的情形纳入评价范畴。

美国律师协会2000年道德委员会在修订后的《专业行为示范规则》（Model Rules of Professional Conduct）中规定了相当严格的知情同意原则。[2] 知情同意是指“一个人在充分了解所涉及的风险和替代方案的情况下，同意、允许某件事发生”。[3] 这一原则源起于医疗保健行业，现广泛应用于个人信息保护领域。[4] 在这些领域中，专业人士需要建议（suggest）、推荐（recommend）被服务对象采取行动。[5] 同时，各方对于行动的后果都承担一定的风险，知情同意从根本上是为了实现一种风险分配。[6] 为此，知情同意原则完全可以适用于法律风险告知领域。具体而言，法律风险告知具有以下四个特性，律师应当有所了解。

---

〔1〕 参见上海市第一中级人民法院（2008）沪一中民四（商）终字第1582号民事判决书。对该案的评析可参见申黎：《律师事务所承担诉讼代理赔偿责任的界定》，载《人民司法·案例》2009年第6期。

〔2〕 See Kimberlee K. Kovach, *The Duty to Disclose Litigation Risks and Opportunities for Settlement: The Essence of Informed Decision-Making*, University of La Verne Law Review, Vol. 33: 71, p. 88(2011 -2012).

〔3〕 Brian A. Garner, editor in chief. *Black's Law Dictionary*, Thomson Reuters, 2009, p. 346.

〔4〕 参见高志宏：《大数据时代“知情—同意”机制的实践困境与制度优化》，载《法学评论》2023年第2期。

〔5〕 Kimberlee K. Kovach, *The Duty to Disclose Litigation Risks and Opportunities for Settlement: The Essence of Informed Decision-Making*, University of La Verne Law Review, Vol. 33: 71, p. 82(2011 -2012).

〔6〕 参见姚佳：《知情同意原则抑或信赖授权原则——兼论数字时代的信用重建》，载《暨南学报（哲学社会科学版）》2020年第2期。

（一）客观性

律师应当客观地告知当事人其委托事项可能出现的法律风险，不得故意对可能出现的风险作出不恰当的表述甚至虚假承诺，不应有意隐瞒或省略重要的信息。

同时，律师要谨慎地分析当事人的陈述，不能轻易地全盘接受当事人提供的信息。需注意，当事人的言语中可能包含想象的成分或自以为是的内容，律师作为提供法律服务的专业人士，必须摒弃当事人的主观情绪和臆想，要从客观的角度加以甄别。律师要在能力范围内检验、核实当事人陈述的真实性，确保法律风险告知内容的客观性。

（二）全面性

全面性首先体现在律师收集的信息要全面，这是律师提供有效法律服务的前提和基础。当事人在寻求律师的专业支持时，常认为自己是占理的一方，导致其下意识地只提供对自身有利的相关材料，试图从作为法律专家的律师处获得确信。律师不能轻信当事人的只言片语，而要凭借办案经验，并根据个案特点，了解当事人有意或无意隐瞒的内容，从而向当事人告知全面的法律风险。

同时，律师需要全面考虑各种法律风险，不仅要考虑事实和法律因素，还要考虑与案件相关的道德、经济、社会和政治等诸多法外因素。律师应当告知当事人包括社会舆论、类案裁判、地方政策、权力干预等在内的所有风险因素，促使当事人在充分权衡利弊的基础上作出更符合实际的选择。

（三）明确性

明确性有两个方面的体现：第一，律师要明确地告知当事人相关的法律风险，话要说清，理要说透。法律风险告知的目的之一是尽可能地消除当事人的信息壁垒。绝大多数当事人没有接受过专业的法律训练，所以如何让当事人准确地理解案件的法律风险是尤为重要的。唯有如此，律师才能帮助当事人作出理性的决策。

第二，律师务必要取得当事人对承受相应法律风险的明确同意。在此建议律师通过让己方当事人确认法律风险告知书或备忘录的形式清楚记录下律师告知当事人的法律风险以及当事人相应的明确同意。

（四）持续性

民事诉讼通常是一个漫长的司法过程，可能会经历诉前调解、一审、二审、再审甚至抗诉等程序。在此过程中，当事人要承受的法律风险并非一成不变的，而是可能随时会因为诉讼程序的推进、新证据和证人的出现、鉴定意见的作出、庭审情况等因素使风险发生变化。此时，律师应当实时更新风险信息，当出现新的风险或者既有的风险发生变化时，需要及时向当事人补充告知。这也就要求律师在代理过程中与当事人保持密切沟通，切忌疏于联系。

四、法律风险告知的类型

（一）法律要件欠缺型风险

律师代理民商事案件，要从浩如烟海的法律条文中检索请求权基础并对规范构成要件进行分解，将案件事实涵摄于法律规范之下。

在此过程中，一些案件会存在部分法律要件所对应的案件事实欠缺的情形，也即小前提（案件事实）存在重大瑕疵，进而无法归入大前提（法律规范），导致无法作出涵摄推理。此时，案件存在巨大的败诉风险，律师应将法律要件欠缺的风险告知当事人。

笔者曾办理过一起民间借贷纠纷案，借款合意和交付标的物是该案重要的法律要件，但当事人只能提供借条以证明借贷合意而无法提供已交付借款的证据，对方当事人对我方现金交付的主张矢口否认。由于款项交付的法律要件欠缺，导致该案存在较大的败诉风险。[1] 为此，笔者以书面形式告知当事人该法律风险，并结合案情建议其通过收集其他证据予以补强。

又如在一起合同纠纷案中，当事人作为守约方欲向违约方主张合同约定的违约金。通常违约金的目的是弥补守约方的损失，故需要守约方提供证据证明己方的实际损失。但当事人提供的证据无法证明其约定的违约金金额未过分高于实际损失。为此，笔者向当事人告知该案存在法院调低违约金金额的法律风险，[2] 为避免不必要的诉讼费支出，建议当事人重新确定恰当的诉讼请求。

（二）法律适用争议型风险

律师在厘清法律要件之后，需研究相关法律规定在该案中的适用问题。但法律规范存在不周全性，缺乏裁判规则或者法律适用尚

---

〔1〕《最高人民法院关于审理民间借贷案件适用法律若干问题的规定》（法释〔2020〕17号）第十五条第二款规定："被告抗辩借贷行为尚未实际发生并能作出合理说明的，人民法院应当结合借贷金额、款项交付、当事人的经济能力、当地或者当事人之间的交易方式、交易习惯、当事人财产变动情况以及证人证言等事实和因素，综合判断查证借贷事实是否发生。"

〔2〕《民法典》第五百八十五条第二款规定："约定的违约金低于造成的损失的，人民法院或者仲裁机构可以根据当事人的请求予以增加；约定的违约金过分高于造成的损失的，人民法院或者仲裁机构可以根据当事人的请求予以适当减少。"

未统一的情况依然常见。有时不同法院，甚至同一法院类案裁判结果间的偏离度过大，会造成法律适用不明确或存在观点分歧的情形。此时，案件裁判结果就会存在不确定性，律师应向当事人披露案涉法律适用缺乏统一性的风险。

笔者办理过一起案件，对方当事人以民间借贷纠纷为由起诉我方当事人，后因证据不足被法院驳回全部诉讼请求。之后，对方以同样的事实和理由再以不当得利为由起诉。当事人确信该案稳胜，因为案涉款项实际上是双方在合伙过程中产生的。但笔者研究发现，该案涉及的关于不当得利的举证责任分配问题在司法实践中存在争议。（2021）最高法民申 3709 号、（2020）浙 10 民终 2517 号等裁判认为主张不当得利的一方应举证证明取得利益一方的获利没有法律依据。而（2016）最高法民再 39 号、（2016）浙民再 236 号等裁判则认为应当由取得利益的一方举证证明其获利有法律依据。该案中，在合伙组织未清算前，当事人难以证明其取得案涉款项有合法的依据。由于裁判规则尚未统一，该案存在较大的败诉风险。

为此，笔者专门制作了一份《类案检索报告》，整理并分析了对当事人有利和不利的法院裁判观点，当事人由此清楚了其中的法律风险点，降低了预期，并表示如果该案败诉，将继续委托笔者代理后续可能产生的合伙纠纷。最终，法院采纳了我方的意见，再一次驳回了对方的诉讼请求。

（三）程序适用存疑型风险

法律程序是当事人实现诉求的重要渠道，但不同程序适用的条件各异。实践中对于程序的适用也会存在争议，而有时适用不同的程序又决定了当事人的利益能否实现以及实现的程度。律师应向当事人解释其中的法律风险及利害关系，再由当事人慎重抉择。

笔者曾代理一起案件，当事人误将款项汇入他人已被法院执行冻结的银行账户，款项无法直接退回。笔者分析出共有两条救济路径可供当事人选择，一是通过不当得利之诉，二是通过执行异议程序，但两条路径所达到的法律效果存在重大区别。若通过不当得利之诉，当事人即便胜诉也仅能获得普通债权。但通过执行异议程序，当事人有可能获得优先于普通债权得到清偿的权利，保障其在胜诉之后能够直接拿回案涉款项。当事人肯定希望采用第二种救济路径。

后笔者研究发现，关于错误汇款人能否通过执行异议之诉排除强制执行的问题，既有的裁判观点存在重大分歧。欠缺汇款意思表示、占有即所有原则的适用以及款项特定化是分析错误汇款返还请求权能否排除强制执行的焦点。[1]《最高人民法院公报》刊载的（2017）最高法民申 322 号裁判的观点是为了避免当事人的诉累，可以适用执行异议程序。但（2018）最高法民申 1742 号、（2017）最高法民申 2088 号等裁判则认为应当通过不当得利之诉主张权利。笔者将上述风险及时告知了当事人，并请当事人结合时间、金钱等成本因素一起参与诉讼策略的制定。

（四）解纷方式选择型风险

目前多元化纠纷解决机制已成为国家治理体系的重要组成部分，诉讼与非诉讼纠纷解决方式形成了相互衔接、功能互补的关系。在多元的解纷方式之中，诉讼未必是最佳的解纷方案。律师在为当事人解纷的过程中，不能为了多收取律师费用而一味地怂恿当事人通过诉讼的方式解纷，而是需要帮助当事人结合案件实际，深度剖析

---

〔1〕参见司伟：《错误汇款返还请求权排除强制执行的效力研究——基于裁判分歧的展开与分析》，载《比较法研究》2022 年第 6 期。

不同解纷方式的利弊和风险，协助当事人作出最优的选择。

笔者就曾说服己方当事人以非诉讼的方式化解一起纠纷。某一汽车部件生产商（以下简称部件商）与某零配件生产商（以下简称配件商）在合作过程中产生矛盾，部件商认为配件商生产的配件存在瑕疵，要求该配件商作出整改并书面承诺承担产品质量责任。但该配件商不愿配合，甚至以部件商未按时支付货款为由停止供货。然而，部件商寻找新的合作方至少需两个月时间，其间将无法向买家及时供货，面临较大的违约风险。部件商的负责人找到笔者，希望尽快将配件商诉至法院。

经过分析，笔者认为该案不适合通过诉讼的方式解决。第一，案件涉及产品质量问题，而裁判文书上网势必损害部件商的声誉。[1]第二，目前该配件商是部件商唯一的供货商，部件商至少还需要配件商供货两个月，所以要为部件商寻找新的合作者留足时间。据此，笔者建议部件商采取“明修栈道，暗渡陈仓”的策略化解该纠纷。一方面，当前该案更适合通过协商方式解决，双方继续合作，为部件商更换配件商留足两个月的时间。另一方面，部件商不仅需要调

〔1〕《最高人民法院关于人民法院在互联网公布裁判文书的规定》（法释〔2016〕19号）第三条　人民法院作出的下列裁判文书应当在互联网公布：

（一）刑事、民事、行政判决书；

（二）刑事、民事、行政、执行裁定书；

（三）支付令；

（四）刑事、民事、行政、执行驳回申诉通知书；

（五）国家赔偿决定书；

（六）强制医疗决定书或者驳回强制医疗申请的决定书；

（七）刑罚执行与变更决定书；

（八）对妨害诉讼行为、执行行为作出的拘留、罚款决定书，提前解除拘留决定书，因对不服拘留、罚款等制裁决定申请复议而作出的复议决定书；

（九）行政调解书、民事公益诉讼调解书；

（十）其他有中止、终结诉讼程序作用或者对当事人实体权益有影响、对当事人程序权益有重大影响的裁判文书。

整经营方式，实现供应链的多元化，还要留存配件商的违约证据，以便后续可以通过诉讼再行维权。最终，部件商结合笔者告知的法律风险作出了理性的选择，与对方积极协商解决，避免后续产生更大的损失。

律师向当事人充分告知法律风险，不仅是保障当事人的知情权，更是在切实防范执业风险。但凡事过犹不及，律师切忌仅仅为了规避自身的风险而过分夸大法律风险以致当事人完全丧失解纷的信心。律师在告知当事人风险的同时要树立与当事人并肩作战的信念，在化解风险的过程中既要胆大又要心细，争取切实地保障当事人的合法权益。

五、案例分析

（一）基本案情

2020 年年初，受新冠疫情的影响，口罩的需求量大增，为生产、销售口罩的原材料熔喷布，A 公司从 B 公司处购买了熔喷布生产线设备，B 公司于 2020 年 5 月向 A 公司交付了该设备。后 A 公司不仅发现该设备系拼凑组装而成，没有合格证、使用说明书、检测报告等，而且发现通过该设备生产的熔喷布产量远不达标，且产品质量存在严重缺陷，无法作为口罩的原料。B 公司曾派人上门维修，但设备仍不能正常投入使用。不久，B 公司生产的该型号设备被多家新闻媒体曝光存在严重的质量问题，并由此引发了多起严重的群体性事件，大量购买方围堵 B 公司，要求赔偿。在此背景下，A 公司的股东找到笔者，希望笔者能够代理该案。

（二）问题的提出

该案在疫情期间较为敏感，律师在考虑是否代理时格外谨慎。

在接受委托前，笔者的首要工作是稳住当事人激动的情绪，说服其依法维权。然后笔者充分告知当事人该案的法律风险，希望其权衡利弊后再决定是否委托笔者代理。当事人明确表示即便最后的结果不能达到他们的预期，也坚持要委托笔者代理此案。

在该案中，律师应如何做好法律风险告知工作？

（三）关于法律风险告知的诸项工作

律师事务所的一项重要职责是做好律师执业风险提示和帮助当事人了解法律服务的潜在风险。实践中，不少律师事务所都会要求律师在收案时向当事人出具统一模板的《法律风险告知书》，律师会向当事人披露诉讼案件中普遍存在的风险点，主要包括：第一，证据风险，当事人不如实陈述事实和提供证据，或者提供证据不充分，需由其承担不利或败诉的后果；第二，费用风险，无论案件结果如何，律师只要尽责代理，律师费都不予退还；第三，判决结果风险，律师不能保证案件必然胜诉；第四，执行风险，即便案件最终胜诉，也有可能出现执行不能的情况。

需要指出，这类模板的内容一般较为笼统，缺少针对个案的具体分析。面对诸如该案这般复杂且敏感的案件，律师还需要详细告知当事人该案可能产生的法律风险，包括政府是否会统一协调解决、法院是否会受理此类案件、公司是否会因破产而出现执行不能等情况。上述风险决定了该案后续的代理工作充满了不确定性。面对存在诸多不确定性的案件走向，笔者向当事人提出“分阶段代理 + 分阶段收费”的代理方案，并结合案涉法律风险，向 A 公司作出详细说明。

1. 分阶段代理。由于该案所涉纠纷在政府介入协调、诉前调解、法院审理等各个阶段都有可能得以化解，这意味着律师的工作量无法提前预估，律师费也难以确定。出于为 A 公司节省诉讼成本的考量，也为避免 A 公司后续对律师在办案中的作用及工作量提出异议，笔者提出分三个阶段代理的方案，并充分阐明各阶段律师的代理工作和利弊风险。

第一阶段：协商和解。A 公司找到笔者时，B 公司的生产经营已陷入停滞状态，此时 A 公司若不以最快速度直面纠纷，恐会错失最佳的解纷时机，最后极有可能因 B 公司破产使 A 公司得不到理想的赔偿金额。在此阶段，律师要摒弃琐碎的争议点，把工作重心聚焦到核心的争议焦点，即尽快协助 A 公司取得证明机器存在质量问题的《质量论证报告》（同时也为后续的诉讼做准备），并向 B 公司发送律师函，代表 A 公司向 B 公司提出协商解纷的意愿，这亦是该案最理想的解决方案。

第二阶段：诉前调解。彼时政府调查组已经入驻 B 公司，B 公司的决策权必然受限，有可能已无权与 A 公司通过协商解决。若如此，律师就需要尽快将案件诉至法院，通过外部的司法力量（如法院的调解员、审判人员）促成调解。

第三阶段：民事诉讼。该案若直接诉讼，可能要经历一审、二审甚至再审。众所周知，案件的审理周期一般比较长，最后极易出现 B 公司执行不能的窘境。所以，诉讼只能是 A 公司在万般无奈之下作出的选择。只有在前述两个阶段都无法解纷的情况下，律师才适宜采用诉讼的方式。

2. 分阶段收费。律师费的收取是律师与当事人发生分歧的高频问题，律师在接受当事人委托时应及时向当事人说明、解释费用问题。若律师在收案前未充分告知当事人律师费的收取标准与方式，后续可能会发生不必要的误会，进而产生两个风险：一是，若案件最终调解解决，当事人可能会认为律师费金额与律师工作量不符，要求律所退费，甚至去司法行政机关、律师协会投诉律师的代理工作名不副实；二是，案件办理过程中，由于情况发生重大变化，律师的工作量可能会激增，当事人已支付的律师费恐无法覆盖律师的办案成本。此时律师再与当事人协商增加律师费，该要求有可能会遭到后者的拒绝。

为规避以上两个风险，律师要将收费问题如实告知当事人。在该案中，当律师的工作量难以预估时，笔者就事先明确告知A公司可以分阶段支付律师费，即律师做一个阶段的代理工作，A公司就支付一个阶段的律师费，且每个阶段已收取的律师费将不予退还。

最后，形成书面版的《代理方案及法律风险告知书》，由A公司盖章，并由A公司的法定代表人及股东签字确认，用以证明笔者已充分履行法律风险告知义务，交由律所存档。

代理方案及法律风险告知书

A公司：

针对本案的代理思路和律师的工作内容，本所作出如下告知：

由于本案在各个阶段都有可能顺利结案，出于对贵司诉讼成本的考量，为避免贵司支付不必要的律师费，本所采取分阶段代理和分阶段收费的方式。律师代理工作一共分为三个阶段，律师费在三个阶段分别收取。

第一阶段：本所律师接受贵司委托后，负责代理贵司与C鉴定机构的沟通工作，并在C鉴定机构出具《质量论证报告》后，向B公司发送律师函，代理贵司与B公司进行和解。

在此说明，《质量论证报告》的结果在该阶段尤为重要，本所律师会根据《质量论证报告》的结果再行决定是否要发送律师函及参与协商和解。第一阶段的律师费为【　】元。

第二阶段：如果《质量论证报告》的结果不利于贵司，请贵司重新考虑是否要继续委托本所律师办理本案。在结果对贵司有利的情况下，若第一阶段和解不成，本所律师在第二阶段的主要工作是代理贵司向法院提起诉讼，并申请财产保全。

本阶段律师的核心工作是代理贵司参与法院的诉前调解，争取通过法院的调解解纷。第二阶段的律师费为【　】元。

第三阶段：若第二阶段无法达成调解，本所律师将准备开庭工作，代理贵司参与一审诉讼活动，律师费为【　】元。二审阶段的律师费为【　】元（若有），再审阶段的律师费为【　】元（若有）。

关于律师在本案中的作用，本所律师向贵司说明以下三点：

1. C 鉴定机构出具的《质量论证报告》会对案件结果的走向起到较大作用。如果该报告的检测结果是“机器存在无法修复的质量问题”，则可以作为贵司起诉的初步证据材料，也能在一定程度上促使法院启动司法鉴定程序，委托鉴定机构进行鉴定。但该报告因系贵司单方委托，B 公司极有可能不予认可。

2. 法院通过司法鉴定得出的鉴定意见对案件结果几乎起到了决定性作用。该鉴定意见经过双方当事人质证后，法院一般会将其作为认定事实的重要参考依据（说明：鉴于 C 鉴定机构的业界地位和专业性，其出具的《质量论证报告》被鉴定意见推翻的可能性相对较小）。

3. 相比之下，律师对案件结果起到的作用有限。本案中需要查清的重要事实是案涉机器是否存在不可修复的缺陷，这是贵司要求解除合同并获得赔偿的重要前提。律师会根据《质量论证报告》的结果努力将案件往有利于贵司的方向推动。

特此告知贵司以上案件风险及诉讼思路，本所律师会勤勉尽责，在专业的能力范围内保质保量地完成代理工作，但不对案件最终结果作出任何承诺。

签名/盖章：

2020 年　月　日

第二章 诉 讼 策 略

目 次

“在多数案件中律师对案件的分析判断会实质性影响当事人的诉讼行为。特别是在我国当前的司法实践中，当事人的诉讼能力普遍相对较低，当律师介入和代理案件后，律师的作用即不仅限于外化当事人的相关意愿和增强当事人的诉讼能力，而往往会出现律师主导当事人一方诉讼行为的现象。”[1] 在民事诉讼代理过程中，律师的首要作用就是针对个案制定切实可行的诉讼策略。

诉讼策略是指律师代理诉讼的思路、方法和步骤。诉讼策略的妥当与否和诉讼案件的代理效果息息相关。律师制定诉讼策略需要在综合把握案件事实和法律关系的基础上，结合律师自身的法律知识、执业技能和办案经验，拟定实现当事人诉讼目的的多条路径和方法。专业的律师帮助当事人尽早制定完善的诉讼策略，既可以为案件的后续代理奠定良好的基础，也可以适时促进当事人之间的和解和调解，争取共赢的结果。

当然，律师在制定、落实诉讼策略的过程中切忌一成不变。诉讼过程随时会有风云突变的可能，律师要用发展的眼光看待诉讼策略，在向着既定的大方向坚定前进的同时，也要根据案件走向、证据增减、庭审推进等情况不断地灵活调整诉讼策略中的具体内容。本章对律师制定诉讼策略的相关内容作出概括性的归纳和总结。

一、制定诉讼策略的基础

（一）以适宜诉讼方式解纷为前提

律师在制定诉讼策略时，首先要跳出“诉讼”本身，留意考察该纠纷究竟是否适合通过诉讼方式化解。毕竟诉讼存在耗时长、成

[1] 江必新：《加强法官律师良性互动　探索构建协同诉讼模式》，载《中国律师》2018 年第 3 期。

本高、程序复杂、结果不确定、裁判公开等司法特质对当事人的影响是不容忽视的。若律师对案件事实、相关证据、适用法律等要素作出审慎的研判后，认为该纠纷不适宜（或不能）以诉讼的方式解决，而适合（或必须）通过仲裁[1]、调解、和解等其他非诉讼方式化解，这时律师要思考的就不应该只是诉讼策略，而应探索更宏观的解纷策略，然后建议当事人选择最恰当的解纷方式，切忌唆讼。

同时，原告的代理律师在起诉前务必先换位思考，针对己方的起诉，对方会提出什么抗辩，相关的事实与理由会是什么，对方是否会提起反诉，会提出什么反诉请求，所依据的事实与理由又会是什么，等等。再思考自己应如何应对对方提出的抗辩和反诉，并尽量准确地评估出该抗辩和反诉会给诉讼双方的攻击防御方法[2]带来什么影响，尤其要尽可能细致地测算前述行为是否会增加实现本诉请求、反驳反诉请求的难度。只有原告律师基本确定己方的诉求、证据、事实、法律适用等没有重大缺陷或隐患，且不易被对方找出明显的反击突破口，才能比较放心地采用诉讼解纷方式，否则容易弄巧成拙。

---

〔1〕《民事诉讼法》第一百二十七条 人民法院对下列起诉，分别情形，予以处理：

（一）依照行政诉讼法的规定，属于行政诉讼受案范围的，告知原告提起行政诉讼；

（二）依照法律规定，双方当事人达成书面仲裁协议申请仲裁、不得向人民法院起诉的，告知原告向仲裁机构申请仲裁；

（三）依照法律规定，应当由其他机关处理的争议，告知原告向有关机关申请解决；

（四）对不属于本院管辖的案件，告知原告向有管辖权的人民法院起诉；

（五）对判决、裁定、调解书已经发生法律效力的案件，当事人又起诉的，告知原告申请再审，但人民法院准许撤诉的裁定除外；

（六）依照法律规定，在一定期限内不得起诉的案件，在不得起诉的期限内起诉的，不予受理；

（七）判决不准离婚和调解和好的离婚案件，判决、调解维持收养关系的案件，没有新情况、新理由，原告在六个月内又起诉的，不予受理。

〔2〕“所谓攻击防御方法，系指当事人为对诉讼请求赋予理由（攻击方法），或对之抵拒（防御方法）之事实主张、争执（否认）、证据方法与证据抗辩等。”该概念的界定引自姜世明：《民事诉讼法》（上册），新学林出版股份有限公司2018年版，第650页。

笔者曾代理过一起合同纠纷案，甲公司与乙公司合作运营直播基地，《合作协议》约定甲公司免费提供场地，乙公司需要将网红主播引入该直播基地，并达到一定的销售流水，还约定“乙公司需支付30万元作为房屋使用保证金，合同到期之后10日内，甲公司退回保证金，若未经双方协商一致，乙公司擅自搬离并造成甲公司损失，则甲公司不退回保证金”。后续的运营没有达到双方的预期，乙公司擅自搬离（在房屋内遗留大量的固定设备），并要求甲公司退还保证金。但甲公司认为乙公司未引入网红主播，也未达到约定的销售流水，已经明显构成违约。甲公司遂向乙公司发函表示30万元房屋使用保证金不予退还。后乙公司将甲公司诉至法院，要求甲公司退还保证金，甲公司委托笔者应诉。鉴于《合作协议》约定“任何一方违反本合同项下约定的义务，均构成违约，需向守约方赔偿一切损失。该‘损失’包括因违约行为导致的守约方的实际损失以及守约方为处理违约事件所发生的全部合理费用和开支，损失无法计算的按100万元计算”，笔者制定了相应的诉讼策略，一方面提出有理有据的抗辩理由，请求法院驳回乙公司关于30万元保证金的诉讼请求；另一方面采取“以打促调”的方式，直接提起反诉，要求乙公司支付100万元违约金。其间，笔者代表甲公司表达了以和为贵的态度，多次提出调解的意愿，但每次都遭到乙公司代理律师的断然拒绝。最终，法院驳回了乙公司的全部诉讼请求，支持了甲公司的全部反诉请求（100万元违约金）。本案中，乙公司在已经存在违约行为的情况下，贸然起诉会存在巨大的法律风险，乙公司的代理律师应当考虑到甲公司极有可能会提起反诉让乙公司承担远高于保证金金额的违约金。结果，乙公司不仅没有拿回30万元保证金，反而又支付了100万元违约金，得不偿失。可见，乙公司代理律师悍然起诉并拒绝调解的诉讼策略无疑是错误的。

（二）以合法合规及职业伦理为根本遵循

律师在制定诉讼策略时既要遵守合法合规的底线要求，也要遵守律师职业伦理。诚信原则是民事诉讼法的基本原则，律师在制定诉讼策略时无疑应当遵从。民事诉讼诚信原则禁止恶意制造诉讼状态，其要求当事人一方不得以不正当的手段形成利己的诉讼状态，导致对方当事人在诉讼中处于不利的诉讼地位。例如以不正当的手段改变案件的管辖法院或以不正当的理由获得财产保全等。民事诉讼诚信原则还禁止滥用诉讼权利，其要求当事人不得违背诉讼权利设置的目的，借行使诉讼权利之名，以达到拖延诉讼等目的，损害国家和对方当事人的利益。比如为了拖延诉讼而申请回避、提出管辖权异议等就是滥用诉讼权利的典型表现。[1] 在律师职业伦理之中，忠诚义务具有举足轻重的地位，律师不仅要尽力维护当事人的合法权益，还必须充分尊重当事人的意志。但这并不意味着律师在代理过程中要对当事人唯命是从，而是要保持一种独立理性。对于当事人的合法诉求，律师无疑应全力维护，但对于前者提出的不合理甚至违法的要求，律师应当果断拒绝。否则律师为了赢得眼前的案件而将自身置身风险之中，只会因小失大、得不偿失。

试举一例。王某与宣某已协议离婚，但离婚后宣某将王某起诉至法院要求进行财产分割。为最大限度地“维护”王某的财产利益，代理律师李某为王某制定了通过虚构夫妻共同债务的方式来规避案涉财产分割的诉讼策略，并将合谋内容告知张某，唆使张某到法院起诉王某和宣某索要以涉案车辆作抵押的虚假夫妻共同债务，并伪

〔1〕 江伟、肖建国主编：《民事诉讼法》（第七版），中国人民大学出版社 2015 年版，第 55 页。

造车辆抵押协议和借条。最终法院认定李某犯虚假诉讼罪，判处拘役二个月，并处罚金人民币5000元。[1]

（三）以案件事实及法律关系为依据

律师制定诉讼策略需建立在全面梳理案件事实、细致分析法律关系的基础之上，否则恐沦为无源之水、无本之木。律师既需要通过对证据的收集、梳理、定性、组合，抽丝剥茧般地深入了解案涉的争议事实，也需要分析双方当事人的性质、经营状况、支付能力等背景事实，避免因事实认知不足导致诉讼策略发生偏差。案涉争议事实的背后通常存在不同法律关系的交叉叠加，律师在厘清事实后分析法律关系，是制定诉讼策略的依据。正确地界定原、被告以及第三人之间的法律关系，有助于找准解析案件的切入点，防止诉讼策略出现谬误。

笔者曾代理一起民间借贷纠纷案，张某凭借李某、王某出具的一张借条，起诉两人归还借款，借条上写明该借条是合伙期间三人购买设备时张某曾为李某和王某垫付的设备款。后两被告委托笔者代理此案，经过对证据的梳理，笔者归纳的事实为张某、李某和王某合伙创办了一间配件厂，合伙期间，三位合伙人之间会相互借钱用于合伙经营，并出具相应的借条，案涉借款只是其中的一笔，此外还有多笔。后配件厂因经营不善停止经营，合伙人之间也未进行清算。笔者分析后认为，案涉纠纷背后的法律关系应系合伙关系而非民间借贷关系。故笔者以案由错误为抗辩事由，按照合伙法律关系组织相关证据，并提起了关于合伙清算的反诉。庭审时，审判人员亦认可本案的基础法律关系是合伙关系，而原告的代理律师当庭

---

〔1〕 参见吉林省延边朝鲜族自治州中级人民法院（2020）吉24刑终27号刑事裁定书。

表示其不清楚当事人之间还存在其他的借条。后原告主动向法院申请撤回起诉，被告才申请撤回反诉。本案就是典型的原告未厘清案涉事实和法律关系导致诉讼策略出现根本性的错误。

（四）以详尽的法律规定为准绳

检索法律规定是法律路径的探求及其证成，是诉讼策略得以确立的关键步骤。律师在制定诉讼策略时必须围绕当事人的核心诉求并根据已掌握的证据材料及相关事实进行法律检索，为诉讼策略的构建寻求有针对性的法律支持。律师只有全面、准确地检索出适用于个案的具体法律规定，才能使诉讼策略真正落地。具体而言，律师梳理与个案相关的法律规定要依据其效力等级自上而下有序进行，同时列明法律法规的具体条款，并广泛参考该条款所涉及的相关司法解释、类案和权威观点。还需要提醒，律师应当根据案件所处的地域和行业精准地检索相关的地方性司法文件、政府部门规章和行业规范等，将其一并作为制定诉讼策略时的重要参考依据。

在一起产品责任纠纷案中，某公司生产的案涉产品性质为固体饮料，但产品的名称却为“全营养蛋白粉”，而全营养配方食品属于特殊医学用途配方食品，有专门的国家标准。陆某主张案涉产品的标签不符合食品安全标准，故起诉至法院，要求公司根据《食品安全法》第一百四十八条第二款的规定[1]承担支付价款十倍的赔偿责任。笔者接受公司的委托，在掌握了案件相关事实后进行全面的检索，检索到的部门规章《食品生产经营监督检查管理办法》（国家

〔1〕《食品安全法》第一百四十八条第二款规定：“生产不符合食品安全标准的食品或者经营明知是不符合食品安全标准的食品，消费者除要求赔偿损失外，还可以向生产者或者经营者要求支付价款十倍或者损失三倍的赔偿金；增加赔偿的金额不足一千元的，为一千元。但是，食品的标签、说明书存在不影响食品安全且不会对消费者造成误导的瑕疵的除外。”

市场监督管理总局令第49号）、《市场监管总局关于加强固体饮料质量安全监管的公告》（国家市场监督管理总局公告2021年第46号）、《市场监管总局办公厅关于延长固体饮料企业剩余包装材料使用时间的通知》（市监食生函〔2022〕722号）等文件中的有关内容为笔者形成较为独到的代理思路提供了有益的借鉴，即从政策文件适用的溯及力和标签瑕疵的角度进行抗辩，并据此制定了后续一系列的诉讼策略。

（五）以当事人的诉讼需求为导向

诉讼时常是当事人实现其社会、解纷、商业、情感等需求的一种途径。当事人的诉讼需求可能指向诉讼结果，也可能在诉讼过程中就已实现。总之，律师提供的诉讼法律服务应尽量满足当事人真实的合法需求。当事人诉讼需求的实现程度往往是衡量诉讼策略优劣的至关重要的标准。

为此，律师在制定诉讼策略时不能仅凭对法律的分析和判断，还需要时刻以当事人的诉讼需求为导向。任何诉讼策略的确立和推进绝非律师在法律操作上的炫技，而是要以实现当事人的合法需求为依归，否则会事倍功半，甚至徒劳无益。由此，律师制定诉讼策略离不开与当事人深度、有效的商谈。有时，当事人向律师表达的诉讼需求只是表象，前者内在的真正需求是要靠律师根据社会经验和专业知识去判别的。例如在离婚案件中，有些当事人是以离婚为手段试图教育对方，有些是以离婚为手段谋求经济利益，还有些是以离婚为手段使子女摆脱不良的家庭环境。律师要逐渐习得透过现象看实质的本领，善于识别当事人真实的诉讼需求，“因案制宜”地制定策略。只有对当事人的诉讼需求有准确的了解和把握，诉讼策略与个案的契合度才会更高，才能最大限度地避免律师代理工作与当事人实际需求的偏离。

例如，常规的金融借款合同纠纷案的案涉事实和法律适用都比较明确，若法院直接按照法律裁判，金融机构的诉请基本能够获得支持。然而金融机构的代理律师经常采取的诉讼策略是采取放弃部分利息、罚息、复利或同意分期付款等看似不利于金融机构利益的条件与借款人调解。之所以如此，是因为许多金融机构起诉的目的并非仅是获得纯粹的胜诉判决，而是希望尽快地收回本金，及时止损，避免借款人后续完全丧失履行能力而出现坏账。有时这种策略能对借款人产生一定的激励作用，提高其履行还款义务的积极性。所以从总体上讲，该策略有助于实现金融机构的诉讼需求。相应地，借款人的代理律师则可以抓住金融机构的这种心理需求，提出调解方案，尽可能地降低还款金额，争取延长还款期限。

二、制定诉讼策略的要点

当事人如欲在民事诉讼中争取更大的胜诉概率，至少要在以下两个方面做足功课：一是从先天的角度，提高己方的诉讼实力，包括在收集证据、梳理事实、适用法律等方面作更加充分的准备。二是从后天的角度，优化己方的诉讼策略，包括但不限于以下几个方面。

（一）选择最佳的诉讼路径

诉讼路径是诉讼策略的核心组成部分，是当事人实现诉求的重要渠道。不同诉讼路径的适用条件各异，而适用不同的路径又决定了当事人利益能否实现以及实现的程度。律师在制定诉讼策略时需要清楚地分析案件的基本事实与法律关系，结合适用该案的法律规定，凭借诉讼经验和专业功底去甄选优质的诉讼路径。

律师虽不能代替当事人对诉讼背后的显性、隐性利益作出抉择，但可以从法律的专业角度充分、客观地评价各条诉讼路径的可行性，剖析不同路径之间的差异，并对每一条路径的利弊都发表缜密的意见，尤其侧重揭示每条路径可能存在的漏洞及风险。由此，律师要紧紧围绕客户的诉讼需求为当事人选择最优的诉讼路径，并围绕该路径完善后续的诉讼策略。本书第四章“法律检索”所举的案外人将其所有的款项误划至被执行人被法院冻结的银行账户一案即典型案例。

（二）确定适当的被告

通常情况下，案件中的被告不是可供选择的，而是确定的，就如合同纠纷案中的被告一般就是合同相对方。但当被告可供选择时，如何选择合适的被告就成为律师制定诉讼策略时必须要考虑的问题。基于查清案件事实、保证判决履行、便于解决纠纷的需要，在法律允许的条件下，原告的代理律师有必要适当扩大被告的范围，列出更多的适格被告，因为尽可能多的适格被告加入诉讼无疑会给原告诉讼请求的实现带来更多的保障。至于每位被告是否都需要承担法律责任以及责任承担的大小，则要视具体案情而定。

在一起房屋租赁合同纠纷中，乙公司承租甲公司的房屋，经甲公司同意，乙公司在租期内将合同项下的权利义务一并转让给了丙公司，并在三方签订的补充协议中约定乙公司对丙公司向甲公司所负的合同义务承担连带责任。在合同履行过程中，丙公司一直未支付租金，甲公司遂委托笔者起诉。关于被告的确定，最常规的做法肯定是将乙、丙公司列为共同被告。但据甲公司负责人介绍，乙、丙公司早已处于非经营状态，即使胜诉也无法执行到位。笔者遂对乙、丙两家公司做进一步的调查，发现乙公司为一人有限责任公司，股东为李某，故李某可作为共同被告。[1] 乙公司的股东在那段时间发生了变更，恰前股东正是丙公司的法定代表人张某。最后，笔者将乙公司、丙公司、李某、张某列为共同被告，极大地保障了本案判决的顺利执行。

此外，诉讼实践中也存在减少被告的情形，例如为了不拖延诉讼进程，律师可能不宜将联系不上且无清偿能力的主体列为被告，否则法院公告送达所耗的时间客观上会拖长案件的审理周期。[2]

（三）提起反诉或另行起诉

被告作出的抗辩是针对原告提出的请求权（进攻）所作的防御，旨在使原告的诉讼请求无法得到支持。纠纷成讼伊始，被告一般处于相对被动的诉讼地位，为了化被动为一定的主动，被告可以提起反诉或另案起诉，试图抵消、吞并、排斥原告的诉讼请求，这势必会给原告造成一种新的压力，使原告在考虑本诉的同时不得不评估反诉或另案的胜败可能性及其后果。

被告提起恰当的反诉或另诉的诉讼策略，有时不仅能扭转其被动防守的局面，而且有利于双方形成更加理性的态度来对待案涉争议。很多时候，被告提起反诉或另诉反而能促成双方通过和解、调解的方式实质化解纠纷，实现案结事了。为此，被告代理律师在掌握案件事实和厘清法律关系后，有必要尽早制定出是否提出反

---

〔1〕《公司法》第六十三条　一人有限责任公司的股东不能证明公司财产独立于股东自己的财产的，应当对公司债务承担连带责任。

〔2〕《民诉法司法解释》第二百四十三条　民事诉讼法第一百五十二条规定的审限，是指从立案之日起至裁判宣告、调解书送达之日止的期间，但公告期间、鉴定期间、双方当事人和解期间、审理当事人提出的管辖异议以及处理人民法院之间的管辖争议期间不应计算在内。

诉[1]或另案起诉的诉讼策略，并做好相应的诉讼准备。

试举一例。A公司与网红夫妻李某、张某分别签订协议，合作经营两家销售服装的淘宝店铺。根据协议的相关约定，李某、张某利用其个人影响力打造服装品牌，A公司具体负责服装的生产和销售。但李某、张某在合作过程中均与A公司产生矛盾，李某将A公司诉至北京某法院（以下称为北京案），要求解除协议，并由A公司承担违约责任。A公司认为协议解除、合作结束会导致价值上千万元的库存定制服装无法对外销售，A公司将遭受巨大的损失，遂委托笔者代理此案。为缓解彼时过于被动的诉讼局势，笔者随即代理A公司提起反诉，要求李某承担违约责任。其间，笔者本欲通过调解的方式调和双方的矛盾纠纷、恢复双方的合作关系，但李某丝毫不愿退让，拒绝接受任何调解方案。一审判决作出后，李某和A公司均不服，双方分别提起上诉。二审期间，笔者代理A公司向上海某法院起诉另案（以下称为上海案），要求李某的丈夫张某承担违约责任。相较于李某在北京案一审中承担的违约责任及比例，张某在上海案中承担违约责任的可能性更大，且承担的责任可能更重。之后，李某和张某一齐向A公司表达调解的意愿，最终北京案和上海案均以调解的方式结案，大家的关系有所缓和，合作得以继续。

（四）挖掘第三人参加诉讼的价值

民事诉讼中的第三人包括有独立请求权第三人和无独立请求权第三人。有独立请求权第三人在诉讼中具有相当于原告的诉讼地位，

---

[1]《民诉法司法解释》第二百三十二条　在案件受理后，法庭辩论结束前，原告增加诉讼请求，被告提出反诉，第三人提出与本案有关的诉讼请求，可以合并审理的，人民法院应当合并审理。

将原、被告置于相当于被告的地位。在通常情况下，有独立请求权第三人与原、被告对诉讼标的产生的是一种对立关系。

无独立请求权第三人与案件处理结果有法律上的利害关系，常为辅助一方当事人胜诉并为保护自己的利益而参加到诉讼之中。如果利害相关方胜诉，无独立请求权第三人也就能相应地维护自己的权利。若利害相关方败诉，无独立请求权第三人的某些权利义务亦有可能受到影响，甚至被法院判决承担民事责任。实践中，无独立请求权第三人一般参加被告一方进行诉讼。[1] 所以，被告律师在制定诉讼策略时应结合具体案情，及时、准确地判别第三人参加诉讼是否对己方有利。若答案是肯定的，被告律师制定的诉讼策略应当包括诉讼告知，即及时告知无独立请求权第三人，使其有机会参加诉讼。如此，被告既能获得无独立请求权第三人的辅助，形成合力共同防御原告的诉讼请求与主张，也能协助法院查明案件事实，从而正确适用法律，实现诉讼经济的目标。

试举一例。甲购买乙厂生产的汽车后，发现发动机存在质量问题，起诉乙厂要求退货，而该发动机是丙厂生产的。[2] 乙厂的代理律师在制定诉讼策略时应当考虑到丙厂可能会有不希望乙厂败诉以免日后向自己追偿的心理，因此可以建议丙厂作为无独立请求权第三人参加诉讼，并辅助被告乙厂应诉，如积极证明发动机没有产品质量问题。

还要指出，第三人与证人在诉讼中的作用是不同的，用一个案例予以说明。彭某起诉徐某民间借贷纠纷案，要求徐某归还 100 万元款项，因举证不充分，被法院驳回了全部诉讼请求。后彭某又以

---

〔1〕 王福华主编：《民事诉讼法案例百选》，高等教育出版社 2022 年版，第 88 页。

〔2〕 该案例源自《民事诉讼法学》编写组：《民事诉讼法学》（第三版），高等教育出版社 2022 年版，第 106 页。

不当得利纠纷为案由将徐某诉至法院。本案的真实情况是徐某向赵某借款100万元用于购房，赵某指定债务人黄某向徐某打款100万元，黄某又指示亲属彭某向徐某打款100万元。因此，徐某取得案涉100万元是有合法依据的，不构成不当得利。徐某委托笔者代理本案，经与赵某充分沟通后，笔者制定了由赵某作为第三人而非证人参加诉讼的策略。因为赵某和黄某之间既存在民间借贷关系，又存在合伙关系，近年来二人的款项往来频繁，事实极为复杂（见图2－1）。

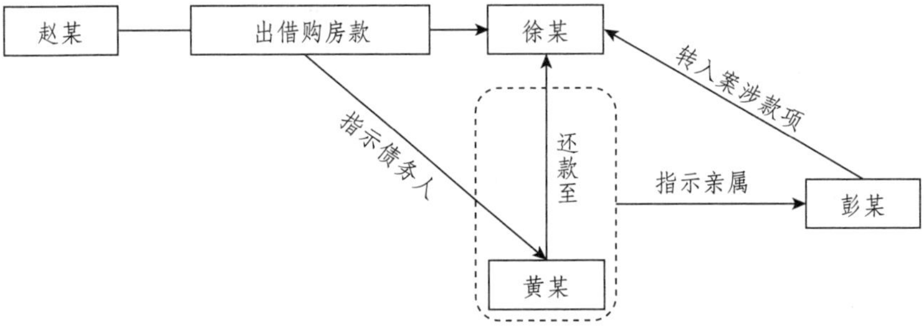

图2－1　案涉法律关系示意

笔者欲充分挖掘赵某在本案诉讼中的价值，就必须说服赵某作为第三人全程参加诉讼。第三人有权发言或答辩、提供证据并质证、向证人发问、参加法庭辩论、陈述最后意见等，有利于审判人员查明案涉事实并厘清法律关系，而证人显然没有上述诉讼权利。在庭审中，作为第三人的赵某向作为证人的黄某（彭某向法院申请黄某作为证人出庭）频频发问，黄某负有如实陈述的义务，而没有向赵某发问的权利。结果赵某的发问不仅得到黄某较为完整的回答，而且有效地固定了对其有利的事实，便于之后通过另案向黄某主张权利。最终，法院再次驳回彭某全部的诉讼请求。

（五）善用鉴定意见

鉴定意见作为诉讼活动中为查明案件事实而运用技术手段及专门知识对专门性问题作出的科学性意见，在事实认定过程中具备证据功能和证明价值，法院对鉴定意见的采信与否将直接影响到诉讼双方当事人的利益。因此，司法鉴定运用得当可以为诉讼策略的制定和推进提供重要的技术支持。当侵权责任纠纷中涉及伤者的伤残情况，合同纠纷中涉及签名、印章的真伪，产品责任纠纷中涉及产品的质量等专门性问题时，司法鉴定就会有适用的空间。在有条件启动司法鉴定程序的情况下，律师仍需要结合案件事实及庭审情况，综合分析鉴定的必要性、关联性和可行性后再行确定，要尽量避免非必要的司法鉴定导致诉讼进程拖延〔1〕或出现鉴定意见不利于己〔2〕的情况。

鉴定意见作为认识的外在表现，会因鉴定人的认识手段、条件等局限而存在错误的可能，鉴定意见完全可以被检验甚至证伪。当鉴定意见对己方不利时，律师应及时修正之前的诉讼策略，制定积极的防御策略，重视对鉴定意见的质证。第一，律师可以从法律专业的角度对鉴定意见提出疑问。例如针对可得利益损失金额的鉴定，实际应予赔偿的损失数额应考虑可预见原则、过失相抵原则、市场风险，并可以对鉴定的依据、检材和计算方式等因素是否客观、全

〔1〕《最高人民法院关于诉前调解中委托鉴定工作规程（试行）》（法办〔2023〕275号）第十九条　人民法院对于当事人恶意利用诉前鉴定拖延诉前调解时间、影响正常诉讼秩序的行为，应当依法予以规制，并作为审查当事人在诉讼过程中再次提出委托鉴定申请的重要参考。

〔2〕申请启动司法鉴定的一方当事人为尽可能避免出现鉴定意见对己不利的情况，可以先单方委托有资质的机构对专门性问题进行鉴定，根据该结果再决定是否主动向法院申请启动司法鉴定程序。

面进行评判，最终形成一份重点突出、论证充分的质证意见，促使审判人员在心证范围内对鉴定意见作出有利于己方的评价和取舍。第二，律师可以申请鉴定人和有专门知识的人（专家辅助人）[1] 出庭，接受审判人员和诉讼各方的询问。其中，专家辅助人可以代表当事人对鉴定意见进行质证，或者对案件事实所涉及的专业问题提出意见，[2] 进而协助法院对案涉技术性问题做实质性审查，避免审查流于形式。第三，律师如果发现鉴定人不具备相应资格、鉴定程序严重违法、鉴定意见明显依据不足，以及鉴定意见不能作为证据使用的其他情形，可以向法院申请重新鉴定。[3]

笔者代理过一起买卖合同纠纷案，甲公司承包了某酒店的装修工作，其间因装修需要，甲公司向乙公司采购了一批阀门，货款合计为60多万元。后酒店在投入使用过程中，部分阀门出现开裂的情况。甲公司认为乙公司提供的产品存在质量问题，应承担违约责任，遂将乙公司诉至法院。在案件审理过程中，甲公司针对阀门的质量问题以及更换全部阀门的工程造价申请了司法鉴定，法院予以准许。根据两份鉴定意见，阀门出现裂纹的原因是由材质的加工组织缺陷在应力及环境共同作用下引起的应力腐蚀破裂所致。关于更换阀门的工程造价，鉴定意见评估出的金额高达1400多万元，其中评估出因施工将给酒店造成的营业损失就达到1200多万元。甲公司据此变更诉讼请求，要求乙公司赔偿1400万元的损失，并要求乙公司承担

---

〔1〕《民事诉讼法》第八十二条　当事人可以申请人民法院通知有专门知识的人出庭，就鉴定人作出的鉴定意见或者专业问题提出意见。

〔2〕《民诉法司法解释》第一百二十二条　当事人可以依照民事诉讼法第八十二条的规定，在举证期限届满前申请一至二名具有专门知识的人出庭，代表当事人对鉴定意见进行质证，或者对案件事实所涉及的专业问题提出意见。具有专门知识的人在法庭上就专业问题提出的意见，视为当事人的陈述。人民法院准许当事人申请的，相关费用由提出申请的当事人负担。

〔3〕参见《民事诉讼证据规定》第四十条。

70 多万元的鉴定费用。上述两份鉴定意见的结论显然对乙公司极为不利，乙公司担心法院会依据以上鉴定意见支持甲公司的诉讼请求，故委托笔者参加一审阶段的第 6 次开庭，而彼时距甲公司起诉已逾 4 年。

为推翻两份鉴定意见中的部分结论，笔者分别申请了作出两份鉴定意见的鉴定人出庭。针对阀门开裂原因的鉴定意见，笔者找到了一位业内权威的专家辅助人，请他一起出庭，向审判人员充分表达鉴定意见缺乏全面性的意见，尤其是甲公司的不当施工导致阀门开裂这一重要原因在鉴定时被严重忽略。针对更换阀门的工程造价的鉴定意见，笔者从合同相对性的角度论证，认为营业损失应当由某酒店向乙公司主张，甲公司无权主张。最终，法院接受了笔者的观点，仅采纳了鉴定意见中的部分结论，判决乙公司对因产品质量问题造成甲公司的损失承担 50% 的赔偿责任，并驳回了甲公司对包括 1200 多万元营业损失在内的其他诉讼请求。可以看出，甲公司贸然对更换全部阀门的工程造价申请司法鉴定是有欠考虑的。

三、验证诉讼策略的方式

（一）借鉴类案中的诉讼策略和裁判思路

尽管我国不是判例法国家，但在重视统一法律适用和裁判尺度的当下，类案对于司法裁判和案件代理的参考意义已不容忽视。律师研究类案不能只盯着裁判结果，还需要大力挖掘类案中有价值的诉讼策略和裁判思路。事实上，参考类案是检验诉讼策略可行性最经济、最便捷的方式。律师可以将在办案件的诉讼策略与成熟类案中的代理思路和裁判思路进行比对，这样不仅可以验证诉讼策略是否完备，还能为进一步完善诉讼策略提供有益的借鉴。此外，研究批量类案有助于律师探究裁判规则背后蕴藏的价值判断，进而总结出某地法院的裁判倾向及价值取舍，为诉讼策略的优化提供方向性的指导。

如上文第二部分“（二）确定适当的被告”中介绍的房屋租赁合同纠纷案，将前股东列为共同被告是该案重要的诉讼策略，但现行法律并未规定一人有限公司的前股东需对公司的债务承担连带责任。为验证该策略的可行性，笔者进行了类案检索，发现（2018）最高法民终 1129 号、（2021）浙民终 1517 号、（2019）浙 01 民终 4181 号等类案的裁判观点均认为合同签订和履行期间，在一人有限公司的股东不能证明公司财产独立于股东自己财产的情况下，股东应对其经营期间公司产生的债务承担连带责任。基于类案的支持，笔者将张某列为共同被告。该案审理期间，审判人员对张某是否系适格被告提出疑问，笔者提交了上述类案，获得法院的支持。

（二）律师团队演练式探讨

实践中，必然有一些案件会没有特别契合的类案可供参考。此时，律师可以采用团队演练式探讨的方式来验证诉讼策略的可行性、完整性。律师团队演练式探讨的外观与模拟法庭无异，让律师团队以接近真实庭审实战的形式对个案进行深入的探讨，但不拘泥于模拟法庭的固有样式。

律师团队演练式探讨的常规安排是：律所接受委托后、法院开庭审理前，由承办律师在模拟庭审中担任己方的代理律师，由一至两位团队律师扮演对方代理律师的角色。前者在模拟庭审中完整地预演己方的诉讼策略，重点则是后者在知己知彼的基础上对己方的诉讼策略发起全面的进攻或防御，再由团队内的资深律师依法作出“裁判”。如此，原告的证成、被告的证反、审判人员的裁判思路都可以逼真地提前呈现出来，从而有效地检验己方的诉讼策略，并详细地排查其中的不利风险。每次团队演练式探讨结束后，承办律师都应当及时复盘，补充、修正、完善原有的诉讼策略。针对疑难复杂的案件，承办律师可以邀请当事人观摩或直接参与律师团队演练式探讨，这样既能让当事人沉浸式地体验律师团队真切的法律服务，也能让其直观地了解到案件存在的法律风险，更有利于承办律师与当事人一道再次围绕诉讼策略和案件细节进行商谈。

如上文第二部分“（五）善用鉴定意见”中介绍的买卖合同纠纷案，因案涉两份鉴定意见对我方均极为不利，笔者第一时间组织团队律师召开演练式探讨，并邀请当事人和专家辅助人一起参与，现场的观点纷呈。结束后，笔者根据复盘情况对整体的诉讼策略和具体的询问提纲、质证意见、代理意见等均作出修改。不出所料，正式庭审中遇到的关键问题几乎都出现在团队演练式探讨的范围之内。在笔者和专家辅助人的连续发问下，鉴定人关于鉴定意见相关内容所作的解释出现了明显的纰漏，使审判人员对鉴定意见中部分内容的科学性和客观性产生了质疑。最终，案件获得了预期的代理效果。

四、案例分析

（一）案情简介

2022 年 9 月，张某以民间借贷纠纷为案由向法院起诉，要求李某归还 800 万元借款及相应利息，并向法院提交了双方分别于 2021 年 11 月、同年 12 月补签的《借款合同一》《借款合同二》以及 2015 年 1 月至 2022 年 6 月张某向李某陆续转账 800 万元的凭证作为证据。《借款合同一》约定，“2015 年 1 月 1 日至 2021 年 11 月 15 日，李某尚欠张某借款本金 600 万元，应于 2022 年 5 月 1 日前归还”；《借款合同二》约定，“张某借予李某 200 万元，借款期限为

2021年11月20至2022年6月1日”。

李某在一审阶段的抗辩理由有二：第一，其陆续收到张某的借款后便一直不定期地归还欠款，因此两份借款合同项下剩余的款项已远低于800万元。相应地，李某向法院提交了2015年1月至2022年6月双方全部的往来流水，显示张某转给李某的金额高达1400万元，而李某转给张某的金额也达到了900万元，二者相减只有500余万元。第二，张某向李某的转账中有一笔500万元款项并非借款，而是张某认购李某在A公司30%股权的股权转让款。为此，张某提供了双方于2021年10月签订的《股权转让协议》加以证明。

一审法院认为，自2015年1月1日至《借款合同一》签订之日，原、被告之间存在大量的款项往来，根据双方的汇付凭证可以认定往来款中存在借款、日常过账、指示付款以及消费支出等不同性质的款项，因此《借款合同一》系双方事后结算形成，张某基于该合同对李某享有600万元债权。针对500万元款项的异议，法院认为《借款合同一》形成于《股权转让协议》之后，且股权至今尚未变更，故认定双方在结算时已将该500万元确认为借款。

相较于对《借款合同一》的认定，一审法院在审查《借款合同二》时持截然不同的观点，其认可了双方对《借款合同二》的对账，判定该合同项下剩余的借款仅剩50万元。故一审法院判决李某应向张某归还650万元本金及相应利息。李某不服，委托笔者代理其参加该案二审阶段的诉讼活动。

（二）诉讼策略

1. 找出一审判决的逻辑漏洞，但强调其中对我方有利的裁判逻辑

李某在一审阶段已将能收集到的证据全部提交给法院，收集新证据的空间已相当有限。相比之下，二审最行之有效的诉讼策略便

是找出一审判决的逻辑漏洞，论证其在事实认定和说理部分的自相矛盾之处，而后在二审阶段予以重点突出。

在李某已提供双方大量往来流水用以证明其还款事实的情况下，一审法院仍简单地将《借款合同一》当作双方的结算协议，未将《借款合同二》认作结算协议，而是采用逐笔核对《借款合同二》项下金额的方法来认定借款金额。可见，一审法院未采用一致的裁判思路去认定《借款合同一》和《借款合同二》项下的金额，这种“区别对待”的认定是一审裁判最为明显的逻辑漏洞。

因此，笔者在二审阶段并未武断地全盘否定一审判决的全部观点，而是有选择性地认可其对《借款合同二》项下金额的核对方法，主张两份补签的协议均不是结算协议，应统一采用相同的核对方法，以确保“同等对待”。当李某对借款金额提出合理异议时，二审法院应仔细审查张某、李某之间真实的款项往来，准确判定欠款金额。

另外，笔者还进一步向二审法院阐述了裁判逻辑不统一可能产生的负面效果，即张某、李某之间的相关纠纷不仅不能妥善解决，还可能导致李某就未获支持的款项以张某不当得利为由另行起诉，徒增当事人诉累的同时也无谓地增加了法院系统的办案成本。

2. 巧用另行起诉的方式主张款项

本案一审中，李某主张其收到的款项中有 500 万元系股权转让款，但未获法院支持，仍将该笔款项认定为借款。要认识到，在没有更确凿的证据能证明该笔款项真实性质的情况下，二审法院一般不会否定一审法院的认定。

笔者认为，与其在二审阶段反复纠结该 500 万元款项的性质，不如另辟蹊径，让李某另行起诉股权转让纠纷案，要求张某继续履行《股权转让协议》，并支付股权转让款。一方面，另案起诉能够“避其锋芒”。笔者不必大费周章地去驳斥一审法院的观点，毕竟费时费力且难度极大。另一方面，另案起诉还能“借力打力”。本案中一审法院将该笔款项认定为借款，虽明显不利于李某，但却恰好能够作为对双方股权转让纠纷案的有利认定。因为《股权转让协议》没有解除，张某有继续履行合同的义务，所以张某需要另外提交500万元的转账凭证来证明其履行了股权转让款的支付义务，且李某坚信张某无法完成该项举证，张某在股权转让纠纷案中恐会败诉。

综上，李某与张某在一审阶段围绕该500万元的定性问题产生了巨大的争议，一审判决未支持李某的主张。起初李某委托笔者上诉的目的之一是争取让二审法院否认其对张某有500万元的借款，但笔者评估认为该目标难以实现，便建议李某同时另案主张500万元的股权转让款。根据前述“双管齐下”的诉讼策略，李某对该500万元的主张最终一定会被法院支持，但至于是在哪个案件中被支持，暂且可以在所不问。

据此，笔者代理李某以股权转让纠纷为案由起诉张某，并及时对张某的财产采取了保全措施，给张某造成了一定的压力，后张某主动向李某表达了调解的意愿，两起案件得以一并化解。

第三章　证据收集与运用

目　次

民商事纠纷发端于当事人之间的争议，虽然全面地看，这种争议既包括关于事实问题的争议，也包括法律适用的争议，但在民事诉讼实践中，多数甚至大多数民事案件（尤其是一审民事案件）源于事实问题的争议。[1]《民事诉讼法》第二条规定，保证法院查明事实是民事诉讼的一项重要任务。《民事诉讼法》第七条确立法院的审判原则是以事实为根据，以法律为准绳。所谓“以事实为根据”集中体现为法院以证据[2]为根据对案件事实作出认定，只有查证属实的证据才能作为法院认定事实的根据。

伴随我国民事诉讼模式逐步转型以及诉讼活动日趋专业化，越来越多的当事人会选择委托律师作为诉讼代理人参加包括收集证据在内的诉讼活动。律师通过积极取证，向法院展示己方主张的事实，无疑属于提供法律服务的范畴。更为关键的是，律师的取证效果将直接影响到当事人的诉讼效果。为此，本章主要介绍证据的收集与整理。

一、律师取证的优势

当事人是案件的亲历者，法律关系的发生、变更或终止可能是一个相当漫长并且复杂的过程，当事人会持有大量与案件相关的证据。然而，当前我国当事人的举证能力总体上较弱，实践中经常出现当事人明明已经掌握了证据却不知道该如何调查收集，以及不知

---

〔1〕 参见李浩：《回归民事诉讼法——法院依职权调查取证的再改革》，载《法学家》2011 年第 3 期。

〔2〕 民事诉讼证据是指能够证明案件事实的一切物质材料或信息。只有符合法律规定的形式、具备法律规定的条件的事实，才能称为民事诉讼证据。与民事诉讼证据相关的一个概念是“证据材料”，其是指当事人向法院提供的、用以证明案件事实的资料。民事诉讼证据均来源于证据材料，证据材料经过法定程序查证后，才能成为民事诉讼证据，作为认定民事案件事实的根据。为了表达方便，下文将民事诉讼证据和证据材料统一简称为证据。参见《民事诉讼法学》编写组：《民事诉讼法学》（第三版），高等教育出版社 2022 年版，第 131 页。

道如何将这些证据清晰、全面地呈现给审判人员，以至于一些本该胜诉的案件却败诉了，或者诉讼效果不够理想。如果重要的证据为对方当事人占有，或者为诉讼外的第三人占有，而他们又出于某种原因不愿意提供时，收集证据的难题就凸显出来了。[1] 这其实是长期以来我国民事诉讼司法实践的常态。

《民事诉讼法》第六十四条规定，代理诉讼的律师有权调查收集证据，可以查阅本案有关材料。据此，作为法律专业人士的律师在接受当事人的委托后有权调查、收集、查阅与案件有关的证据。律师自行取证强调其凭借个人力量调取相关证据并提供给法院，是对当事人取证能力的有效补充，其实质是当事人取证手段的延伸。相较于不具备法律专业素养的当事人，律师取证具有三点明显的优势。

第一，专业优势。相比于普通当事人，律师无疑对证据规则及证据运用更为精通。民事诉讼证据不仅应该满足“三性”（证据的真实性、合法性和关联性）的要求和证明力要求，还要符合民事诉讼的证明标准。这就要求取证者对证据种类、证明力、证明标准等证据法上的专业知识有较为全面且深入的理解。例如在一起因借名登记引发的不动产确权纠纷案中，王某（系原告，88 岁高龄）提供的多份关于证明案涉房屋归属的证据均存在不同程度的瑕疵。如何将上述“瑕疵”证据相互印证，促使审判人员充分运用自由心证规则，在统筹考虑的基础上审核、认定王某所提交证据的证明力，是笔者代理该案的重要工作。笔者将若干份书证、电子数据等证据组合成一条比较完整的证据链，使“碎片”事实被重新组合，尽可能地向法院还原了客观真实，最终审判人员通过自由心证支持了王某的诉讼请求。

---

〔1〕 参见李浩：《民事证据规定：原理与适用》，北京大学出版社 2015 年版，第 197 页。

第二，经验优势。取证工作对经验的依赖性较强，取证者不仅要了解取证渠道和方式，还要有恰当的方法、策略和技术，这样才能使取证的目标明确、重点突出、规范性强、效率更高，也才更容易获得证据持有人的配合和审判人员的认可。通常情况下，执业多年的律师在掌握了基本案情后就能较为准确地提炼出案件中的几个关键事实，从而可以初步确定用于证明这些关键事实的证据范围。资深律师更是具有较深的社会阅历，往往拥有丰富的取证经验与渠道。另外，收集的证据也并非多多益善，律师会根据证明责任的分配以及证据证明力的大小有的放矢、合理取舍。例如在代理一起由两份《资产分割协议》引发的个人合伙纠纷案时，笔者向当事人仔细询问了事实细节，感到案情繁杂无序。彼时当事人提供的大量证据材料是关于案涉门市部的争夺、双方合伙期间不成系统的部分账目、双方分割过程中各种只言片语的草稿、门市部被对方出租的情况。当事人甚至还提供了其收到的对方家庭座机电话费逾期付款的催收函等，看得出当事人是急切地想要证明对方出尔反尔、缺乏诚信、企图独占门市部等情形，但这些证据并不能证明该案的关键事实，反而容易分散案件的争议焦点，影响审判人员的判断。经过一番考量，笔者认为应当抓住重点，围绕关键证据入手，大胆舍弃上述细枝末节性的证据，最终取得较好的代理效果。

第三，身份优势。律师的取证身份优势虽然没有得到法律的明确确认，但在实践中确实存在。现实中不少行政机关只向律师打开了取证的通道，未向当事人本人开放，这可能是因为律师一般具有较高的法律素养，又不属于个案中的直接利害关系人，所以更容易获得有关单位和个人的信任。例如在一起保理合同纠纷案中，当事人仅委托律师一项内容，即向H市某区市场监督管理局查询某公司的内档。当事人之所以必须委托律师前去查询公司内档，是因为H

市市场监督管理局于2015年下发的《关于进一步做好律师查询市场主体档案资料服务工作的通知》以便利律师调查取证为原则，对律师在H市地区的市场监督管理部门查询市场主体档案资料作出了详尽的规定。虽然该通知没有明文禁止当事人前来调查取证，但是不难看出，拒绝向当事人打开调查取证通道乃是这份文件的应有之义。因此这项取证工作看似非常简单，但却是当事人无法靠自己完成的。

再如，在一起由L省某法院受理的建设工程施工合同纠纷案中，律师需要调取一份由G省某市原国土资源局保存的书证。该律师请身在G省的当事人前去调取，但该局的工作人员认为《G省国土资源厅办公室关于进一步加强政府信息公开和配合调查取证工作的通知》第六部分“规范国家机关和律师调查取证”仅对国家机关和律师的调查取证作出规定，但未规定当事人取证，故拒绝了当事人的取证申请。

二、律师取证的基本要求

律师取证的基本要求应当包括全面性、及时性、真实性、合法性和关联性。其中的全面性和及时性要求〔1〕相对容易理解。真实性、合法性和关联性一般被定性为民事诉讼证据的特征。2019年年底颁布的《民事诉讼证据规定》在《民事诉讼法》及2015年《民诉法司法解释》的基础上，对民事诉讼证据的“三性”作出了更为

〔1〕 有资深法官曾对此作出过非常形象的描述：“人类对已经发生过的事件，或者说对时过境迁的事件，只能通过对与该事件相关的事实的认识来进行。案件事实就像是一面打碎了的镜子。在法庭上证明案件事实，就相当于把这面镜子拼起来。如果当场就把这面镜子的碎片捡起来，则拼起来的可能性就会比较大；如果当场丢失了部分碎片，则拼起来就不会太全面；如果过了几天再到马路上收拾碎片，那能够找到的碎片就极其有限了，能够拼起来的可能性就微乎其微了。在现实生活中，事情也确实如此，有些事件发生的时候，既没有旁观的人，也没有录音录像，要想把历史上已经发生过的事实‘恢复’起来，无异于拼接那面‘打碎的镜子’。”参见邹碧华：《要件审判九步法》，人民法院出版社2021年版，第182页。

详细和周全的规定。笔者认为，将作为民事诉讼证据特征的“三性”同时作为律师取证的基本要求是十分有必要的，因为证据“三性”可以成为指导律师有效取证的要义。

（一）真实性要求

证据的真实性是指证据的形式和内容必须是客观存在且真实的事实，而非捏造或虚构的东西。真实性包括形式真实性和内容真实性。形式真实是指证据必须以某种能够被人感知的形式（如特定的物质载体）体现出来。《民事诉讼证据规定》第八十七条关于“证据是否为原件、原物，复制件、复制品与原件、原物是否相符”的表述即是对形式真实性所作的要求。

有不少律师会习惯性地认为书证复制件是不能作为证据使用的，尤其对这类证据质证时会对其形式真实性作出强烈攻击。有些律师往往一听到当事人欲提供的书证是复制件时就会不屑一顾，甚至还会劝服当事人不用白费力气去收集了。这种认识其实是错误的。虽然《民事诉讼证据规定》第九十条规定无法与原件核对的复制件不能单独作为认定案件事实的根据，但要格外注意该规定中有“单独”二字。若原件已不存在，但有证据证明复制件与原件是一致的，该复制件便具备了证据的形式真实性，是可以进入质证程序的。[1]《民诉法司法解释》第一百一十一条第二款中规定：“人民法院应当结合其他证据和案件具体情况，审查判断书证复制品等能否作为认定案件事实的根据。”据此，如果有充分的证据能够证明复制件在复

---

〔1〕《民事诉讼证据规定》第六十一条　对书证、物证、视听资料进行质证时，当事人应当出示证据的原件或者原物。但有下列情形之一的除外：

（一）出示原件或者原物确有困难并经人民法院准许出示复制件或者复制品的；

（二）原件或者原物已不存在，但有证据证明复制件、复制品与原件或者原物一致的。

制时是准确的，其真实地再现了原件的全貌，则该复制件可以作为认定案件事实的根据。[1] 所以，基于原始证据优先原则，原始证据的证明力一般大于传来证据，律师在民事诉讼中应当优先收集原始证据，同时也要谙熟补强证据规则，即传来证据与原件、原物相互印证后同样可以作为认定案件事实的依据，律师收集到书证复制件时切忌掉以轻心。

关于内容真实的要求，《民事诉讼证据规定》第八十七条直接使用了“证据的内容是否真实”的表述。《民诉法司法解释》第一百零四条规定的“能够反映案件真实情况”即是内容真实的核心含义。笔者曾代理一起建设工程施工合同纠纷案，在法庭调查阶段，对方补充提交了一份会议纪要作为新证据。针对对方临时提交证据的情况，笔者一般都会向审判人员申请庭后以书面方式质证，但这次是例外。笔者拿到这份会议纪要，看到了落款处加盖了“Y 市市场监督管理局”的公章，落款时间是“2017 年 3 月 4 日”。笔者当庭对该会议纪要的真实性表示不予认可，并质证道：“2017 年 3 月 4 日，Y 市根本不存在市场监督管理局，因为那时该行政机关的名称是‘Y 市工商行政管理局’，试想，连会议纪要的落款单位都是虚假的，那会议纪要内容的真实性怎能被认可。因此我方不认可该会议纪要的真实性。”最终，法院采纳了笔者的质证意见，未认可该证据的真实性。

（二）合法性要求

具有合法性的证据才具有证据能力。《民事诉讼证据规定》第八

---

〔1〕 参见王东敏：《复印件作为民事诉讼证据的几种情形》，载中国法院网，https：//www. chinacourt. org/article/detail/2019/10/id/4567475. shtml，2023 年 10 月 31 日最后访问。

十七条的表述与《民诉法司法解释》第一百零四条基本一致，均要求证据的形式、来源符合法律规定。由此，合法性包括证据的来源合法和形式合法。

来源合法要求证据系通过适格主体以合法程序、方法形成或取得。《民诉法司法解释》第一百零六条规定："对以严重侵害他人合法权益、违反法律禁止性规定或者严重违背公序良俗的方法形成或者获取的证据，不得作为认定案件事实的根据。"据此，证据的形成方法或获取方式严重违法或者违反公序良俗时，可能会影响证据合法性的认定。

试举一例。张某婚后与丈夫肖某感情不和，向法院提起离婚诉讼。张某向法院提交了一份在家中客厅偷拍偷录的影像视频，证明肖某在张某身患重病期间长期与其他异性存在婚外恋的出轨行为，夫妻感情已彻底破裂。庭审中，肖某认为此份影像视频系张某在不知情的情况下在家中客厅安装录像设施，采取偷拍偷录的方式形成，取证程序不合法且侵害了他人隐私，该影像视频不能作为认定夫妻感情破裂的证据使用。但法院未采纳肖某的抗辩意见，对该影像视频的证据能力和证明力予以确认，认为张某和肖某夫妻感情确已破裂，判决准予离婚。[1]

关于偷录偷拍证据的合法性问题，要根据具体情况加以判断，很多律师往往会简单地认为其一概非法，进而误导了当事人取证。将《民诉法司法解释》第一百零六条适用到个案中，法院要注意非法证据的审核认定，在判断非法证据时应谨慎为之，以利益衡量原则为标准进行。[2] 也就是说，法院应当根据具体案情审查偷录偷拍

---

〔1〕 参见山东省枣庄市中级人民法院（2015）枣民一终字第441号民事判决书。

〔2〕 参见最高人民法院民事审判第一庭编著：《最高人民法院新民事诉讼证据规定理解与适用》，人民法院出版社2020年版，第764页。

而来的证据，只有严重侵害他人合法权益或违背公序良俗达到严重程度时，才属于非法证据，应不予认定此类证据的证据效力。〔1〕本案中，法院通过衡量张某取得证据方法所损害的利益与诉讼保护的利益，认为张某在自己家中安装录像设施不存在严重侵犯第三人隐私的情形，其偷拍偷录是为了维护自身权益，对张某提供证据的证据效力和证明力予以确认。但要注意，若张某是将摄像头安装在第三者家中获知肖某与其他异性存在婚外恋行为，这时偷录偷拍的录像就有可能因严重侵害他人合法权益、违反法律禁止性规定和严重违背公序良俗被法院认定为非法证据。

再举一例。在一起离婚案件中，原告丈夫在被告妻子车中安装了窃听设备，以此获得了拟证明被告与他人婚外恋的录音证据。经审判人员询问，原告对大量录音的取得方法和来源未能作出合理的解释。法院从而认定，原、被告虽系夫妻，但被告享有隐私权，原告窃听取得的录音证据不具有合法性。〔2〕

形式合法要求证据必须符合法定形式要件。例如，《民事诉讼法》第六十六条规定了证据的八种形式，即当事人的陈述、书证、物证、视听资料、电子数据、证人证言、鉴定意见、勘验笔录。〔3〕再如，《民事诉讼证据规定》第十六条规定，我国领域外形成的涉及身份关系的证据，应当经所在国公证机关证明并经我国驻该国使领馆认证，或者履行我国与该所在国订立的有关条约中规定的证明手续。

---

〔1〕参见杜万华：《杜万华大法官民事商事审判实务演讲录》，人民法院出版社2016年版，第392页。

〔2〕参见江西省南昌市青云谱区人民法院（2017）赣0104民初1111号民事判决书。

〔3〕通常可以把书证、物证、视听资料、电子数据归为实物证据，把当事人陈述、证人证言归为言词证据，把鉴定意见、勘验笔录归为过程性证据。

（三）关联性要求

针对关联性，《民事诉讼证据规定》第八十七条中的表述是“证据与本案事实是否相关”，《民诉法司法解释》第一百零四条中要求证据“与待证事实相关联”，二者含义一致。关联性重在体现证据与案件待证事实之间存在客观的、内在的、必然的联系，例如，在很多的侵权责任纠纷、不当得利纠纷案件中，原告对因果关系的证明是十分有必要的。再如，品格证据经常因为与案件待证事实的关联性不强，尤其是品格良好的证据更是基本与案件无关，较少得到法院的采纳。因此，一般是在当事人的品格成为案件争点或者影响民事责任的成立、损害赔偿额度时，民事诉讼程序才会适用品格证据规则。律师对证据的关联性判断应包括三个方面的内容：一是要确认证据自身能证明的事实，二是要确认这个事实对解决诉争的问题所具有的意义，三是判断法律对这种关联性有无具体的要求。〔1〕

在此要谈及一个与证据关联性有密切关系的概念，即证据的证明力。关联性与证明力在证据法中属于不同范畴的两个概念，前者系证据的特征，后者是指证据能够证明案件事实的能力，但证据关联性的有无与证据证明力的强弱有直接关系。对证据的关联性一般是用“有”或“无”来评价，对证明力大小的评价则是依据强弱程度的。这就提示律师不仅要调查收集与待证事实具有关联性的证据，而且这些证据的证明力要尽量强。

鉴于直接证据的证明力一般大于间接证据的证明力，律师在取证时要尽量穷尽直接证据，但也不能忽视间接证据。这是因为尽管

---

〔1〕 参见最高人民法院民事审判第一庭编著：《最高人民法院新民事诉讼证据规定理解与适用》，人民法院出版社2020年版，第761页。

任何一个间接证据都只能证明待证事实的某一部分（具有一定的关联性），而不能直接证明案件中的某一待证事实，但如果若干间接证据能够组合成一组或者几组证据，并且相互之间可以形成完整的证据链，就有可能证明案件中的待证事实。

原告为证明借款关系的存在共向法院提交了三份证据，第一份证据是原告在借款当日去银行取款的记录，第二份证据是证人证言，即证人看见原告于取款的当日在走出银行后将一包纸交给了被告，第三份是证人证言，即被告于借款不久后盖了几间房，并与邻居说盖房的钱是向原告借的。[1] 本案中的每一个证据都不能直接、单独地证明原、被告之间存在借贷关系，甚至单看第一份证据，其与待证事实几乎没有关联性，只有将三个证据相互结合、相互协调、相互印证，才能证明被告曾向原告借款，也只有将三个证据组成一组证据，该组证据与待证事实之间才具有关联性。

三、律师取证的三种方式

根据《民事诉讼法》的相关规定，律师只能采取自行取证为主，申请法院取证为辅的取证模式。前者是律师取证的主要方式，后者是补充方式，二者结合成为目前律师取证的法定模式。但实践中被广泛运用的调查令制度似乎又为律师取证开辟了一条新的渠道。

（一）自行取证方式

相较于普通的当事人，律师在自行取证中具有非常明显的优势。但律师的取证权具有完全的民间性，没有国家强制力作为保障，取

〔1〕 该案例参见《民事诉讼法学》编写组：《民事诉讼法学》（第三版），高等教育出版社2022年版，第138页。

证效果多取决于被调查单位或个人的配合与支持。在这一点上，律师自行取证与当事人自行取证其实没有实质区别。倘若被调查者积极支持律师的取证活动，那么律师就可能成功地获取证据，但现实是律师取证横遭拒绝而无可奈何的现象比比皆是。实践中，律师取证最大的难题就是有关单位和个人不予配合，并且由于法律没有规定有关单位和个人拒绝配合取证后的救济手段，导致律师难以维护其取证权利。

（二）申请取证方式

在不少案件中，非但当事人客观上无力承担证据收集的责任，律师亦是如此。为弥补当事人及律师取证能力的不足，《民事诉讼法》第六十七条第二款中规定，当事人及其诉讼代理人因客观原因不能自行收集的证据，人民法院应当调查收集。《民诉法司法解释》第九十四条将“因客观原因不能自行收集的证据”作了宽泛式的列举，主要包括：证据由国家有关部门保存，当事人及其诉讼代理人无权查阅调取的；涉及国家秘密、商业秘密或者个人隐私的；当事人及其诉讼代理人因客观原因不能自行收集的其他证据。概言之，这类证据都是制度上不允许私人取得、法院却可以接近的信息。[1] 律师自行取证受阻，而后求助法院帮助其实现取证的权利，此即律师的申请取证方式。与自行取证的民间性相比，律师申请取证的本质是申请法院以强制手段调取证据，其最大的特点是律师一旦成功申请法院调查取证，这种取证行为便具有了国家强制力保障，被调查的单位和个人一般都会配合提交证据、出具书面证明

---

〔1〕 参见王亚新、陈杭平、刘君博：《中国民事诉讼法重点讲义》（第二版），高等教育出版社2021年版，第120页。

或出庭作证。

法院作为国家司法机关，具有律师不具有的权威地位与公信力，这种权威和公信力必然有利于促使有关单位或者个人配合法院调查收集证据。另外，法院的调查取证权是以制裁作为后盾和保障的，对不合作者、设置障碍者，可以采取罚款、拘留等民事诉讼强制措施。所以，当律师因客观原因无法取证时，由法院基于律师的申请调查收集，对于当事人获得证据确有显著的作用。

然而，实践中律师申请法院取证存在较大困难。当前中国法院（尤其是基层法院）的民事审判面临案多人少、司法资源紧张的严峻形势。在此背景下，法院对申请取证的范围往往从严把控，多数情况下就以《民诉法司法解释》第九十五条的规定〔1〕驳回律师的取证申请，若律师寄希望于审判人员频频挤出时间去亲自调查取证，显然不具有可操作性。而且，法院往往会倾向于对律师不能自行提供证据的“客观原因”作限缩性解释，从而缩小了律师可以申请法院调查收集证据的范围。不仅如此，法院拒绝律师调查取证的申请后，律师也无法获得有效的司法救济。

（三）持令取证方式

律师“取证难”的问题很早就引起了司法实务部门的重视。为了解决这一难题，各地推出了不少改革措施，其中最常见的举措就是由律师向法院申请调查令。20 世纪 90 年代末，上海市长宁区人民法院创造性地开始试点推行律师向法院申请调查令的做法。21 世纪初，上海市高级人民法院颁布《上海法院调查令实施规则》，在上海

---

〔1〕《民诉法司法解释》第九十五条　当事人申请调查收集的证据，与待证事实无关联、对证明待证事实无意义或者其他无调查收集必要的，人民法院不予准许。

全市范围内推行调查令制度。上海法院系统成为中国调查令实践的发源地。之后，北京、天津、浙江、[1] 安徽、福建、河南、辽宁、四川、重庆、陕西、山西、广东等地出台适用于当地的调查令规则。

调查令是指民事诉讼当事人或代理诉讼的律师因客观原因无法取得诉讼所需要的证据，经代理律师申请并获法院批准，由法院签发给代理律师向协助调查人收集所需证据的法律文书。律师持令取证方式的运用突破了法定的律师取证模式。其中，调查令制度[2]是律师持令取证最重要的制度载体。持令取证是专属于律师的取证方式，当事人和其他诉讼代理人[3]无权向法院申请调查令。

律师持令取证在实践中的成功率较高，主要是基于以下两点原因。第一，持令取证以司法强制力为必要保证。区别于自行取证方式，持令取证方式是律师向法院提出申请后，法院经审查签发协助律师取证的调查令，律师持此调查令便代表法院向有关单位和个人进行调查取证。调查令上负载的调查取证权具有司法权力的背书，故具有官方性、强制性的效力，其威慑力必然大于单纯的民间取证。尤其是法院有权根据《民事诉讼法》第一百一十七条的规

---

〔1〕 近年来，浙江省高级人民法院先后出台了三个调查令规则：2014 年发布了《浙江省高级人民法院关于民事诉讼立案审查阶段适用调查令的意见》（浙高法〔2014〕1 号），2018 年发布了《浙江省高级人民法院关于在民事诉讼和执行程序中试行律师调查令的若干意见》（浙高法〔2018〕109 号），2020 年发布了《浙江省高级人民法院关于规范律师调查令制度的办法》。

〔2〕 关于调查令制度的具体规则与实操运用，参见张燕：《律师调查令制度与实务操作指引》，法律出版社 2023 年版。

〔3〕 根据《民事诉讼法》第六十条、第六十一条的规定，其他诉讼代理人包括当事人的法定代理人、基层法律服务工作者、当事人的近亲属或者工作人员、当事人所在社区或单位以及有关社会团体推荐的公民。

定[1]对不配合律师持令取证的协助调查人作出罚款的决定。[2] 例如，山东省招远市人民法院曾对某市公安局拒不配合调查取证的行为处以10万元的罚款，[3] 再如，山东省泰安市泰山区人民法院曾对某工程造价咨询公司拒不配合调查令的行为处以10万元的罚款。[4]

第二，持令取证区别于申请取证的是，审判人员并不亲自实施取证活动，而是由律师在法院向其签发调查令后径行取证，它从形式上看依然属于律师自行实施的取证活动，只是律师的这种取证方式获得了法院的肯定、支持与授权。[5] 两种取证方式相比，持令取证最大的优势在于其能更充分地发挥律师作为专业诉讼代理人在事实调查和证据收集中的作用，律师借助获取的证据向审判人员全面展示案件事实，有助于保障当事人的合法权益。在今后很长一段时

---

〔1〕《民事诉讼法》第一百一十七条 有义务协助调查、执行的单位有下列行为之一的，人民法院除责令其履行协助义务外，并可以予以罚款：

（一）有关单位拒绝或者妨碍人民法院调查取证的；

（二）有关单位接到人民法院协助执行通知书后，拒不协助查询、扣押、冻结、划拨、变价财产的；

（三）有关单位接到人民法院协助执行通知书后，拒不协助扣留被执行人的收入、办理有关财产权证照转移手续、转交有关票证、证照或者其他财产的；

（四）其他拒绝协助执行的。

人民法院对有前款规定的行为之一的单位，可以对其主要负责人或者直接责任人员予以罚款；对仍不履行协助义务的，可以予以拘留；并可以向监察机关或者有关机关提出予以纪律处分的司法建议。

〔2〕《浙江省高级人民法院关于在办案中进一步重视律师意见提升司法公信力的若干规定》（浙高法〔2023〕60号）规定："5. 依法支持律师申请调查令意见。律师申请调查令的，法官应当及时审核，符合法律规定的及时签发调查令，不符合规定的及时答复。律师在使用调查令过程中遇有阻碍且协助调查人无正当理由的，法院可以依照《民事诉讼法》第一百一十七条的规定予以处罚，并向协助调查人的主管部门通报情况，提出司法建议。"

〔3〕 参见《法院给公安局开10万元罚单！法院为何能对公安机关开罚单?》，载微信公众号"中国普法"，2019年12月14日。

〔4〕 参见《拒不配合律师持"令"调查 法院首开十万罚单》，载微信公众号"广东海法律师事务所"，2019年6月6日。

〔5〕 参见陈瑞华：《刑事辩护的理念》，北京大学出版社2017年版，第336－337页。

期内，中国法院案多人少、案件数量庞大与司法资源有限的矛盾仍会非常突出，在如此形势下，律师大量的取证申请很难得到充分满足，会导致取证效果大打折扣。作为诉讼代理人的律师在当事人自我利益与自我责任的激励下具有充分收集证据的内在动力，能让审判人员更加专注于司法裁判，实现司法资源的优化配置。[1] 因此，律师持令取证方式的普及适用便具有了更现实的必要性。

但不可否认，律师持令取证常受阻的情况也时有发生，主要原因有以下两点：其一，调查令制度缺乏法律依据。目前我国法律尚未确立调查令制度，即使某一地区的法院已颁布实施了调查令规则，当地仍有相当数量的机构或部门拒绝律师持令取证，主要理由是在国家法律没有明文规定的情况下，该部门必须遵守本系统内的有关规定，法院开具的调查令对其没有约束力。

例如在一起离婚纠纷案中，某律师曾向 H 市某区人民法院申请调查令，调取对方当事人的税务信息。法院开具调查令后，律师赴 B 市某区税务部门取证，但遭到税务部门的拒绝。交涉时，税务部门讲明了其拒绝律师持令取证的理由，即《B 市国家税务局纳税人涉税保密信息管理实施办法》第十四条规定法院、检察院和公安机关依法查询纳税人涉税保密信息时应当由两名以上工作人员到主管税务机关办理。但因该实施办法未写明律师可持令前往取证，所以税务部门是不受理律师持令取证的。律师以《关于委托调查制度的若干意见（试行）》（B 市高级人民法院于 2004 年颁布）和《关于充分保障律师执业权利，共同维护司法公正的若干规定》（B 市第四中级人民法院于 2015 年颁布）中的有关律师可以持令取证的规定作为反驳该税务部门的理由，但税务部门仍不予采纳。

〔1〕 参见曹建军：《论民事调查令的实践基础与规范理性》，载《法学家》2019 年第 3 期。

又如在一起合同纠纷案中，律师持调查令向三个省的六家银行取证。但有四家银行以《最高人民法院、中国人民银行关于依法规范人民法院执行和金融机构协助执行的通知》（法发〔2000〕21号）第一条第一款的规定[1]为由拒绝接收调查令。银行认为法院的执行人员查询尚需出具其本人的工作证和执行公务证，而律师仅凭调查令查询便更无依据。另有一家银行认为调查令制度与《商业银行法》（2015年修正）第二十九条[2]、第三十条[3]的规定相抵触，故拒绝配合律师持令取证。

其二，各地调查令规则均有地域适用限制。据笔者统计，二十多年来，多地法院先后出台了四十余份与调查令制度相关的司法文件，仅省级的高级人民法院制定的调查令规则就多达十余份。然而，地方司法文件存在严格的地域适用限制，导致调查令规则缺乏适用的统一性，其已成为律师持令取证最突出的制度障碍。

例如在一起股权转让纠纷案中，律师持Z省某法院开具的调查令向S省某国有公司调取证据材料。但公司拒绝配合，理由是S省高级人民法院联合另外16家单位发布的《关于在民事诉讼中实行律师调查令制度的暂行规定》没有规定调查令制度可以适用于发布该规定的17家单位以外的组织，且Z省的调查令规则对S省的公司也

---

〔1〕《最高人民法院、中国人民银行关于依法规范人民法院执行和金融机构协助执行的通知》（法发〔2000〕21号）第一条第一款规定："人民法院查询被执行人在金融机构的存款时，执行人员应当出示本人工作证和执行公务证，并出具法院协助查询存款通知书。金融机构应当立即协助办理查询事宜，不需办理签字手续，对于查询的情况，由经办人签字确认。对协助执行手续完备拒不协助查询的，按照民事诉讼法第一百零二条规定处理。"

〔2〕《商业银行法》第二十九条　商业银行办理个人储蓄存款业务，应当遵循存款自愿、取款自由、存款有息、为存款人保密的原则。

对个人储蓄存款，商业银行有权拒绝任何单位或者个人查询、冻结、扣划，但法律另有规定的除外。

〔3〕《商业银行法》第三十条　对单位存款，商业银行有权拒绝任何单位或者个人查询，但法律、行政法规另有规定的除外；有权拒绝任何单位或者个人冻结、扣划，但法律另有规定的除外。

不具有约束力，公司认为其没有配合律师持令取证的义务，故拒绝向律师提供证据。

四、证据组织

证据组织是一项系统性的工作，对于完整呈现证据和准确表达证明内容具有至关重要的作用。证据组织包含与当事人交流、证据取舍、证据排列、制作证据清单、证据装订等多项具体的工作内容。[1] 其中，律师最需要关注的就是证据排列顺序，这非常考验律师的专业功底、细心程度和逻辑能力。

在组织证据时，哪些证据放在前面，哪些证据放在后面，不是可以随意排列的，而是必须根据一定的顺序进行排列，该顺序就是举证顺序。举证顺序表现在两个方面：一是当存在多个证明对象时，应当依据先证明哪个对象，后证明哪个对象的顺序；二是当某一要件事实没有直接证据，而是需要通过多个间接证据证明时，依据先出示哪个证据后出示哪个证据才能清楚、高效地证明该要件事实的顺序。庭审举证一般都是根据证据目录的顺序进行，看似是证据目录的编排顺序决定了举证顺序，其实是证明顺序决定了证据目录的编排顺序，并进而决定了举证顺序。[2]

因为每个纠纷都是不同的，所以每起案件的证明顺序、证据排列顺序也各不相同。但最基本的证据排列顺序如下：首先，先证明程序问题，再证明实体问题。例如前置程序和诉讼要件是最典型的程序问题。其次，证明实体法要件事实。当有多个要件事实时，应

---

〔1〕 参见张群力：《诉讼代理55步——案件流程管理》，法律出版社2021年版，第199－213页。

〔2〕 参见王学棉、李倩：《民事诉讼程序实务讲义》，北京大学出版社2018年版，第51页。

当优先证明属于前提事实的证明对象。例如一方当事人要求另一方支付违约金，存在合法有效的合同就是前提事实，应当优先证明。当多个要件事实存在前后流程关系时，则可按先后流程关系进行证明。一般侵权包括四个构成要件，即过错、加害行为、损害结果和因果关系。先有加害行为才会有损害结果，故应当先证明加害行为，再证明损害结果。至于过错和因果关系这些并无先后流程关系、处于并列状态的要件事实，律师对此可以自由决定证明的顺序，在证据排列中没有特殊的先后顺序要求。[1] 最终的证据排列顺序将体现在一张简明、完整、逻辑清晰的证据清单之上（见图3－1）。[2]

XXX 诉 XXX 案

证 据 清 单

分组	证据编号	证据名称	证据来源	证明内容	页码
第一组证据（证据 1-3）的证明对象：					
第一组	1				
	2				
	3				
第二组证据（证据 4-6）的证明对象：					
第二组	4				
	5				
	6				

证据提交人：

××年××月××日

图3－1　证据清单示意

〔1〕 参见王学棉、李倩：《民事诉讼程序实务讲义》，北京大学出版社2018年版，第51－52页。

〔2〕 参见重庆市律师协会《证据目录制作指引》。

五、证据运用

本节通过实例介绍书证、证人证言这两种证据在收集和运用中的若干重要问题，同时也对当事人就专门性问题自行委托有关机构或者人员出具意见这种证据形式作出分析。

（一）书证提出命令制度的运用

在民事诉讼实践中，对待证事实承担举证责任的当事人并不总是能够掌握对其有利的书证，一些能够直接证明案件事实的书证可能被对方当事人所控制，这时当事人必然面临非常不利的诉讼形势，亦会使法院查明的事实与客观事实存在一定的差距，从而损害裁判的正当性，最终影响实质正义的实现。

基于民事审判活动对案件事实的查明以尽量发现真实为目标，2015 年的《民诉法司法解释》创设了书证提出命令制度，并作出了原则性规定。《民诉法司法解释》第一百一十二条第一款规定："书证在对方当事人控制之下的，承担举证证明责任的当事人可以在举证期限届满前书面申请人民法院责令对方当事人提交。"这是最高人民法院为提高当事人及其代理律师的举证能力、扩展证据收集手段所采取的重要措施。《民事诉讼证据规定》在《民诉法司法解释》的基础上对书证提出命令的申请条件、审查程序、书证提出义务范围以及不遵守书证提出命令的后果作出规定，完善了书证提出命令制度。鉴于书证提出命令的申请条件尤为重要，笔者结合案例进行介绍。

2019 年，甲和乙签订《合作协议书》，共同经营 A 商店（系个人合伙）。根据该协议书，甲享有 20% 的分红权，但 A 商店的实际控制人乙一直未分红。且 A 商店的财务资料由乙控制，一直未向甲公开，乙仅每月通过“商店工作群”的微信群向甲告知A商店的收支信息。笔者代理甲向法院提起诉讼，请求判令乙向其支付未分配的合伙收益120万元。同时，笔者向法院申请书证提出命令。

《民事诉讼证据规定》第四十五条规定了书证提出命令的申请条件，即“当事人根据《最高人民法院关于适用〈中华人民共和国民事诉讼法〉的解释》第一百一十二条的规定申请人民法院责令对方当事人提交书证的，申请书应当载明所申请提交的书证名称或者内容、需要以该书证证明的事实及事实的重要性、对方当事人控制该书证的根据以及应当提交该书证的理由”。根据该规定，书证提出命令申请应当符合以下四个条件：

第一，书证提出命令的主体需符合法律规定。根据《民诉法司法解释》第一百一十二条第一款“书证在对方当事人控制之下的，承担举证证明责任的当事人可以在举证期限届满前书面申请人民法院责令对方当事人提交”的规定，对待证事实负有举证责任的当事人即为申请人，控制书证的对方当事人为被申请人。本案中，甲要求乙支付未分配的合伙收益，因此甲对于未分配的合伙收益金额负有举证责任，其符合成为申请人的条件。要证明未分配的合伙利润金额，需要根据财务凭证及账簿进行计算，但这些财务资料一直由乙控制，因此乙系被申请人。

第二，书证证明的事实及事实的重要性。书证证明的事实是A商店的收益情况，该事实的重要性毋庸置疑，因为收益情况是甲要求乙分配合伙利润的事实基础。虽然甲提供的“商店工作群”微信群聊天记录可以佐证A商店的部分收入，但鉴于聊天记录中的财务内容不完整，且存在计算错误，甚至乙有造假之嫌，因此需要通过财务凭证及账簿进一步确证。

第三，对方当事人控制该书证的根据。根据《合作协议书》的约定，甲负责A商店的营销，乙负责A商店的财务。甲提交的微信群聊天记录可以证明乙聘请了财务人员对A商店的财务进行管理，因此可以推断，A商店的财务凭证及账簿自始至终都是由乙控制的。

第四，对方当事人应当提交该书证的理由。要求对方当事人提交书证需要具备法定理由。一方面，《民事诉讼证据规定》第四十七条明确了书证提出命令的客体范围，即负有举证责任的当事人可以申请对方当事人提出的书证范围，其中就包括了账簿、记账原始凭证。另一方面，作为合伙人的甲对A商店的账目情况享有知情权和监督权。现乙不公开财务凭证及账簿，已严重侵害了甲的知情权和监督权。甲在无奈下只得通过申请书证提出命令要求乙提供合伙财务凭证及账簿。

据此，笔者代理甲要求法院责令乙提供A商店的财务凭证及账簿于法有据。若乙存在无正当理由拒不提交书证等举证妨害行为，法院有权根据《民诉法司法解释》第一百一十三条[1]以及《民事诉讼证据规定》第四十八条[2]的规定，给予乙相应的处罚，并认定甲主张的未分配的合伙收益120万元为真实。

（二）证人出庭作证规则的运用

20世纪80年代，国家对当事人的举证责任作出重大改革，随着法院依职权收集证据逐渐让位于当事人自己提出证据，证人证言更

〔1〕《民诉法司法解释》第一百一十三条　持有书证的当事人以妨碍对方当事人使用为目的，毁灭有关书证或者实施其他致使书证不能使用行为的，人民法院可以依照民事诉讼法第一百一十四条规定，对其处以罚款、拘留。

〔2〕《民事诉讼证据规定》第四十八条　控制书证的当事人无正当理由拒不提交书证的，人民法院可以认定对方当事人所主张的书证内容为真实。

控制书证的当事人存在《最高人民法院关于适用〈中华人民共和国民事诉讼法〉的解释》第一百一十三条规定情形的，人民法院可以认定对方当事人主张以该书证证明的事实为真实。

多地以当事人要求证人书写的证明材料或者代理律师询问证人的笔录等书面形式出现。但到庭审质证环节时，无论是对方当事人还是审判人员，都会感觉缺少对这种证言的真实性、可靠性进行检验或核对的手段。于是在民事诉讼实践中产生了对证人亲自出庭并接受对方当事人和审判人员当庭询问的需求。[1] 经过多年来立法和司法的实践尝试，我国《民事诉讼法》及其配套的司法解释建立了一套证人出庭作证的制度，其至少应包含以下四个方面的规则。

第一，证人有出庭作证的义务。对此，《民事诉讼法》第七十五条第一款中规定："凡是知道案件情况的单位和个人，都有义务出庭作证。"《民事诉讼证据规定》第六十八条第一款中也规定："人民法院应当要求证人出庭作证，接受审判人员和当事人的询问。"这里需要说明两点：

其一，在一定情况下，证人在法庭审理前的调查、询问程序中陈述的证言具有与庭审中陈述同样的可信性。法院庭前审理的准备阶段或者法院调查、询问等程序是在法院主持下进行的，证人也是在双方当事人在场的情况下陈述证言，双方当事人均可以就案件的有关问题向证人询问。此时证人所作的陈述应当具有与庭审中陈述同样的法律效果。基于此，《民事诉讼证据规定》第六十八条第一款中规定："证人在审理前的准备阶段或者人民法院调查、询问等双方当事人在场时陈述证言的，视为出庭作证。"

其二，双方当事人同意证人以其他方式作证并经法院准许的，证人可以不出庭作证。[2] 《民事诉讼法》第七十六条规定在特定情形下，证人可以通过书面证言、视听传输技术或者视听资料等方式

---

〔1〕 参见王亚新、陈杭平、刘君博：《中国民事诉讼法重点讲义》（第二版），高等教育出版社 2021 年版，第 107 页。

〔2〕 此即《民事诉讼证据规定》第六十八条第二款的规定。

作证。[1] 在新冠疫情期间，证人通过视听传输技术作证的方式被不少法院所采用。双向视听传输技术是现代科技发展的产物，与书面证言和视听资料相比，双向视听传输技术手段（不仅要求具备双向传输的功能，而且必须是既可视又可听的手段）具有即时性、互动性的优点，能够更为全面地反映证人作证的现场情况，并能够使质证程序和询问证人程序及时展开，有利于保障证人证言的真实性。[2]

第二，法院的通知是证人出庭作证的前提和必要条件。《民事诉讼法》第七十六条中规定："经人民法院通知，证人应当出庭作证。"《民事诉讼证据规定》第七十条第一款中规定："人民法院准许证人出庭作证申请的，应当向证人送达通知书并告知双方当事人。"但在现实中，常有当事人未在举证期限届满前向法院提出申请，而是径行携证人进入法院，当庭提出要求证人作证的申请。有时甚至出现申请的证人与到场的证人不一致的情形。一些审判人员对相关规定的理解较为模糊，适用的弹性过大，随意准许未经通知的证人出庭作证，这既损害了庭审的严肃性，也无法保障证人证言的客观真实性。《民事诉讼证据规定》第七十条第一款中规定"通知书中应当载明证人作证的时间、地点，作证的事项、要求以及作伪证的法律后果等内容"，可以理解为法院向证人送达通知书是证人获准出庭作证的标志。原则上未经法院通知，证人不能出庭作证。但如果双方当事人均同意未经法院通知的证人出庭作证，经法院准许，可以作

〔1〕《民事诉讼法》第七十六条　经人民法院通知，证人应当出庭作证。有下列情形之一的，经人民法院许可，可以通过书面证言、视听传输技术或者视听资料等方式作证：

（一）因健康原因不能出庭的；

（二）因路途遥远，交通不便不能出庭的；

（三）因自然灾害等不可抗力不能出庭的；

（四）其他有正当理由不能出庭的。

〔2〕最高人民法院民事审判第一庭编著：《最高人民法院新民事诉讼证据规定理解与适用》，人民法院出版社 2020 年版，第 617 页。

为例外的情形。[1]

第三，无正当理由[2]未出庭的证人以书面等方式提供的证言，不得作为认定案件事实的根据。[3] 例如在一起股权转让纠纷案中，我方当事人申请证人张某（系一名律师）出庭作证，理由是《A公司股权转让协议书》签订后，我方当事人甲曾委托张某办理其与A公司其他股东乙、丙、丁关于出资人的变更手续。但办理过户所需要的A公司公章及相关材料一直是由丁保管的，由于丁不愿配合，导致案涉协议书未能及时履行，甲恐要承担违约责任。一审中，张某出具证言，欲证明甲在案涉协议书签订后有积极办理A公司工商变更登记的行为。但张某因个人原因实在不愿出庭作证，因此其证言无法作为法院认定案件事实的根据。

第四，给无正当理由拒不出庭的证人设置相应的法律制裁。在前述案例中，张某不愿意出庭作证，不仅客观上损害了我方当事人的诉讼利益，而且对法院查明相关事实也产生了障碍。目前，我国法律缺乏对无正当理由拒不出庭的证人设置相应的制裁性规定。而证人出庭作证实则是一种公法义务，违反该义务应承担相应的法律责任。例如日本《民事诉讼法》规定，对于无正当理由不出庭的证人，将采取罚款、承担诉讼费用（包括传唤证人以及当事人出庭所开支的交通费、餐费、住宿费等）、罚金、拘留或者强制出庭（拘传）的措施。[4] 考虑到我国民事诉讼司法实践中长期存在证人出庭率低的问题，以上立法经验可供我国立法机关借鉴。

此外，还有一个值得探究的问题，即证人不得旁听庭审的规定。

---

〔1〕《民诉法司法解释》第一百一十七条第三款规定："未经人民法院通知，证人不得出庭作证，但双方当事人同意并经人民法院准许的除外。"

〔2〕关于何为"正当理由"，可参考《民事诉讼法》第七十六条所列举的四种情形。

〔3〕此即《民事诉讼证据规定》第六十八条第三款的规定。

〔4〕参见张卫平：《民事证据法》，法律出版社2017年版，第52页。

《民事诉讼证据规定》第七十二条第二款中规定，“证人作证前不得旁听法庭审理”。最高人民法院作此规定是为了避免庭审情况对证人产生干扰和误导，进而影响证人证言的真实性。为了保证证人免受当事人及其诉讼代理人的诱导、暗示，以及庭审气氛压力的影响，确有必要对证人进行空间隔离。证人不得旁听庭审的规定可以从以下两个方面进行理解。

第一，2019 年修正的《民事诉讼证据规定》修改了以往关于证人不得旁听庭审的规定。2001 年《民事诉讼证据规定》第五十八条有“证人不得旁听法庭审理”的规定。2019 年《民事诉讼证据规定》第七十二条则突出了“作证前”。言下之意，证人在作证后就可以旁听法庭审理了。修改后的规定似有不妥：一是证人在庭审结束签笔录时，有可能会按旁听的情形修正自己的证言。[1] 二是若法院在后续的审理中需要证人再次出庭作证，陈述便会有不客观之嫌。由此，2001 年《民事诉讼证据规定》的相关规定更可取。

第二，证人在作证前不能观看庭审直播。我国司法推行的庭审直播使证人即使不能旁听法庭审理，也仍可以通过观看庭审直播的方式了解法庭审理的相关情况。所以，2019 年《民事诉讼证据规定》规定的“证人作证前不得旁听法庭审理”不仅应要求证人不能旁听法庭审理，而且还应要求证人不能以观看庭审直播的方式了解案件审理的有关情况。[2] 对此，审判人员和代理律师务必要及时提醒即将出庭作证的证人既不得在作证前进入法庭旁听审理，也不得在庭外通过移动设备观看庭审直播，否则将严重影响证人证言的

〔1〕 参见王新平：《民事诉讼证据运用与实务技巧》（增订版），法律出版社 2020 年版，第 226 页。

〔2〕 参见最高人民法院民事审判第一庭编著：《最高人民法院新民事诉讼证据规定理解与适用》，人民法院出版社 2020 年版，第 646、648 页。

效力。

那么，旁听过一审法庭审理之人能否在二审中作证？该问题在实践中的争议很大。有些审判人员根据《民事诉讼证据规定》第七十二条的规定，认为这些证人不能在二审中出庭作证。有些审判人员允许其出庭作证，但会对证人证言是否可以采用作出最终的判断。其实，在庭审公开较为普及的当下，即使没有在法庭旁听过一审庭审的人也能通过观看庭审录播、打听庭审的相关情况、阅读庭审笔录等方式了解庭审内容，而且这与其在一审庭审现场旁听法庭审理的效果是完全一样的。因此，观看过一审庭审录播之人能否在二审中作为证人，以及证言是否有效力，有待法律或司法解释进一步予以明确。

（三）自行委托鉴定规则的运用

证据制度确立的主要目的是准确发现案件的待证事实，而科学技术的迅速发展为实现这一目的提供了保障和支持。[1] 司法实践中，往往越是专业、疑难和复杂的案件，越需要借助“科学证据”（例如一方当事人就专门性问题自行委托有关机构或者人员出具的意见）以证明案件事实。那么，律师在民事诉讼中应如何发挥这类证据的证据功能和证明价值，笔者将结合案例进行介绍。

2012 年，李某因一起合同纠纷将 T 公司起诉至法院。李某提交了一份证据《确认书》（落款时间为 2011 年 8 月 16 日），其记载的内容是本案的基础事实。案件的争议焦点之一是该《确认书》的真实性认定问题。原审法院以《确认书》形式上的欠缺不足以否定其

〔1〕 参见汤维建、徐枭雄：《民事司法鉴定意见的评价机制论纲》，载《中国司法鉴定》2018 年第 3 期。

真实性为由，认可了《确认书》的真实性，判决T公司承担合同责任。2017年，在一起与本案相关联的刑事案件中，公安机关委托司法鉴定机构对《确认书》进行鉴定。经鉴定，标称时间为“2011年8月16日”的《确认书》乙方落款处“T公司”印文与其上打印字迹的先后顺序为先盖印文后打印文字。在笔者的建议下，T公司先后又委托两家鉴定机构对印文和打印文字相对形成时间进行鉴定，两家鉴定机构分别作出咨询意见书，结论是《确认书》中“T公司”印文的形成相对时间不是2011年8月16日，而是2011年12月15日至2012年1月1日。笔者将上述公安鉴定意见书和两份咨询意见书作为新证据，向检察机关申请检察监督。

第一，案涉两份咨询意见书的性质。《民事诉讼法》上所称的鉴定是指司法鉴定，所称的鉴定意见特指由法院委托有资质的鉴定人通过科学的鉴定手段就案件事实所涉专门性问题出具的结论性意见。当事人自行委托鉴定，并不是法律上的概念，常被称为自行鉴定。2001年《民事诉讼证据规定》第二十八条中将自行鉴定描述为“一方当事人自行委托有关部门作出的鉴定结论”。2019年《民事诉讼证据规定》第四十一条将自行鉴定的描述修改为“一方当事人就专门性问题自行委托有关机构或者人员出具的意见”。可以看出，最高人民法院将“作出的鉴定结论”的表述修改为“出具的意见”。通过修改后的条文可知，当事人有自行委托专业机构出具专业意见的权利。但必须明确的是，法律意义上的司法鉴定指的是由法院委托启动的鉴定，当事人自行委托鉴定不属于司法鉴定的范畴。所以，案涉两份咨询意见书属于当事人自行委托鉴定形成的“鉴定意见”（或称书面意见），系司法鉴定领域外的语境下使用的表述，在性质上属于书证。[1]

第二，当事人就专门性问题自行委托有关机构或者人员出具的意见可以证据的形式服务于诉讼，有助于负有举证责任的一方当事人履行证明义务。在民事诉讼中，由于实行证明责任制度，负有举证证明责任的一方当事人如果没有证据或者证据不足以证明己方事实主张的，将会承担不利后果。由于当事人自行委托鉴定的相关书面意见也是专业机构或者专业人员根据现有的证据和材料，通过一定的鉴定方法对相关专门性问题所作的意见，具有一定的证据基础和专业特征。至少在一定程度上可以加强当事人对某些专门性问题的证据准备。[2] 因此，当事人就专门性问题自行委托有关机构或者人员出具的意见可以成为当事人证明事实主张的一种重要证据。

六、案例分析

（一）案例一：律师持令取证

1. 案情简介

2001 年，F 公司作出的股东会决议载明，“被企业解除劳动合同关系后的职工，作自动退股处理”。2002 年，F 公司就股东间转让股权的价格计算方式作出股东会决议。上述两份股东会决议中均有时任股东王平的签名。

2004 年，王平因违反 F 公司的规章制度被辞退。离职后，王平迟迟不愿依据两份股东会决议的要求配合 F 公司及大股东沈某完成

〔1〕 参见最高人民法院民事审判第一庭编著：《最高人民法院新民事诉讼证据规定理解与适用》，人民法院出版社 2020 年版，第 402 页。

〔2〕 参见最高人民法院民事审判第一庭编著：《最高人民法院新民事诉讼证据规定理解与适用》，人民法院出版社 2020 年版，第 403 页。

股权变更登记手续并领取相应的股权转让款。为尽快办理王平的退股手续以免影响公司的正常经营，沈某代王平在股权转让协议上签名，并在工商行政管理部门办理了股权变更手续。

2023 年 1 月，王平将 F 公司及沈某诉至法院，要求确认股权转让协议无效并要求沈某归还相应的股权。F 公司和沈某委托笔者应诉。

随后，F 公司和沈某提交了 2001 年、2002 年股东会决议作为证据，主张股东离职退股的约定已经过王平的认可，案涉股权转让协议上王平的签名虽系代签，但并不影响王平丧失股东身份这一事实。但王平坚决否认两份股东会决议上的签名系其本人书写，遂向法院申请笔迹鉴定。

因两份股东会决议的作出时间距离王平起诉已逾二十年，其间，王平签名的书写习惯也发生了变化。为确保鉴定意见的客观性、科学性，法院要求双方提供 2001 年至 2002 年王平的签名作为此次鉴定的比对样本。双方当事人对此均表示认可。

2. 取证难点

此次取证有四个难点：第一，王平在两份股东会决议上的签名不是非常相像（见图 3－2、图 3－3），图 3－2 的签名比较潦草，图 3－3 的签名比较端正，如何通过有效取证，证明这两个签名都是王平所签？

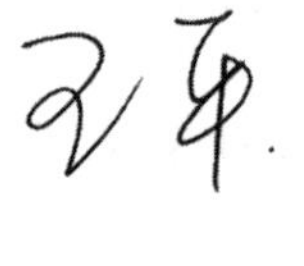

图 3－2　2001 年股东会决议上的签名示意

图 3－3　2002 年股东会决议上的签名示意

第二，如何寻找到尽可能多的形成于20年前的王平签名作为比对样本？

第三，F公司单方保存的留有王平签名的材料能否被法院采信作为比对样本？

第四，第三方可能留存了带有王平签名的材料，但我方无权强制要求第三方提供，那该如何获取存于第三方处的材料？

鉴定程序启动后，王平主张其曾于2002年在公安机关做过笔录，且每页笔录均有他的签名。法院根据王平提供的线索依职权赴公安机关调取了相关的笔录，经原、被告方质证，法院认可该笔录可以作为此次鉴定的比对样本，并将其移交给了鉴定机构。

F公司也向法院提交了多份形成于2001年至2002年的报销单，内有王平的多个签名，但质证时王平对报销单上签名的真实性不予认可，其主张从未在这些报销单上签过名。由于F公司无法进一步举证证明报销单上的签名系王平亲自书写，法院不同意将这些报销单作为比对样本。

根据鉴定机构的后续反馈，现有样本上王平的签名仅与2002年股东会决议上的签名看上去比较相似，但还没有样本能与2001年股东会决议上王平的签名进行比对，故需要补充新的样本。显然，王平不会再提供样本，若我方不能提供新的样本，鉴定机构便无法对2001年股东会决议上王平的签名进行鉴定，届时我方将承担因2001年股东会决议上王平的签名无法鉴定所产生的不利后果，即2001年股东会决议恐无法约束王平，从而使我方面临较大的败诉风险。

3. 进一步取证的步骤

经过不断的思考与实践，笔者实施了以下取证工作：第一，明确取证方向。沈某回忆起2001年至2002年，F公司曾与A公司（系大型国企）进行过合作。合作期间，F公司委派沈某、王平等员工到A公司上班，工资由A公司代F公司向沈某、王平等发放，且员工在领取工资时需在工资单上签名。据沈某了解，A公司的档案管理非常规范，当年的工资单仍完整保存。

第二，向法院申请调查令。沈某多次与A公司沟通希望调取含有王平签名的工资单，但A公司的档案管理制度严格，出于信息保密的考虑无法直接向沈某提供相应的工资单。笔者遂向法院申请调查令，法院经审查后开具调查令，A公司以邮寄方式向法院提供相应的工资单。

第三，对工资单的质证。法院收到A公司邮寄的工资单后，组织双方进行质证。笔者发现工资单上有2001年、2002年股东会决议上王平的两种签名样式（见图3－4、图3－5），故对工资单的三性予以认可。王平虽不认可工资单上签名的真实性，但因工资单是从第三方处调取，王平无法进一步举证证明该签名的真实性存在问题。经法院综合认定，A公司保存的工资单上王平的签名可作为此次鉴定的比对样本。

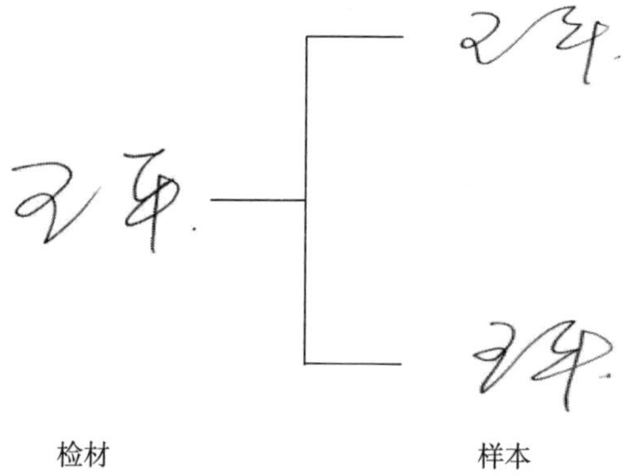

图3－4　与2001年股东会决议上签名（检材）相似的样本对比

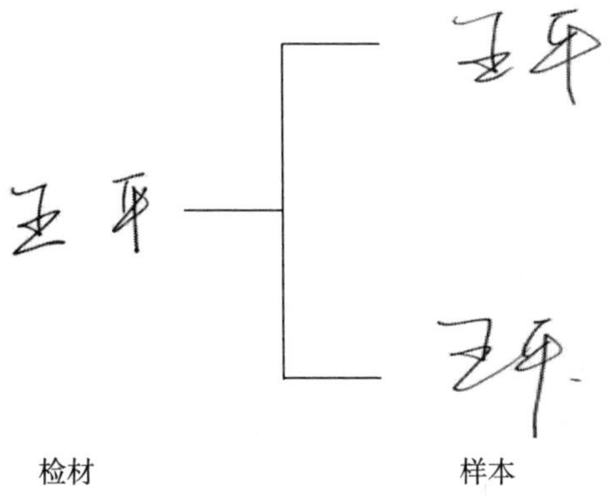

图 3－5　与 2002 年股东会决议上签名（检材）相似的样本对比

最终，鉴定意见认为 2001 年、2002 年股东会决议上王平的签名与样本中的签名字迹是同一人的笔迹。

（二）案例二：诉讼外第三人能否作为书证提出命令的被申请人

1. 基本案情

某市政府为使市民卡项目建设实现市区一体化融合，要求区市民卡公司将其可用资产按需统一移交至新成立的市社会保障卡公司。后区市民卡公司与合作银行之间就资金结算事宜发生矛盾，区市民卡公司诉至法院。笔者在代理区市民卡公司取证时，发现若干案涉交易合同、会议记录和账簿等在移交资产时被一并移往市社会保障卡公司，但市社会保障卡公司因为一些特殊原因并不配合区市民卡公司的取证，这直接影响到区市民卡公司的取证结果。

2. 问题的提出

在市社会保障卡公司不配合区市民卡公司取证的情况下，代理律师还可以尝试哪些取证方法？

在本案中，代理律师自行取证失败后，只能向法院申请调查令取证，或申请法院调查取证，又或是寄希望于法院依职权调查取证。

除此之外，代理律师能否向法院申请责令市社会保障卡公司提交书证（包括案涉交易合同、会议记录和账簿等），即适用书证提出命令制度？

3. 案例评析

在书证提出命令制度中，如何界定被申请人的范围是一个关键问题。其中，诉讼外第三人能否作为书证提出命令的被申请人，在民事诉讼理论与实践中存在较大的争议。

书证提出命令的被申请人是指持有文书的当事人，即《民诉法司法解释》第一百一十二条所指的控制书证的“对方当事人”。要注意，此处的“对方当事人”是广义上的概念，包括原告、被告、有独立请求权的第三人以及无独立请求权第三人中的被告型第三人（可判定承担民事责任的第三人）。[1] 需要指出，在民事诉讼实践中，对证明待证事实有重要意义的证据可能处于诉讼外第三人的控制之下。从扩大法院裁判的证据基础以及保障双方当事人证据武器平等的角度出发，在一些大陆法系国家和地区的文书提出命令制度中，被申请人的范围除了上述广义的当事人外，还包括与诉讼无关的第三人。但我国的法律或司法解释对此未作出规定。本案中，因为市社会保障卡公司在本案中并非“对方当事人”，而是诉讼外的第三人，所以法院无法责令市社会保障卡公司提交书证，书证提出命令制度无法适用。

为何不将诉讼外第三人纳入书证提出义务的被申请人范围？最高人民法院民事审判第一庭的解释是我国的书证提出命令制度是由司法解释所创设，而司法解释囿于其局限性不能为诉讼外第三人设定诉讼法上的义务，书证提出义务的主体只能限于控制书证的对方

---

〔1〕 参见张卫平：《当事人文书提出义务的制度建构》，载《法学家》2017年第3期。

当事人。[1] 笔者认同该解释。但如果国家立法机关经过细致、全面的立法考察，认为有必要将书证提出命令的被申请人范围扩展到诉讼外第三人，且其必要性、合理性得以证成，便应当及时修改《民事诉讼法》，将这一制度设计以国家立法的形式正式确立下来。

〔1〕 参见最高人民法院民事审判第一庭编著：《最高人民法院新民事诉讼证据规定理解与适用》，人民法院出版社2020年版，第436页。

第四章 法律检索

目 次

对于律师而言，案件的前期准备工作将直接影响办案效果，而法律检索是案件准备工作中的关键一环。律师通过检索获取的资料是否齐备、准确，往往关乎案件的成败。律师若没有娴熟的法律检索技术，就难以应对纷繁复杂的司法实践，更无法准确地预测案件走向。同时，律师只靠自己去解释法律、讲明道理是远远不够的，必须寻求权威依据的支持，而法律检索便是寻找此类依据的重要渠道。因此，法律检索应当是律师执业之初就需要掌握并且不断研习精进的一项基本技能。

法律检索能力是在理论与实践的互动中获得的，律师通过法律检索能获取有效信息，有效信息又能提升法律检索的广度和深度，不断往复，使法律知识的实践价值得以充分实现。在大数据时代，网络资源数以万计，却良莠不齐，如何在浩如烟海的信息中甄别和筛选出最有价值的信息并运用到个案之中，这是法律检索的核心命题。为避免低效盲目的检索，法律检索应当实现体系化，使其能够形成相对固定的方法论，以帮助律师游刃有余地应对各类案件。为此，笔者根据多年的办案经验，结合具体个案，向读者展现体系化的法律检索类型，主要包括类案检索、法律规定检索、权威观点检索以及事实检索。

一、案例引入

甲公司向乙公司采购货物，甲公司财务人员在向乙公司支付货款时误将款项汇入了曾有合作关系的丙公司账户，甲公司立即要求丙公司归还该笔款项，但被告知该账户因另案强制执行已被山东省某法院冻结，故无法退还。甲公司遂委托笔者代理此案。笔者针对本案开展了一系列法律检索工作。

二、法律检索的体系化运用

（一）通过类案检索借鉴诉讼策略

当前，审判机关为统一法律适用，对成文法传统进行了创新，在法院审理过程中引入了类案检索机制，类案成为审判人员寻求裁判合理性的佐证性支撑（见图4－1[1]）。对于审判人员而言，类案检索不仅是一种办案方法，也逐步成为审判工作的必经程序。为此，律师更应通过类案检索预知审判人员的裁判思路和裁判结果，从而有针对性地进行诉讼准备工作。

关于“民间借贷中超限利息的抵充”问题的类案检索报告

- 一、检索工具：法信平台——类案检索
- 二、关键词：民间借贷、利率；筛选条件：审理法院——最高人民法院
- 三、检索结果：检索关键词“民间借贷、利率”，共检索出581件民事案件；二审程序的141件，再审程序的51件，再审审查与审判监督案件326件
- 四、类案文书

序号	案件名称	案由	案号
1	彬县煤炭有限责任公司、陕西鸿盛实业集团有限公司借款合同纠纷二审民事判决书	借款合同纠纷	（2018）最高法民终964号
2	孟某亮、张某珍民间借贷纠纷二审民事判决书	民间借贷纠纷	（2018）最高法民终677号
3	厦门元华资产管理有限公司、林某民间借贷纠纷再审民事判决书	民间借贷纠纷	（2017）最高法民再210号
4	白山市隆德房地产开发有限公司、李某民间借贷纠纷再审民事判决书	民间借贷纠纷	（2017）最高法民再192号

图4－1　关于“民间借贷中超限利息的抵充”问题的类案检索报告示意

所谓类案，是指以法律关系、核心事实、举证情况、程序处理、

〔1〕参见贺小荣主编：《最高人民法院第二巡回法庭法官会议纪要》（第一辑），人民法院出版社2019年版，第72页。

法律适用等作为识别要素，已经审理终结的案件与待决案件的上述要素相同或相似的，则属于同类案件。[1] 此外，最高人民法院于2020年颁布的《类案检索意见》第一条指出："本意见所称类案，是指与待决案件在基本事实、争议焦点、法律适用问题等方面具有相似性，且已经人民法院裁判生效的案件。"关于何为类案检索，《江苏省高级人民法院关于建立类案强制检索报告制度的规定（试行）》中指出：法官通过在线检索、查阅相关资料等方式发现与待决案件在案件基本事实和法律适用方面相类似的案例，为待决案件裁判提供参考。类案的运用并不是一个从前提到结论的演绎推理过程，而是一个比较案件之间相似性的类比推理过程。[2] 类案可以为律师制定诉讼思路提供借鉴，便于律师化集体的司法经验为具体的办案实力，借他山之石解个案之争。

在进行类案检索前，律师需明确检索范围，即供法院参考的类案范围。《类案检索意见》第四条明确了类案检索范围一般包括最高人民法院发布的指导性案例、典型案例及裁判生效的案件，本省（自治区、直辖市）高级人民法院发布的参考性案例及裁判生效的案件，上一级人民法院及本院裁判生效的案件，除指导性案例以外，近三年的案例或案件要优先检索。

这是否意味着律师进行类案检索时要对上述范围内的案例进行全部检索？答案是否定的。上述检索范围内的案例存在效力层级，根据《类案检索意见》的规定，第一顺位是最高人民法院发布的指导性案例，各级法院在审判中应当参照；第二顺位是《最高人民法院公报》发布的案例、最高人民法院其他典型案例及裁判生效的案

〔1〕 参见齐晓丹等：《类案检索方法指引》，法律出版社2020年版，第24页。

〔2〕 参见孙光宁：《指导性案例在类案检索机制中的地位及其运作》，载《法律适用》2020年第12期。

件；第三顺位是本省（自治区、直辖市）高级人民法院发布的参考性案例及裁判生效的案件；第四顺位是上一级法院及本院裁判生效的案件。第一顺位的类案对于法院裁判具有显性拘束力，第二、第三顺位的类案具有强隐性拘束力，第四顺位的类案仅有弱隐性拘束力（见图4－2）。[1]

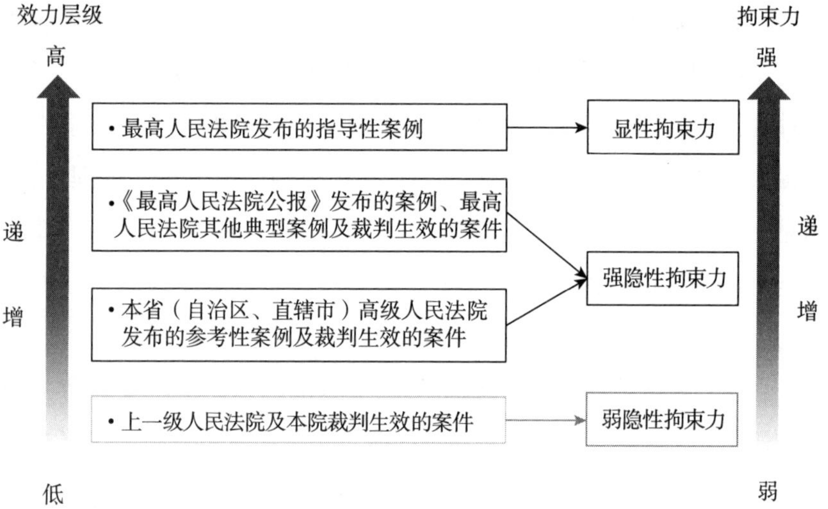

图4－2　类案效力层级

《类案检索意见》第四条规定审判人员已经在前一顺位中检索到类案的，可以不再进行检索。所以，律师应当尤其关注第一和第二顺位的类案检索，在没有前两顺位类案的情况下，再对第三、第四顺位的类案进行检索，从而提高检索效率，最后形成一份《类案检索报告》（见图4－3[2]）。

〔1〕 参见刘树德、胡继先：《〈关于统一法律适用加强类案检索的指导意见（试行）〉的理解与适用》，载《人民司法》2020年第25期。

〔2〕 关于类案检索报告的制作，可参考《类案检索报告制作指引》（重庆市律师协会于2021年12月2日发布）。

类案检索报告

- **一、检索说明**

  检索主体：××律师事务所【　　】律师

  检索时间：××年××月××日

  检索平台：【威科先行、法信……】

- **二、检索目标（待决案件争议法律问题）**

  1.……

  2.……

- **三、检索结果**

  1.……

  2.……

- **四、检索内容(类案裁判要点)**

  1.×××与×××案【案号：（20××）最高法民终××号】（《最高人民法院公报》××年第×期案例）

  【基本案情】

  ……

  【裁判要旨】

  （见附件第××页）

  2.……

  附案例全文

图 4－3　类案检索报告范例

具体到本案，笔者通过“错误汇款人如何维护自身权益”这一关键词，在中国裁判文书网、法信等检索工具中找到了《最高人民法院公报》刊载的（2017）最高法民申 322 号民事裁定书。该案的裁判观点是此类案件可以通过案外人执行异议之诉解决，而无须另行提起一个不当得利之诉，避免了当事人的诉累。通过该公报案例，笔者确定了本案应当围绕执行异议之诉展开代理思路。可见，类案可以为律师在办案初期拟定诉讼思路指明方向。

（二）通过法律规定检索落实诉讼策略

我国属于成文法国家，法院在裁判过程中应当依据法律而非判例，类案对法院审理案件仅具有一定的参照或参考作用，法院最终仍需要以法律为准绳作出裁判。正如一位实务界人士所指出的，“我国的司法诉讼活动都是从法条中来，又到法条中去。任何一个案件的裁判结果，在形式逻辑上必然出自法律条文与案件要件事实相匹配的过程……"[1] 因此，律师胜诉的关键往往取决于能否从茫茫法条中检索到最有利于己方当事人的法律规定。

律师进行法律规定检索，务必要求“全”，检索的范围不仅包括实体法和程序法规定，还囊括了法律、行政法规、司法解释、地方性法规以及地方性司法文件等。律师首先要检索与本案最密切相关的法律规定，这是根本之策，尤其是涉及请求权基础的法条，然后再去关注相应的司法解释。实践中，法律和司法解释有时会存在“空白”处，此时律师就要搜寻地方高级人民法院甚至管辖法院制定的相关司法文件。此类文件虽没有法律及司法解释般强制约束力，但必然是地方法院办理案件的重要参考，有时更具针对性，作用不容小觑。最终，律师要向法院提交一份《法律检索报告》（见图 4 –4[2]）。

本案的法律规定检索就涉及地方性司法文件。关于案涉错误汇款人能否通过执行异议之诉维权的问题，法律及司法解释都未作出规定，实务中也存在不同的判法。为此，律师就要关注地方高级人民法院是否对该问题作出过明确的规定。本案的管辖法院在山东省，笔者检索到在《山东省高级人民法院民一庭关于审理执行异议之诉案件若干问题的解答》（2020 年）中，山东省高级人民法院针对案涉情况是否适用执行异议之诉作出了明确规定。[3] 于是，该地方性司法文件便成为笔者代理此案的重要参考依据。

---

〔1〕 田朗亮：《法律检索方法与人民法院指导性案例及类案的检索与应用》，载朱全景、邵世星主编：《民事检察实务培训讲义》（第二版），法律出版社 2020 年版，第 62 页。

〔2〕 关于法律检索报告的制作，可参考《法律检索报告制作指引》（重庆市律师协会于 2021 年 12 月 2 日发布）。

〔3〕《山东省高级人民法院民一庭关于审理执行异议之诉案件若干问题的解答》第十一条规定：“案外人主张被执行人账户资金系错误汇款，提起执行异议之诉，如何处理？

“答：对于货币资金的权利归属，一般应当根据资金占有的表面状态，推定现金持有人、银行账户登记人为权利人。案外人以被执行人账户资金系错误汇款主张权利，请求排除执行的，一般不予支持。

“如案外人有证据证明，货币资金已通过特户、专户、封金等方式特定化，足以表明财产权益处于所有权与占有权相分离状态，应当根据真实的权利归属关系，确定货币资金的实际权利人。”

法律检索报告

- **一、检索说明**

  检索主体：××律师事务所【　　】律师
  检索时间：××年××月××日
  检索平台：【威科先行、法信……】

- **二、检索目标（待决案件争议法律问题）**

  1.……
  2.……

- **三、检索结果**

  1.……
  2.……

- **四、检索内容**

  一、××（待决案件争议法律问题）
  （一）法律
  （二）司法解释
  （三）行政法规
  ……
  二、××（待决案件争议法律问题）
  （一）法律
  （二）司法解释
  （三）行政法规
  ……

  附：

图4－4　法律检索报告范例

此外，笔者在代理期间时还检索到了《最高人民法院关于审理执行异议之诉案件适用法律问题的解释（一）》（向社会公开征求意见稿）。律师应高度重视此类司法解释的征求意见稿，虽然该司法解释尚处于征求意见阶段，但在某种程度上能体现最高人民法院的意见导向。代理律师应深入研究，以备反驳对方当事人以该征求意见稿的相关观点所作出的抗辩。

（三）通过权威观点检索夯实诉讼策略

法律作为规范，其内容是抽象的、概括的、定型的，制定出来之后有一定的稳定性，这也导致法对千姿百态、不断变化的社会生活的涵盖性和适应性不可避免地存在一定的局限性。[1] 当遇有法律

〔1〕参见张文显主编：《法理学》（第五版），高等教育出版社2018年版，第80页。

模糊、冲突、漏洞和空白等法律适用存在争议的情况时，律师不能削足适履，盲目套用法律规定和类案，还需要凭借权威观点来夯实己方的诉讼思路，将权威观点作为说服审判人员的重要依据。

从权威观点出发对法律适用的争点进行探究，能让律师深入了解立法精神，从法理角度进行思考，进而掌握理论和实务界百家争鸣的最新研究动态。检索权威观点有助于律师以研究者的姿态来对待个案中的每一个法律争点，刨根问底，穿透争点的本质，探索出类案的普适性的解纷之道。更要指出，这对于律师执业的专业化也具有积极意义，因为实践中存在的较大争议的事项，时常就是值得律师开拓乃至深耕的专业领域。有心者通过长期不懈的积累，可适时推出精良的法律服务产品。

本案存在的法律适用争点系错误汇款是否适用“货币占有即所有”的原则，其在司法实践中存在争议，笔者通过检索发现了不同的观点。一位曾任最高人民法院审判员的作者在其文章中的观点是此类案件不适用该原则。〔1〕而最高人民法院另一位时任审判员则持相反的观点，认为除法律、司法解释有特别规定外，一般都要适用“货币占有即所有”的原则。〔2〕不同观点的背后反映了不同的裁判

〔1〕参见王毓莹：《执行异议之诉中账户资金的排除执行问题》，载《人民法院报》2017年11月1日，第7版。

〔2〕参见司伟：《案外人将其所有的款项误划至被执行人账户后被法院冻结扣划的，案外人请求排除强制执行的，应否支持》，载最高人民法院民事审判第一庭编：《民事审判指导与参考》2018年第3辑（总第75辑），人民法院出版社2018年版。但之后作者的观点发生变化，其不再将错误汇款返还请求权一概视为无优先于其他普通金钱债权的效力，而是将特定化作为“占有即所有”原则的例外，也即在账户的实际控制人就是账户名义人时，若账户借用人、错误汇款人能够证明案涉账户内的资金已经特定化，则可排除账户名义人的金钱债权人申请的强制执行。因为在涉及收款人的普通金钱债权人的情形下，由于款项已特定化而并未与收款人的其他金钱混同，故赋予付款人返还请求权以优先地位并不会损害对于强制执行程序中收款人的其他普通债权人本应处于的地位，因而具有正当性。该观点不再以“一刀切”的方式保护普通债权人的利益，而是注重错误汇款人和普通债权人等利益相关人之间的利益平衡与风险的合理分配，更能体现司法应有的使命与担当。参见司伟：《执行异议之诉原理与实务》，法律出版社2022年版，第259页；司伟：《错误汇款返还请求权排除强制执行的效力研究——基于裁判分歧的展开与分析》，载《比较法研究》2022年第6期。

价值取向，值得律师群体持续关注和研究。

在此要提醒，律师在检索权威观点时必须拿权威“说事”。须知，“盲从”权威对法律人来说不但是一种策略，而且是一种纪律。[1] 因此，权威观点也要分优先级。律师应当优先检索由全国人大常委会法工委和最高人民法院各业务庭室分别编写的法律、司法解释解读类书籍。此类配套书籍能够指引律师准确理解、适用相关法律及司法解释，让律师深谙立法逻辑和审判思维。此外，律师还要查找法官撰写的相关文章（尤其是最高人民法院法官及本案审判人员发表的论文），这样可以进一步提高代理观点的权威性、针对性。

若上述观点仍然薄弱、模糊，律师还需检索具有较高规范性内涵的主流法学理论、学说作为补强，正如一位学者所言：“法学理论除指引司法外，还具有司法创制功能，能够填补实践漏洞。……以民法为例，虽然我国未将法学理论作为正式法源进行规定，但诸如物权行为理论、情事变更理论、违约方解除合同理论等，皆在特殊时期为司法提供了重要参考，有效填补了法律漏洞。”[2]

（四）通过事实检索保障诉讼策略

之所以说事实检索是诉讼思路的保障，是因为只有完备的案件事实作为“土壤”，诉讼思路才能“落地生根”。此处的“事实”主要是指与案件事实密切关联的信息，包括但不限于当事人信息、财产信息、案件背景信息等。对于当事人信息，若对方当事人是公司，律师在起诉前通常要使用天眼查、企查查等检索工具了解对方公司

〔1〕 参见刘晗：《想点大事——法律是种思维方式》，上海交通大学出版社 2020 年版，第 58 - 61 页。

〔2〕 姚辉：《民法学方法论研究》，中国人民大学出版社 2020 年版，第 11 - 12 页。

的经营信息、涉诉情况等基础资料，为己方当事人评估对方的企业信用、支付能力等提供支撑。对于财产信息，若诉讼过程中要进行财产保全，律师就要协助委托人获取对方当事人的财产线索，包括通过调取公司备案登记信息以及查询房产、土地信息等方式获取相关财产信息，这些都涉及事实检索。

在本案中，笔者通过企查查检索到第三人丙公司的经营及涉诉状况，发现丙公司的经营已出现问题，若通过不当得利之诉维权，甲公司的债权将变为普通债权，最后极有可能只获得了一份无法兑现的胜诉判决。经过利弊权衡，甲公司在听取笔者的建议后最终选择了执行异议之诉。可见，事实检索的结果经常会成为律师甄选诉讼思路的关键依据。

三、法律检索必备的两大思维

（一）全面性思维

律师在法律检索的实践中可能会存在误区，认为只需要检索出对当事人有利的资料就算大功告成了。殊不知，这种想法极有可能会为案件的后续代理埋下巨大的隐患。针对己方向法院提交的检索资料，对方极有可能会提出观点截然相反的资料进行抗辩。若己方代理律师没有提前准备相应的应对预案，恐会使自己和当事人当庭陷入极其被动、尴尬的境地。[1] 为避免发生这种情况，当律师检索到于己有利的资料时，仍要坚持检索，切忌浅尝辄止，必须深掘于己不利的资料，再进行比较分析，只有兼听则明，方能有备无患。在这个过程中，律师既要注重两点论，将代理之案与正面类

〔1〕 为此，不少代理律师会在庭后才向审判人员提供有利于其当事人的类案，避免在庭审时与对方发生“正面交锋”。

案的相同点和反面类案的区别点进行详细比较，又要坚持重点论，着重分析代理之案与正面案例的相同点，提醒审判人员这些相同点才是可供案件审理参考的关键之处，从而说服审判人员采纳己方观点。在本案中，笔者除找到了有利于我方的最高人民法院公报案例外，同时也找到了（2018）最高法民申 1742 号、（2017）最高法民申 2088 号等不利于我方的案例，并立即进行深入的比较分析。

需要注意，类案冲突是实践中经常会遇到的问题。最高人民法院为统一法律适用，确立了类案冲突的解决机制，《类案检索意见》第十一条规定："检索到的类案存在法律适用不一致的，人民法院可以综合法院层级、裁判时间、是否经审判委员会讨论等因素，依照《最高人民法院关于建立法律适用分歧解决机制的实施办法》等规定，通过法律适用分歧解决机制予以解决。"律师在遇到类案冲突的情况时，也应当依照上述标准去择优选用类案。

（二）归纳性思维

有些律师在进行法律检索时只注重检索成果的个案运用，案件代理一结束，检索成果似乎就完成了使命。这种法律检索思维会将每一次检索成果的作用仅局限于个案之中，当再次遇到同类型案件时，由于时隔许久，律师的记忆会发生模糊，且可能遇到旧法修改或新规颁布等情况，导致律师不得不再次全面检索，可谓低效。笔者认为，律师要养成日常检索的良好工作习惯，超脱个案的视野，关注检索所带来的更为长远的效用。

律师在案件代理过程中要培养自己从个别到一般的归纳能力。当律师遇到实践中存在争议的问题，检索到存在冲突的法律规定或类案时，不能浅尝辄止，应当探寻法律及法院裁判背后所依据的法理，并进行归纳总结，做到持续更新，为后续同类型案件的代理提供有效借鉴。[1] 甚至，律师要努力成为法律数据科学家，能从法律资源和非法律材料中识别出关联、趋势、模式和规律，而不只是做简单的法律数据搬运工。[2] 事实上，律师完全可以通过法律检索，总结出一套法律体检方案，帮助当事人从优质的类案中甄选交易模式、提炼交易规则、预知经营风险、挖掘管理漏洞、评估诉讼风险等，从而形成一套从事前预防、事中控制、事后补救的全流程法律服务产品。[3] 例如《民法典》颁布后，笔者对“欠缴电费违约金如何确定”的相关案例及风险应对措施进行过研究。彼时，笔者通过案例数据库的检索和案例批量提取，收集到1万个涉电网企业的典型案例，其中有551个关于违约金纠纷的案例，通过大数据分析出共有6种裁判标准（见图4－5）和3类主要的裁判观点，再总结出关于违约金风险的防控措施。由此，律师在检索过程中要养成记录、整理、提炼、总结的知识管理习惯，持之以恒地提高专业化方向的执业素养，这对类案代理经验的积累将大有裨益。

---

〔1〕 例如《最高法院关于抵押财产转让的裁判规则精解》，载微信公众号“溧水法院”2023年5月18日；《股东出资问题21条裁判规则汇总》，载微信公众号“最高人民法院司法案例研究院”2023年6月14日；《〈最高人民法院公报〉关于执行异议之诉的14条裁判规则》，载微信公众号“最高人民法院司法案例研究院”，2023年7月4日。

〔2〕 参见［英］理查德·萨斯坎德：《法律人的明天会怎样？——法律职业的未来》（第二版），何广越译，北京大学出版社2019年版，第162页。

〔3〕 参见罗昆：《运用类案思维实现法治体检精准化》，载《人民论坛》2020年第4期。还可以参见周翔：《作为法学研究方法的大数据技术》，载《法学家》2021年第6期；周翔：《司法数字化中的法律专家地位和参与方法——以检察机关为例》，载《浙江大学学报（人文社会科学版）》2023年第3期。

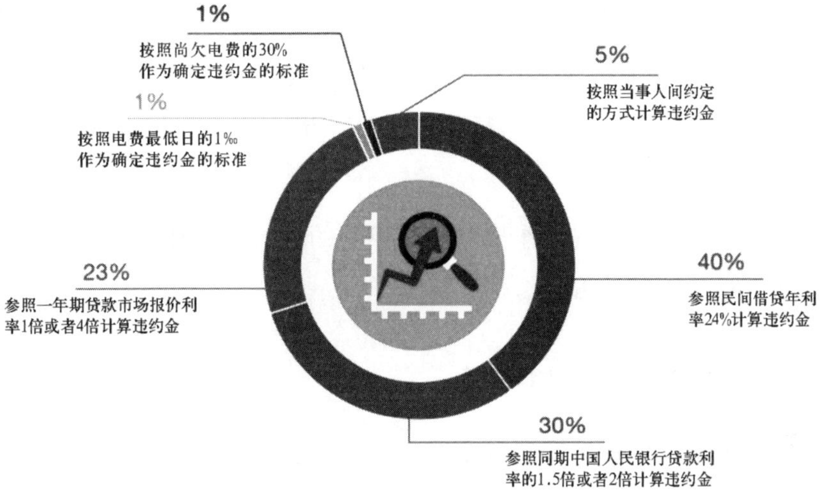

图 4-5　裁判标准示意

很多时候，方法比努力更重要，掌握体系化的检索方法，能够避免无绪化检索导致的效率不高、结果不佳等问题。法律检索看似只是律师的办案工具，实则不然。每一次成功的法律检索，不仅是对检索工具的娴熟运用，也是对全面性思维和归纳性思维的灵活调动，由此凝结出来的检索成果更是沉甸甸的经验财富。

四、案例分析

（一）基本案情

2017 年，朱某与沈某签订了《房屋转让协议》，约定沈某将其享有的拆迁安置房以 1100 万元的价格转让给朱某，双方约定沈某欠朱某的 690 万元借款转为购房款，朱某还向沈某支付了 310 万元购房款，剩余 100 万元购房款待产权过户至朱某名下后再由朱某付清。

《房屋转让协议》签订后，案涉房屋一直由朱某占有并使用。

2019 年 1 月 2 日，沈某取得案涉房屋的产权，朱某要求沈某过户，后发现房屋已于 2019 年 1 月 30 日因执行案件被法院查封，因此朱某向法院提起了执行异议之诉，请求停止对案涉房屋的执行。

一审、二审法院均作出对朱某不利的判决。朱某不服，向某高级人民法院申请再审。

（二）本案核心争议焦点

朱某对于案涉房屋是否享有足以排除强制执行的民事权益，即朱某的以物（“房”）抵债协议是否属于物权期待权的保护范围。

（三）检索思路示例

律师在代理朱某申请再审时，应如何针对“执行异议之诉中以物抵债受让人是否享有物权期待权”这一法律适用问题进行法律检索?

笔者将自己的检索思路展示如下：

1. 法律规定的检索

在执行异议之诉中，关于当事人是否享有物权期待权，最高人民法院于 2020 年修正的《执行异议若干规定》第二十八条[1]对无过错不动产买受人的物权期待权保护问题作出了规定。

---

〔1〕《执行异议若干规定》第二十八条　金钱债权执行中，买受人对登记在被执行人名下的不动产提出异议，符合下列情形且其权利能够排除执行的，人民法院应予支持：

（一）在人民法院查封之前已签订合法有效的书面买卖合同；

（二）在人民法院查封之前已合法占有该不动产；

（三）已支付全部价款，或者已按照合同约定支付部分价款且将剩余价款按照人民法院的要求交付执行；

（四）非因买受人自身原因未办理过户登记。

2. 正、反案例的检索

实践中，有不少抵债受让人请求法院排除执行，这些受让人往往持有与债务人签订的以物抵债协议或者买卖合同，其上约定将法院正在执行的不动产抵债给受让人。如果已经办理不动产登记，则受让人成为不动产的所有权人，自然应受到保护。如果没有办理不动产登记，此时抵债协议只能产生债法上的效力，即享有抵债标的物的登记请求权和物的交付请求权。本案中朱某遇到的正是这种情况。此时，抵债受让人能否纳入物权期待权的保护范围，在司法实践中存在争议。

最高人民法院对于该问题也存在不同的裁判观点。笔者检索发现，（2017）最高法民申 2484 号、（2018）最高法民终 561 号、（2018）最高法民申 25 号等裁判认为以物抵债协议需纳入物权期待权的保护范围；（2019）最高法民再 175 号、（2017）最高法民终 354 号等裁判则认为以物抵债协议不受物权期待权的保护。以上便是笔者对正、反案例所做的全面检索。可见，这是一个在法律适用上极有争议的案件。遇到这种情况时，律师要及时将法律适用的风险充分告知当事人。

3. 权威观点检索

若按照《执行异议若干规定》第二十八条规定的构成要件，朱某应当享有物权期待权：第一，在人民法院查封案涉房屋前，朱某和沈某已签订合法有效的《房屋转让协议》；第二，在人民法院查封案涉房屋前，朱某已合法占有案涉房屋；第三，朱某已经按照合同约定支付了大部分价款，原本约定在房屋过户后支付的剩余价款，朱某也愿意按照人民法院的要求交付执行；第四，案涉房屋一直未办理过户登记，是因为沈某在签订案涉购房合同后仍未取得房屋的产权证，而非因朱某自身原因。

但一审法院认为，之所以要对无过错买受人进行特别保护，其基本的理念是请求交付物的债权作为物权期待权优先于金钱债权。而设立以物抵债的目的在于消灭旧的金钱之债，以物抵债作为履行原来金钱之债的方法，债权人享有的本质上仍然是金钱之债，不应优先于另一个金钱之债，否则有违债权平等原则。通过权威观点检索，笔者发现一审法院的上述观点来源于最高人民法院民事审判第二庭编著的《〈全国法院民商事审判工作会议纪要〉理解与适用》一书中第304页上的内容。[1] 一审法院作出该认定时应是参考了这一观点，而该观点对朱某不利。

不少法院担心实践中会出现案外人与被执行人恶意串通倒签抵债时间以排除其他债权人、使受让人偏颇受偿的问题，增大了法院甄别虚假诉讼的负担。[2] 因此，法院会倾向于驳回以物抵债的案外人排除强制执行的诉请。本案中，一审、二审法院对于案外人和其他债权人的利益权衡上，更加偏向于保护后者的利益。但笔者认为，本案与一般的以物抵债存在一定的区别，朱某除将690万元债权抵作购房款，还向沈某支付了额外的310万元购房款，若法院直接认定朱某不享有物权期待权，极有可能导致朱某额外支付的购房款也无法取回，这对案外人是极为不公平的。

为此，笔者作了进一步的权威观点检索，发现《〈全国法院民商事审判工作会议纪要〉理解与适用》竟又出现了有利于朱某的观点。该书中写道："对于采用抵债方式的，可以视为支付价款，但第三人

〔1〕 参见最高人民法院民事审判第二庭编著：《〈全国法院民商事审判工作会议纪要〉理解与适用》，人民法院出版社2019年版，第304页。

〔2〕 参见江必新、刘贵祥主编，最高人民法院执行局编著：《最高人民法院关于人民法院办理执行异议和复议案件若干问题规定理解与适用》，人民法院出版社2015年版，第428页。

应当提供所抵债务客观存在及符合抵债要件的证据材料。”[1] 这实际上是认可了以物抵债协议能够适用《执行异议若干规定》第二十八条的规定。

在最高人民法院业务庭室出版的权威书籍中出现了正、反两种截然不同的观点（分别在第304页和第643页中），这更反映了该案在法律适用上存在很大的争议。故笔者在为朱某起草《再审申请书》时直接在Word文档上用批注的形式提醒他相关的法律风险（见图4-6）。

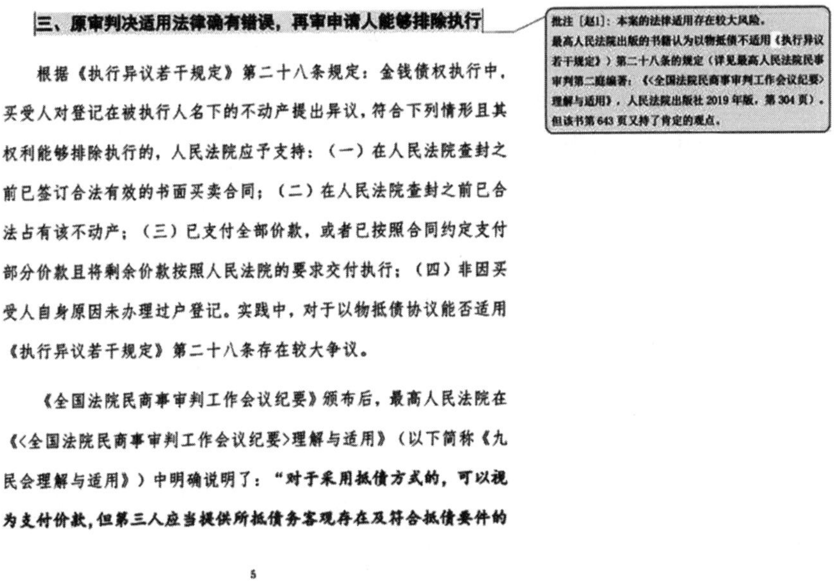
三、原审判决适用法律确有错误，再审申请人能够排除执行

根据《执行异议若干规定》第二十八条规定：金钱债权执行中，买受人对登记在被执行人名下的不动产提出异议，符合下列情形且其权利能够排除执行的，人民法院应予支持：（一）在人民法院查封之前已签订合法有效的书面买卖合同；（二）在人民法院查封之前已合法占有该不动产；（三）已支付全部价款，或者已按照合同约定支付部分价款且将剩余价款按照人民法院的要求交付执行；（四）非因买受人自身原因未办理过户登记。实践中，对于以物抵债协议能否适用《执行异议若干规定》第二十八条存在较大争议。

《全国法院民商事审判工作会议纪要》颁布后，最高人民法院在《〈全国法院民商事审判工作会议纪要〉理解与适用》（以下简称《九民会理解与适用》）中明确说明了：“对于采用抵债方式的，可以视为支付价款，但第三人应当提供所抵债务客观存在及符合抵债要件的

5

图4-6　法律适用风险提示

[1] 最高人民法院民事审判第二庭编著：《〈全国法院民商事审判工作会议纪要〉理解与适用》，人民法院出版社2019年版，第643页。

第五章　诉讼可视化

目　　次

当面对浩如烟海的法律规定和车载斗量的证据材料，律师如何将案件信息高效地传达给受众？对这一问题的思考应贯穿于诉讼代理的始终。诉讼的本质是信息的处理与传递，这体现在律师既要向审判人员反映案情观点，又要向当事人反馈办案成果。尤其对于审判人员而言，诉讼律师实际上是其办案助手，若律师传递的包括法律规定、案件事实、参考案例、证据材料、代理观点等在内的案件信息使审判人员感到复杂难解、晦涩难懂，便不利于审判人员在短时间内获取关键信息并厘清各方观点，此时律师的办案效果恐会大打折扣。基于此，为提高信息处理、传递的有效性，诉讼可视化应成为律师必备的执业技能。

一、诉讼可视化概说

诉讼可视化是指以图、表、动画、视频等形式梳理案件事实，厘清法律关系，表达案涉主体、时间顺序等要素，从而将案件中的各种信息清晰地呈现给各方主体。诉讼可视化的法律技能可以帮助律师高质地“处理”和高效地“传递”案件信息。例如，在申请人迈克尔·乔丹与被申请人原国家工商行政管理总局商标评审委员会、一审第三人乔丹体育股份有限公司（以下简称乔丹体育公司）商标争议行政纠纷再审案件庭审过程中，迈克尔·乔丹的代理律师通过可视化的方式展示了乔丹体育公司的形象商标与迈克尔·乔丹的特定篮球形象在整体形象、姿态、动作细节等方面高度一致，从而使最高人民法院的审判人员能够直观了解乔丹体育公司存在误导公众、侵犯迈克尔·乔丹商标权之嫌。在庭审中，迈克尔·乔丹的代理律师便是以简明扼要的可视化方式代替了纷繁复杂的话语论述，向审判人员高质、高效地传达了代理观点（见图5－1）。

图5－1 迈克尔·乔丹特定篮球形象与乔丹体育公司形象商标可视化对比

笔者将诉讼可视化分为信息的处理与传递两个步骤：第一步，律师对案件信息进行加工处理。案件信息可视化的过程，就是梳理案件事实、简化法律关系、提炼代理观点的过程。律师需要在纷繁复杂的信息中筛选出核心且清晰的内容。

第二步，律师把提炼的案件核心信息向外传递。律师根据自身的法律思维，将加工后的关键信息以可视化的表现形式传递给受众，包括合作律师、己方当事人、审判人员乃至对方，从而实现案件信息的顺畅传达。

需要指出的是，诉讼可视化并不只是简单地借助技术手段将法条、证据、观点等信息通过有声有色的图、表、动画、视频等方式来展现，这仅是技术上的表达手段，更重要的是发掘其中蕴含的法律思维。针对可视化的展现形式，其实没有固定的标准，即使是可视化图表的画法，律师也完全可以根据个人喜好及思维方式去为个案量身定做，本章不予涉及。[1] 本章重在展示诉讼可视化思维，以诉讼可视化如何贯穿民事诉讼程序的始终为主线展开，帮助读者理解诉讼可视化的适用场域。笔者将结合五个实例，分别从法律规定可视化、案件事实可视化、类案检索可视化、证据材料可视化以及代理观点可视化等角度予以阐述。

〔1〕 参见蒋勇主编：《诉讼可视化》，法律出版社2017年版。

二、法律规定可视化

我国属于成文法国家，法律法规数量众多且相互有机组合，形成了一个层次分明、构造严谨的法律体系，但客观上亦导致法律适用趋于复杂化。某一请求权基础构成要件或法律程序可能同时散落在多部法律和司法解释之中，法律人需要对相关法律规定的关联性体系有通盘、彻底的了解，才能恰如其分地解释及适用法律。对于律师而言，如何将零散的法律规定有序地展现给审判人员以及当事人，这非常考验律师的逻辑思维与梳理能力。

笔者以一起涉外送达业务为例。张甲和王乙系夫妻，两人因感情不合长期分居两国，张甲住在中国，王乙移民生活在美国，现王乙在美国法院起诉要求与张甲离婚，美国法院将通过司法协助的形式向居住在中国的张甲送达传票和诉状。张甲欲了解美国法院将诉讼材料送达至其手中需经过哪些法律程序，以便应对。

此时，律师应以何种形式向张甲展示与本案相关的法律规定？若律师仅仅是简单地将法律规定一股脑儿全部“抛”给当事人或者把有关规定读一遍给当事人听，因当事人并非法律专业人士，其未必能够充分领会其中的要义。为避免前述情况的发生，笔者转换了展现形式，将相关法律规定的内核经提炼、加工后，绘制成了一张法律程序流程图（见图 5－2），使法律规定一改刻板的形象，能够更加生动、体系、全面地呈现在当事人面前。

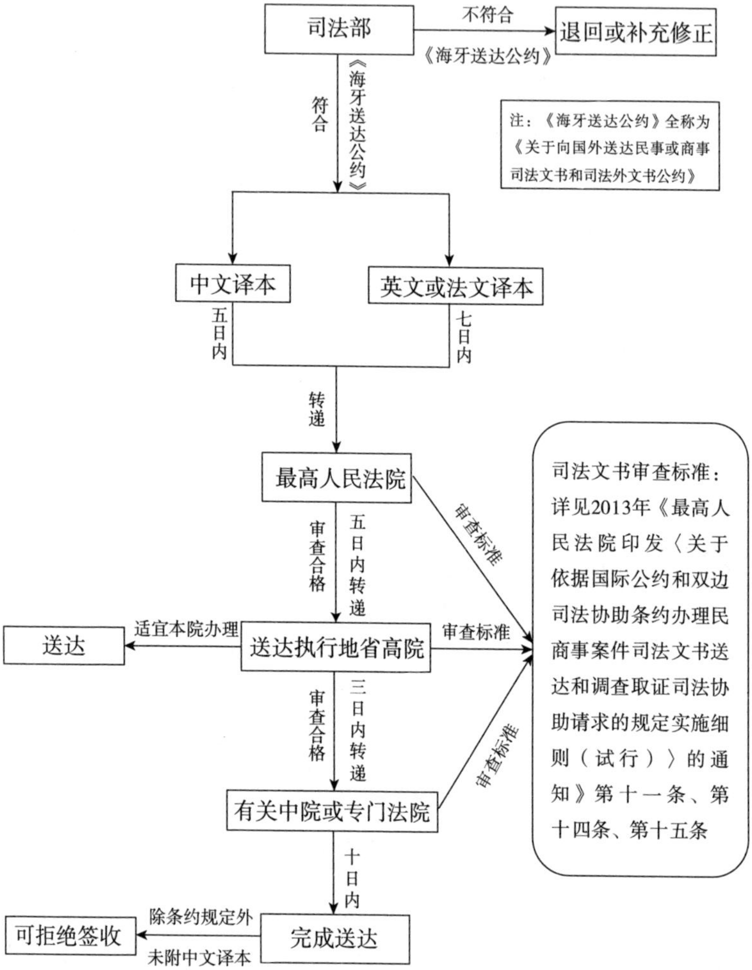

图5－2　外国司法机关委托我国法院协助送达民商事案件司法文书流程

通过图表展示与口头讲解相结合，张甲对外国法院委托我国司法机关协助送达民商事案件司法文书的流程有了清晰的认知。在此提示，可视化的表现形式除了可以直接提升当事人的观感体验，还能间接地向当事人展现律师的工作量，为律师的专业与勤勉做有力的背书。

三、案件事实可视化

待梳理完与案件相关的实体法与程序法规定后，律师下一步的工作就是协助审判人员将烦冗的案件事实转化为法律事实。法律事实是指在法定的程序空间内，由多方诉讼主体依据既定的规则构建起来的一幅案件事实图景，它是某种法律裁决据以作出的事实依据。[1] 律师如何将复杂的案件事实从混沌中理出秩序并构造场景，帮助审判人员再现法律真实，是律师争取良好代理效果的关键。

我国法院正面临“案多人少”的难题，审判人员在每一个案件上花费的精力必是有限的。那么，律师就要积极发挥审判人员“办案助理”的作用，协助审判人员清晰地提取背景事实和要件事实，这是律师在案件代理过程中的一项重要工作。若律师在庭审时不分重点、长篇累牍地描述案件事实，会使审判人员难以捕捉到对己方有利的关键信息。为协助审判人员提高庭审质效，为其审判工作提供便利，律师应以可视化的方式将抽象事物具体化、复杂事实简单化，从而帮助审判人员还原案件事实。

笔者曾代理一起案件，基本事实如下：丙公司欠甲公司 1.8 亿元货款，由乙公司为该笔债权提供担保，且该笔债权已被 B 市中级人民法院的判决所确认。后丙公司无力偿还债务，乙公司又进入破产程序，针对案涉 1.8 亿元主债权，引发了两个诉讼：一是甲公司提起破产债权确认之诉，一审在 D 市中级人民法院败诉，甲公司随即上诉。二是乙公司破产管理人在 B 市中级人民法院提起第三人撤销之诉，其在一审、二审均败诉后向最高人民法院申请再审。笔者代理甲公司应诉。

---

〔1〕 参见杨波：《论法律事实的程序保障》，载《当代法学》2008 年第 5 期。

最高人民法院在召集双方询问的前2天，审判人员专门致电笔者，希望笔者能当庭介绍相关案件的诉讼情况，但要求叙述简明，时间不超过10分钟。笔者深知，如果以口头方式向审判人员描述完整的案情（案卷材料足有上千页），沟通效率和质量必会大打折扣，既吃力，又不讨好。笔者在剔除了细枝末节式问题的干扰后，选择通过制图（见图5－3）展现案件经历的核心诉讼流程及当事人之间的多重法律关系，帮助审判人员有针对性地翻阅上千页的案卷材料，避免无效阅卷。

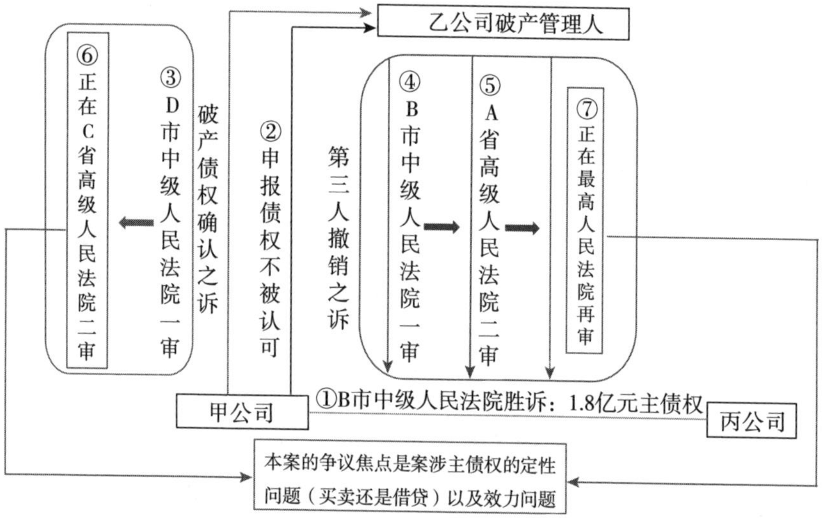

图5－3　系列诉讼案关系示意

笔者当庭向审判人员展示图5－3，该图将案件事实进行了客观排列和主观组合。从客观层面，为便于审判人员读懂该图，笔者在图上标明了事件发生的时间顺序（①②③……），使审判人员能够迅速厘清两条诉讼战线及案涉当事人之间的多重法律关系。从主观层面，笔者将两条诉讼战线之间的关系也在图上一并展示，将“一审败诉启动二审”（破产债权确认之诉，即第一条诉讼战线）和“最高人民法院再审”（第三人撤销之诉，即第二条诉讼战线）一齐圈出，共同指向本案的争议焦点：案涉主债权的定性问题（买卖还是借贷）以及效力问题。

在此基础上，笔者得以向最高人民法院的审判人员直观地提示本案的裁判结果会对同时进行的破产债权确认之诉二审案产生结果性的影响。最高人民法院采纳了笔者的建议，裁定中止该破产债权确认之诉的二审程序。最终，最高人民法院支持了笔者的抗辩观点，驳回了乙公司破产管理人的再审申请，为甲公司扭转破产债权确认之诉的败局打下了坚实有力的基础。

要注意，诉讼可视化并非图表的简单堆砌或拼凑，而是尽可能通过一张图表将庞杂的事实通过一张类似工业设计的拓扑结构图一样作出清晰的表达，从而使受众从琐碎的事实信息中解放出来，帮助他们形成并整理思路。而且，绘制案件事实可视化图表的过程也是律师从堆积如山的案卷材料中精炼事实的过程，长期坚持，律师的总结归纳能力会不断得以提升。

四、类案检索可视化

关于何为“类案”，最高人民法院颁布的《类案检索意见》作出规定：“与待决案件在基本事实、争议焦点、法律适用问题等方面具有相似性，且已经人民法院裁判生效的案件。”我国虽是成文法国家，但审判机关为统一法律适用，在审判人员的审理过程中引入了类案检索机制，类案已然成为法院裁判的重要参考依据。由此，类案检索成为律师办案过程中一道必经的工序，律师可以通过检索既有的类案裁判观点来佐证其代理意见的恰当性。

已上网的海量裁判文书数据库为律师提供了极其丰富的类案检索资源。遇到法律适用争议较大的案件时，律师往往可以搜索出上百个类案，涉及多种裁判观点。这时，律师就要穷尽所有的裁判观点，进行比较分析，着重论述本案为何需要采纳对己方有利的裁判观点，从而引导审判人员沿着该观点所示的思路作出裁判。但审判人员的精力毕竟有限，通常无法细致地研读律师提交的每一个类案。如果律师将未经加工整理的所有类案都抛给审判人员，重要的裁判观点及不同观点间的核心区别便容易被审判人员忽视。因此，律师不仅要善于类案检索，还要思考怎样将类案裁判观点以更全面、简洁的形式向审判人员作出恰当的表达。在《类案检索报告》中使用可视化技术正是一种重要的方法。

试举一例。乙向甲借款500万元，并由丙将其房屋作为抵押担保，丙与甲签订了不动产抵押合同，但双方未去办理不动产抵押登记，现乙无力偿还借款，甲遂将乙丙诉至法院。本案的一个核心争议焦点是，当事人签订了不动产抵押合同，但未办理抵押登记，此时抵押人是否需要承担担保责任，以及承担何种担保责任。

该问题在实践中存在较大的争议。笔者检索出两百多个类案，涉及七种裁判观点，最终精心挑选了其中二十个较为典型的最高人民法院裁判观点，将其提交给审判人员，以期作为法院裁判时的重要参考依据。如何使前述数量多、争议大的类案裁判观点对审判人员起到一目了然的效果，是律师需要悉心琢磨的。如果只是将类案做简单的汇总整理，审判人员仍需花费大量时间去细读，材料有可能会因文字过多且太厚等原因而被束之高阁。为避免出现上述情况，笔者制作了一张裁判观点关系图（见图5－4），将所有裁判观点皆纳入一张框架图中，并将二十个案例对号入座。审判人员若想深入了解某一观点，可将图5－4作为索引，深研附于图后相对应的裁判文书。

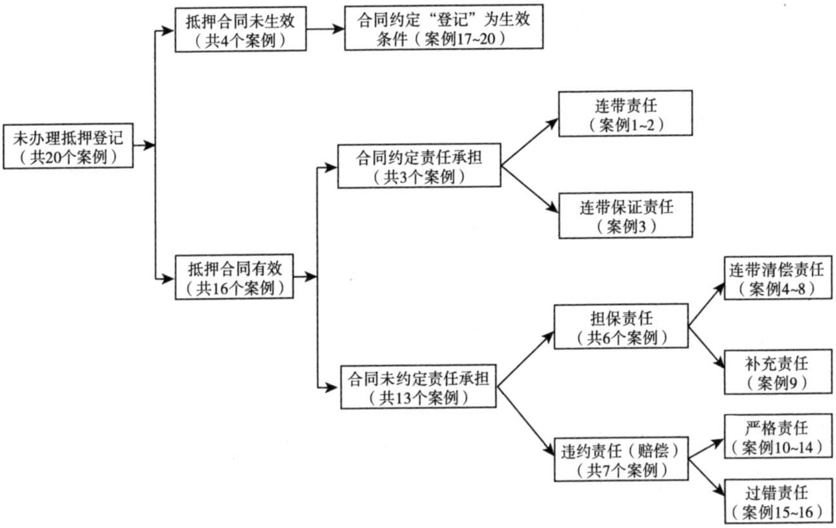

图5－4　未办理抵押登记的抵押人责任问题之裁判观点关系示意

图5－4实际上发挥了《类案检索报告》中“目录”的作用。笔者通过作图的方式将类案的裁判观点呈现层层递进的效果，把重要的观点以及观点间的核心区别简明扼要地向审判人员展示，为法院最终采纳对己方有利的裁判观点起到至关重要的助推作用。

五、证据材料可视化

证据在诉讼活动中的重要性是不言而喻的，若缺乏证据，业务能力再精湛的律师也只能是“巧妇难为无米之炊”。在具体个案审理过程中，审判人员会根据法庭调查过程中当事人提交的证据材料，经质证、辩论后，对该案所展现的客观事实依法作出合理的推断和认定，使其上升成为法律事实，并据此适用法律，依法作出最终裁判。[1]为避免出现对己方不利的裁判后果，律师就要努力说服审判人员认可

〔1〕参见邹碧华、许可、王闯、雷继平、林海权：《民商事审判方法》，法律出版社2017年版，第158页。

其提交的证据，得出其主张的法律事实。

证据的整理方式在实践中可谓五花八门。有的当事人对证据不加整理，直接一团乱麻式地提交给法院；有的当事人会制作一份证据清单，将证据按照顺序排列后提交给法院。为方便审判人员的审查，律师代理案件时普遍会提交证据清单。但证据清单的作用终究有限，其也许可以说明每一份证据的证明对象和内容，但有时却难以将证据间的内在联系表达清楚。这时，审判人员通过审阅证据清单可能仍旧无法直观地理解证据间的内在关联。当证据材料繁多冗杂，难以一眼看出头绪时，可视化的表达可以去芜存菁，将关键证据有效地组织排列，形成完整清晰的证据链，以此协助审判人员完成对案件核心法律事实的构建。

以笔者代理的一起合同纠纷案为例。A 公司与张某合作共同经营淘宝店铺服装生意，张某利用其影响力打造服装品牌，A 公司具体负责服装的生产、采购、运输、仓储和网上销售。在合作过程中，双方发生了纠纷，张某以 A 公司运营的淘宝店铺未按照合同约定完成年度计划销售业绩为由，起诉 A 公司要求其承担违约责任。笔者代理 A 公司应诉。

其实，A 公司没有完成年度销售业绩目标，不能完全归责于 A 公司，张某也存在重大过错。只是，能够证明张某存在过错的证据材料仅有工作人员间的微信聊天记录，这些聊天记录均是只言片语，每一条聊天内容似乎都与案件的若干事实有关，却又无法直接、全面地证明案涉事实。笔者在以手机微信软件为储存载体的海量电子证据中努力查寻、拼接大量零星证据，以构筑对我方有利的案件事实。经过逐一推敲、核实相关微信聊天记录，最终从上万条记录中筛选出 753 条，经公证后作为证据提交给法院。

为了向审判人员阐明微信聊天记录的证明内容以及与其他关键

证据之间的逻辑关系，以证明是由于张某的违约导致A公司未能完成销售额这一关键目的，笔者制作了9张解读图（以图5－5为例）。图5－5表明张某对淘宝店铺运营品牌本身和销售服装的过程都具有较大影响，换言之，张某的行为或决定可直接影响店铺的销售计划和营业额。因张某一再推迟产品上架销售时间，不配合服装销售计划，该违约行为导致淘宝店铺的销量有所减少。

举证前，笔者先将放大彩印后的图5－5分发给审判人员和张某的代理律师，再围绕该图充分发表举证意见。经过审理，法院采纳了我方的证据和观点，本案得以调解结案。

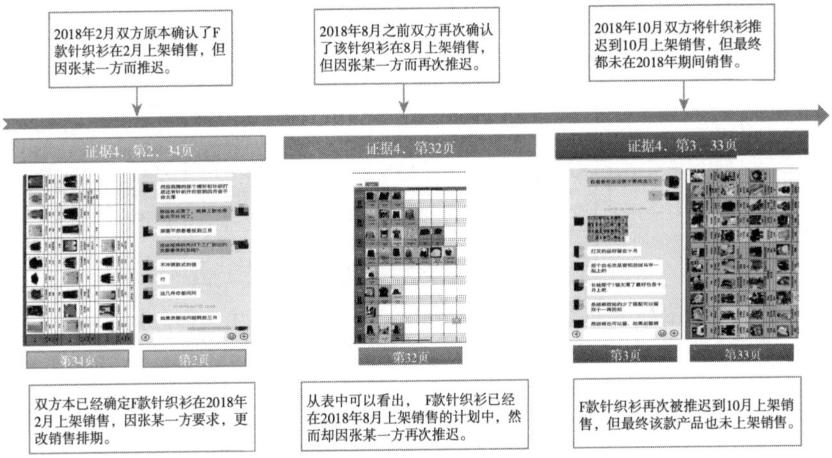

图5－5　微信聊天内容解读

再举一例。笔者曾代理一起房屋租赁合同纠纷案，甲学校承租乙公司的房屋用作办学，但案涉房屋使用性质为工业用房，需将房屋使用性质临时变为办公及商业用途才可用于办学。在合同履行过程中，双方就办理房屋使用性质临时变更手续的义务归属产生了争议，后甲学校将乙公司诉至法院。

在合同洽谈阶段（见图5－6）、办证阶段（见图5－7）、争议阶段（见图5－8），乙公司的工作人员多次向甲学校的工作人员承诺案涉房屋使用性质可以临时变更为办公及商业用途，且相关手续实际均由乙公司办理，甲学校只需要负责配合提供部分材料。但相关承诺及实际办理情况分布在双方工作人员共计 2145 条微信聊天记录当中。为更好地帮助审判人员聚焦于微信聊天中的核心内容，笔者采用了可视化的方式将关键聊天信息呈现给审判人员。

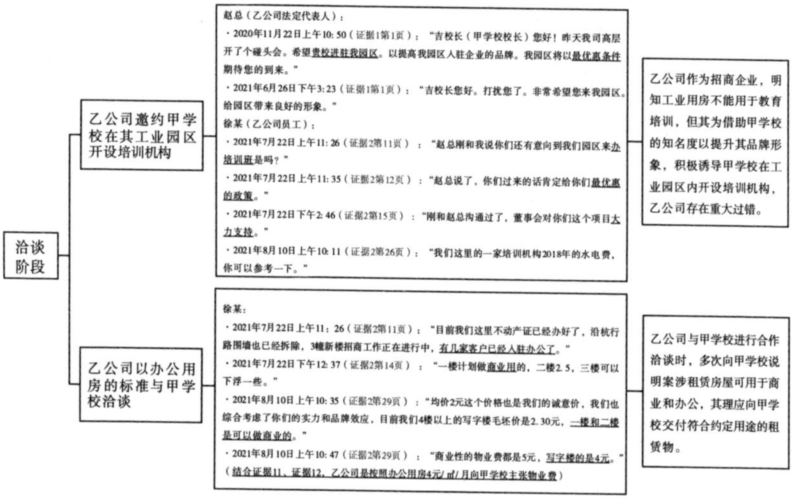

图 5-6　合同洽谈阶段双方微信聊天重点内容的可视化

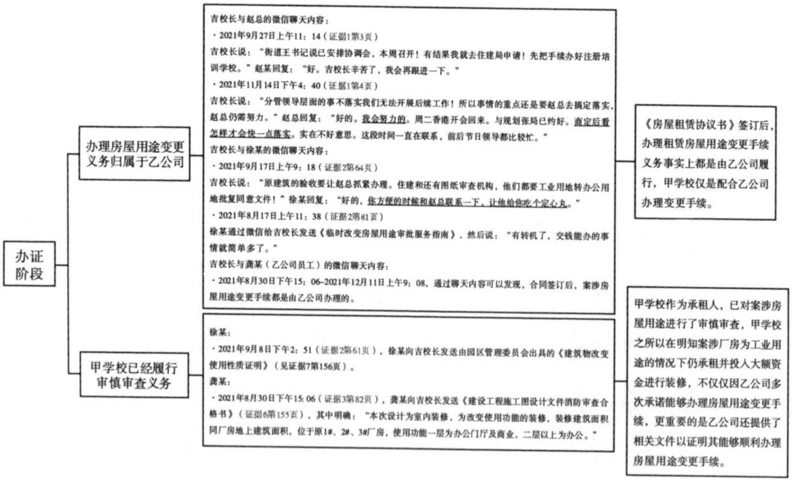

图 5-7　办证阶段双方微信聊天重点内容的可视化

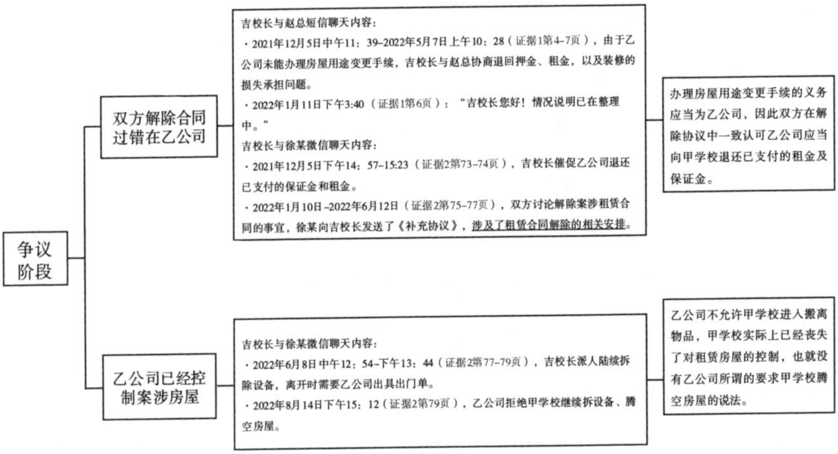

图 5－8　争议阶段双方微信聊天重点内容的可视化

证据材料可视化工作的精髓在于对证据的筛选和归纳，其背后考察的是律师对案件事实的熟悉程度和对证据材料的组织能力。只有对案件事实非常熟悉，才能对证据信手拈来，筛选出合适的可视化素材；只有将证据烂熟于心，才能以合理的逻辑将证据串联起来，制作出简洁直观的可视化成果。

六、代理观点可视化

以审判为中心的诉讼制度改革要求突出庭审在纠纷解决中的核心作用，这对律师在庭审中的作用发挥提出了更高的要求。目前，中国的民商事庭审方式改革进入实现庭审优质化的更高阶段，要进一步解决庭审走过场的"痼疾"，保证审判人员通过庭审活动实现对案件事实认知的飞跃。[1] 这对律师有效参与庭审的能力（主要是逻辑思维能力和语言表达能力）提出了更高的要求。尤其在法庭辩论

〔1〕 参见汤维建：《民事庭审程序优质化改革的理论与实践》，载《贵州民族大学学报》2016 年第 3 期。

阶段，律师如何将核心代理意见有条不紊、精干利落地向审判人员表达，如何努力让审判人员在有限的时间里理解己方的核心代理观点，这是庭审制胜的重要一环，更是律师需要不懈思考的问题。

事实上，资深律师在庭前收到对方的主要文书和材料（包括起诉状、答辩状、证据）后就已经能够对案件主要争议焦点和庭审走向做出较为精准的预判。若如此，律师便拥有了充足的时间去准备法庭辩论，即可以在庭前就准备好一套完善的代理意见。如果案件事实或法律适用特别复杂，建议律师可以通过可视化的方式发表体系庞大、逻辑严密的代理观点。笔者认为，代理观点可视化有助于审判人员在庭审时迅速掌握律师的核心观点，并准确提取出关键信息，达到“一图胜千言”的效果。

试举一例。甲和乙是 A 公司的股东，甲持股 90%，乙持股 10%，后双方签订了《关于 A 投资有限公司 10% 股权转让框架协议书》（以下简称《框架协议》），约定乙将 10% 的股权转让给甲，由甲持有 A 公司 100% 的股权，甲则以 A 公司的部分资产作为股权转让的对价支付给乙，且双方已实际履行。后甲向法院提起诉讼，主张《框架协议》无效，并要求乙退还作为股权转让对价的 A 公司部分资产。笔者代理乙公司应诉，认为《框架协议》有效。

为使审判人员在短暂的法庭辩论中能够充分理解己方的代理思路，笔者在发表第一轮辩论意见时先向审判人员呈递了一张代理观点思路图（见图 5－9），再围绕该图提纲挈领、简明扼要地表达观点。

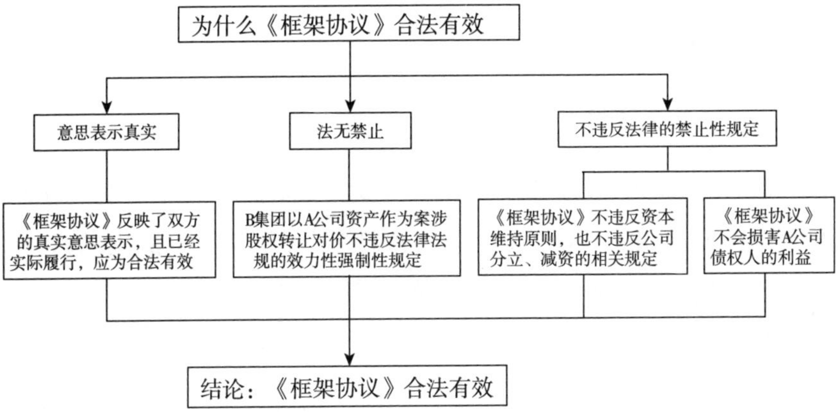

图5－9　代理观点思路

实际上，本案的案情颇为复杂，但核心的代理观点就是一句话，即《框架协议》符合合同合法有效的构成要件。通过图5－9，审判人员可以清楚地了解笔者的抗辩观点，进而提升庭审效果，提高审案效率。

审判人员审理体验的好与坏一定程度上决定了律师代理工作的成与败，明智的律师要坚持审判人员体验至上的标准，利用可视化的思维，从听觉和视觉全方位地提升审判人员接收信息的舒适度和高效性，为律师决胜法庭奠定坚实的基础。

最后，笔者还要提醒，律师在办案过程中要避免出现两个滥用可视化的极端。第一，切忌牛鼎烹鸡。在事实清楚、法律适用简单的案件中是不需要可视化作业的，否则就有画蛇添足、多此一举之嫌，恐会招致审判人员的反感。第二，切忌螳臂当车。当案情和法律适用过于复杂时，可视化也许会失灵，切勿生搬硬套，为了画图而画图，不然极有可能事倍功半，使本就很复杂的案件变得更加迷乱。

七、案例分析

（一）基本案情

2014年10月13日，A公司进入破产重整程序。2015年5月13日，重整方B公司、C公司与A公司签订《重整投资协议书》，约定重整方提供重整资金，取得A公司部分资产并成为其股东。

2015年5月13日，D公司、周某、曾某与重整方签订《股权转让框架协议》，约定重整方以A公司为股东设立E公司，并将A公司持有的E公司的全部股权转让给D公司、周某，股权转让款为9000万元，曾某对D公司、周某的付款义务承担连带责任。

2016年12月8日，重整方、A公司、D公司、周某、曾某与林某、黄某、韩某签订了《股权转让框架协议之补充协议》，约定由林某、黄某、韩某受让A公司持有的E公司的全部股权，股权转让款同为9000万元。D公司、周某、曾某对林某、黄某、韩某的付款义务承担连带责任。

2016年12月15日，林某、黄某、韩某、A公司、B公司签订《债权转让合同》，约定A公司将其持有的E公司股权转让款9000万元的债权转让给B公司，林某、黄某、韩某直接将款项支付给B公司。

2017年5月10日，H公司、B公司、A公司等签订《关于重整投资事宜的确认协议》，确认B公司将林某、黄某、韩某尚欠其500万元的股权转让款的债权转让给H公司。现H公司诉至法院要求林某、黄某、韩某支付股权转让款，D公司、周某、曾某承担担保责任。

（二）案情特点分析

律师在考虑运用诉讼可视化之前，首先要对案件事实的特点进行分析。本案事实有以下特点：第一，案涉主体繁多。本案涉及十几个民事主体，相互之间会产生各种事实上和法律上的纠葛。第二，法律关系交织。由于案涉主体较多，由此衍生出包含重整投资、股权转让、担保以及债权转让等在内的各类法律关系，且相互交会。第三，交易模式复杂。在破产重整过程中，将破产企业的资产包对外转让是案涉交易的根本目的。为了节约交易成本，当事人选择了股权转让的交易模式，并签订了一系列与股权转让相关的合同。

以上特点表明，本案属于事实较为复杂的案件，如果仅通过文字向审判人员洋洋洒洒地陈述案情的始末，审判人员极有可能产生似是而非的认识。因此，律师有必要协助审判人员将复杂事实简单化处理。

（三）复杂事实简单化

如何将复杂事实简单化，是本案代理过程中的难点之一。为帮助审判人员尽快厘清案情，笔者对本案事实可视化进行了多种尝试。

第一种尝试，以时间为主线梳理案情。鉴于案涉主体众多、法律关系庞杂，笔者试图用大事记的方式罗列案件事实，即制作一张表格，将案件事实按照时间顺序排列。然而这种形式最终未能达到预期效果，各主体及其涉及的法律关系仍然杂糅在了一起。但要说明，在案件事实极其琐碎、凌散的情况下，制作大事记图表不失为一种良策。

第二种尝试，以事实和法律关系为主线梳理案情。既然以时间为主线行不通，笔者便转向以事实和法律关系为基础展现可视化的案件事实。但在具体构图时，笔者发现，由于本案事实和法律关系颇为复杂，无法通过一张关系图描述清楚，故这种构图尝试也以失败告终。

第三种尝试，当本案可视化作业即将陷入山穷水尽的境地时，笔者再次梳理案情，发现案涉《重整投资协议书》《股权转让框架协议》《股权转让框架协议之补充协议》《债权转让合同》《关于重整投资事宜的确认协议》是层层递进的关系，若不拘泥于一种构图模式，将时间轴和关系图相结合，便能实现利用可视化方法清晰展现案件事实的目的。

（四）案件事实可视化构建

所谓“时间轴+关系图”的构图模式，主要分两步走。第一步，改变原有的作图思路，不再试图把所有的法律关系都囊括到一张图里，而是以案涉多份合同为单位进行构图，将每一份合同中涉及的重要法律关系归纳到一张关系图中。具体分为四节：第一节，《重整投资协议书》主要涉及的是破产重整过程中的投资法律关系。第二节，《股权转让框架协议》主要涉及的是股权转让法律关系，即把破产重整公司新设立的E公司100%股权转让给D公司和周某。第三节，《股权转让框架协议之补充协议》的主要内容是D公司和周某将《股权转让框架协议》的债权债务概括转让给了林某、黄某及韩某，周某、D公司成为担保人。第四节，《债权转让合同》则是将A公司享有的E公司股权转让款的债权转让给了B公司。以上四节所涉的交易模式可详见以下四张图（见图5-10至图5-13）。

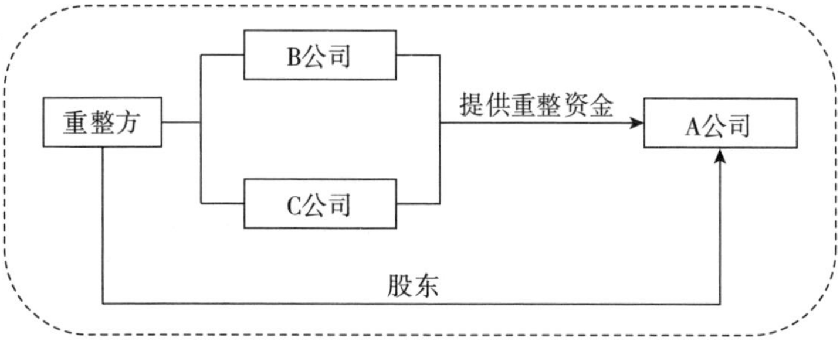

图5－10　《重整投资协议书》中主要法律关系示意

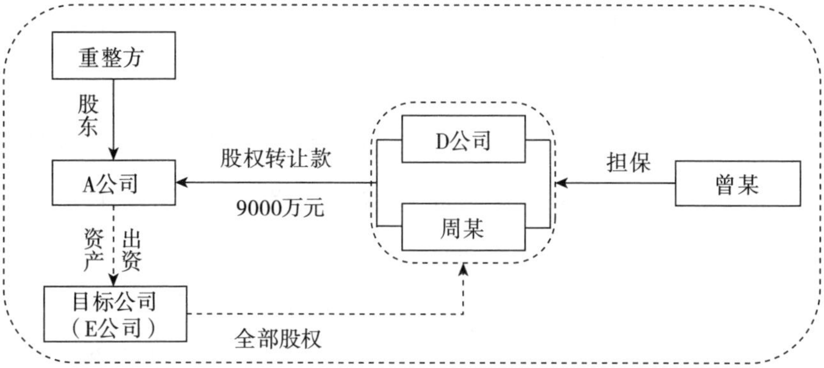

图5－11　《股权转让框架协议》中主要法律关系示意

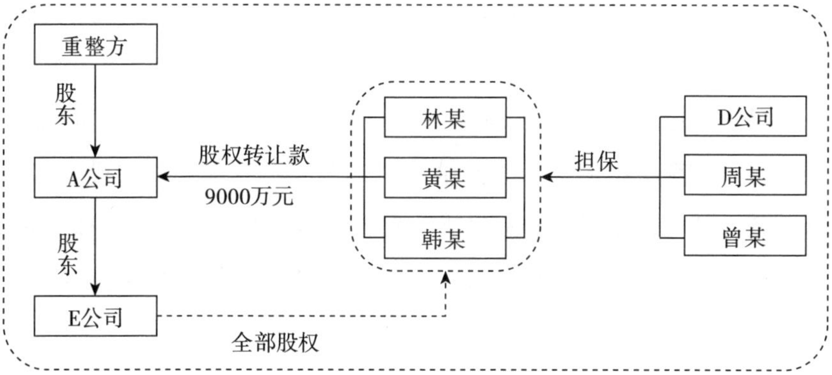

图5－12　《股权转让框架协议之补充协议》中主要法律关系示意

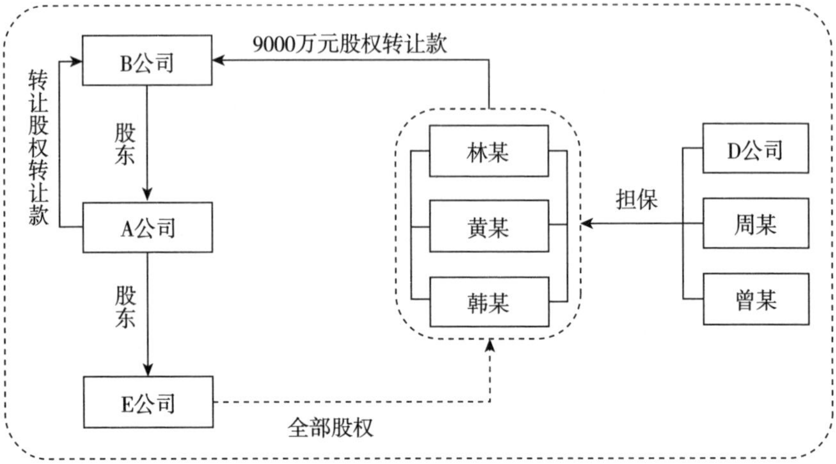

图5－13　《股权转让合同》中主要法律关系示意

但要认识到，四张关系图构建完成后，案件事实仍未被完整地串联起来，事实和法律关系各自散落在这四张关系图中。如果将四张关系图零散地提交给审判人员，难以起到一目了然的效果，无法向审判人员呈现出逻辑清晰的案件事实，可视化的目的也就落空了。

那么，如何将四张分散的关系图有机结合在一起？这便是本案可视化作业的第二步。深研后可知，图与图之间是存在递进关系的。下一份合同中的法律关系都是在上一份合同的基础上变更而来的，所以律师完全可以用一个时间轴将上述合同及其他案件关键事实串联起来，从而使审判人员不仅能够厘清本案中若干具体的法律关系，还能宏观地把握案件整体事实，这便是一种极致的可视化思维（见图5－14）。

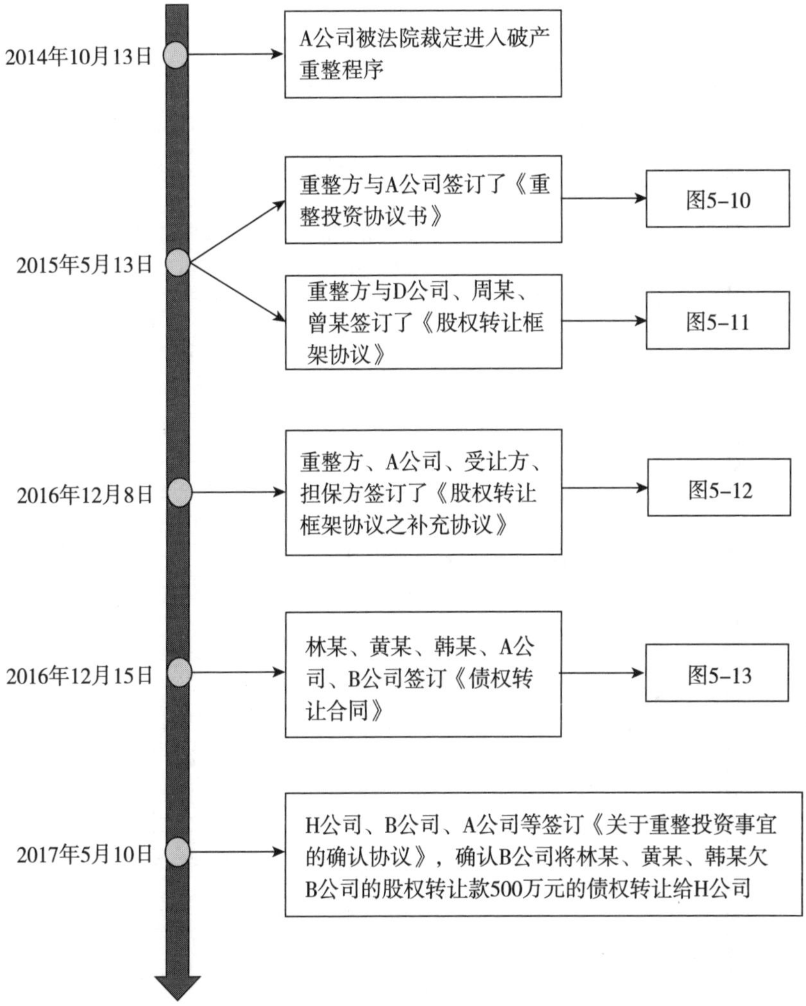

图 5－14　本案案件事实可视化思维

最终呈现在审判人员面前的可视化成果，即图 5－15：

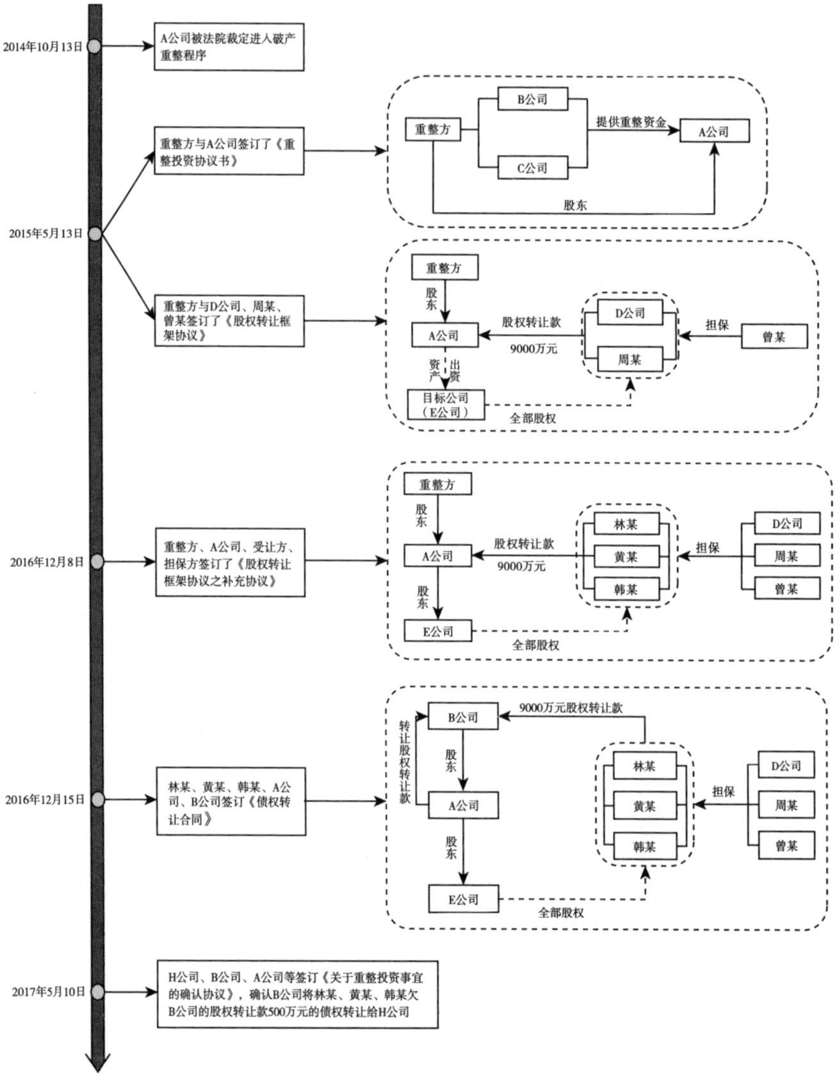

图5-15　本案案件事实可视化

第六章 庭 审

目 次

（八）双方作最后陈述

四、案例分析

（一）案情概述

（二）问题的提出

（三）律师发问的思路及实况

2014年，《中共中央关于全面推进依法治国若干重大问题的决定》作出了“推进以审判为中心的诉讼制度改革”的重要部署，“审判中心论”由此创立。此后，学术界和实务界对此开展的研究经历了一个层层递进、逐步深入的过程。不少学者认为“审判中心论”仅适用于刑事诉讼领域,〔1〕但也有反对意见，例如有实务界人士指出：“对以审判为中心的诉讼制度改革的认识不应局限于它适用于哪一类诉讼，而应该将其置于更深刻的高度和更广阔的背景下予以解读，唯有如此，方能凸显此项改革的意义和价值。”〔2〕之后，有学者论证得出“审判中心论”也应适用到民事诉讼领域的观点，并被广泛接受。〔3〕以审判为中心的诉讼制度改革要求突出庭审在纠纷解决中的核心作用。其实，在民事诉讼中推行“庭审中心”的审判方式改革已有多年。中国民事诉讼庭审方式改革已从“庭审规范化”阶段迈入“庭审实质化”阶段，现若要步入“庭审优质化”的更高阶段，就需要进一步解决“庭审走过场”的痼疾，努力保证审判人员通过庭审活动实现对案件事实掌握程度和法律适用认知水平的飞跃。毋庸置疑，这对充分发挥律师在庭审中的有效作用提出了更高的要求。

一、律师在庭审中的作用

律师代理民商事诉讼案件，参与庭审是其中最重要的代理活动。律师通过直面审判人员、输出观点，以期在法庭上说服审判人员最

〔1〕参见樊崇义、张中：《论以审判为中心的诉讼制度改革》，载《中州学刊》2015年第1期。

〔2〕王韶华：《“以审判为中心诉讼制度”的三重意蕴》，载《人民法院报》2014年12月12日，第2版。

〔3〕参见曹士兵、杨小利：《以“审判中心论”鼎革与续造中国民事审判》，载《中国应用法学》2019年第1期。

大限度地支持己方的诉讼请求。绝大多数当事人聘请律师最直接的目的就是委托律师代理其出庭应诉。故笔者先从当事人的视角来探析律师在庭审中的作用。

（一）从当事人的视角分析律师在庭审中的作用

诉讼是一种利用法律专业知识和技能来解决纠纷的过程。当事人未必拥有与自己所涉案件相关的实体法和程序法知识，因此需要委托具备这种知识及技能的律师来代理诉讼活动。律师被公认为是社会上最熟悉诉讼程序、最掌握诉讼技能、最擅长查找事实和适用法律的一类职业人士，其深谙庭审时的攻击防御之道，对案件定性问题会据理力争，善于和审判人员在同一频道沟通，并以捕捉庭审敏感点〔1〕见长，庭审发言往往精、准、稳。律师具备的这些专业优势和执业技术，使其比诉讼能力偏弱的当事人更能胜任复杂且高度专业化的庭审程序。经常可以看到这样的现象，在由当事人本人参加的庭审中，审判人员不得不时常当庭教给当事人各式各类的诉讼知识，尽力避免当事人因欠缺相关知识而造成不利后果。很显然，这会给审判人员的审理工作增添不少负担。有一位基层法院的法官曾与笔者谈道："律师在庭审中能发挥比较大的作用，这点是毋庸置疑的。对我来说，有律师代理的案件和没有律师代理的案件，是截然不同的两种工作。我每次一拿到案子，最先关注的就是原告是否有律师代理。如果开庭时我看到双方律师都在场，我顿时就会觉得这场庭审的压力和难度要小很多。毕竟与跟当事人直接沟通相比，法官与律师的沟通成本肯定要小很多，省时省力。当我遇到一方有

〔1〕 律师对庭审敏感点的捕捉，不仅包括对庭审争议焦点的把握，还包括对可能影响案件走向的一些敏感问题（如审判人员看似不经意的一句话）的把握。

律师但另一方没有律师的案件，我会初步评估没有律师这方当事人的诉讼能力。如果案件比较复杂，但他的能力又实在堪忧，我会建议他委托律师参加诉讼，否则在法庭上容易吃亏。”

一般在当事人看来，律师在庭审时能发挥的作用往往大于当事人自己。但也绝不能忽视当事人在庭审时的优势及作用，作为案情亲历者的当事人在掌握事实方面具有他人不可比拟的优势。对于案件事实异常复杂、琐碎的案件，有时律师与己方当事人一起参加庭审会比律师单独参加产生更佳的效果。

（二）从审判人员的视角分析律师在庭审中的作用

律师在民事诉讼中的基本作用，主要是与审判人员共同探知案件真实、共同正确适用法律、共同提升诉讼效率、共同实现诉讼使命。要充分实现前述四个作用，有赖于律师与审判人员在庭审时的积极商谈。“商谈是一种两人以上的言语互动行为，故言语行为是商谈的主要形式之一……事实上，民事诉讼是一种典型的言语行为，在任何阶段，尤其是庭审阶段，语言具有举足轻重的地位。”〔1〕语言几乎构成了庭审的全部内容，律师呈现事实需要通过语言来描述，阐明法律适用的观点同样需要以语言为载体，审判人员指挥庭审、释明、心证公开、写作裁判文书等都需要使用语言。有位法官曾与笔者交流过她的一个体会：“我一直秉持一个理念，真正成功的案子不是靠‘办’出来的，而是靠‘沟通’出来的。这个‘沟通’不是律师和法官私下勾兑的意思，而是彼此依据事实和法律进行交流。律师在法庭上把案件事实陈述清楚，这就是律师最基本的作用。律

〔1〕占善刚、陈哲：《商谈式民事诉讼：民事诉讼转型的方向》，载《湖南大学学报（社会科学版）》2021年第4期。

师要做到这点，是需要具备良好的沟通技艺的，途径包括但不限于通过已有证据求证事实、向对方当事人发问，等等。在此基础上，律师最好能帮助法官找出可以准确适用案件的法律依据以及具有参考价值的案例，这依然是要靠律师和法官不断沟通、交流的。当然，如果律师还能有意识地积极推动案件进程，尽力促使案结事了，那这位律师就真是在庭审时发挥大作用了，而律师的这份尽心和善意也是要靠语言传达的，否则我们法官未必领会得到，也就无法和律师在庭审时精诚协作了。”

在有律师代理当事人的庭审中，律师与审判人员是法庭内最重要的商谈主体，彼此间的言语互动是最主要的商谈方式，律师参与庭审最主要的作用便在于此。

二、律师参加庭审常见的若干问题

鉴于律师在庭审中最重要的作用是商谈，笔者依次归纳律师在法庭调查阶段和法庭辩论阶段常见的若干问题，着重反映律师在上述阶段商谈作用发挥的不足之处。

（一）律师在法庭调查阶段作用发挥的不足之处

1. 原告律师在开庭陈述时多以宣读起诉状为主

当事人陈述是法庭调查的第一个环节。开庭陈述的目的是以言简意赅的表达将案件的全貌呈现给审判人员，使审判人员在较短的时间内大致了解案件的轮廓和样貌，形成一个整体印象，为后续的法庭调查和法庭辩论框定范围。

一般情况下，原告的开庭陈述会由律师来完成，仅有少数当事人待律师陈述完毕后会作补充说明。实践中，大部分律师几乎是逐字逐句地宣读起诉状中的诉讼请求与事实理由，读完即意味着开庭陈述完毕。所以有些审判人员会当庭询问律师关于事实理由的陈述是否与起诉状一致，如果律师表示是一致的，审判人员便令其不必再读。正如一位资深法官所指出的，“不少律师在开庭陈词时往往是按照起诉状照本宣科，既耗时间，亦造成庭审中重复劳动”。[1] 所以有法官谈道：“如果我发现律师在念长篇累牍的起诉状，我会立即问他的陈述是不是跟起诉状一致，如果是一致的，就不需要他读了，我让书记员记录下‘同起诉状’即可。”

还有一些律师的开庭陈述会超出起诉状的文字内容，进行一定程度的发挥，这时审判人员往往会提示：“先简单点说，有些内容可以放在举证、质证阶段或者辩论阶段再讲。”有法官曾表示：“在这个阶段，我会一边快速阅读起诉状，一边去听原告律师的陈述，我会大致确定审理的方向和思路。如果律师陈述的事实理由过于冗长，或者出现与诉讼请求毫不相关的内容，会给我找出案件关键点增加难度。遇到这种律师，我先不会轻易打断，但我自此晓得了他是一个‘啰唆’的人，在他之后的发言中，我会格外在意他讲话的凝练度，如果出现过分的重复，我就会打断他。”

开庭陈词最根本的作用是让审判人员迅速了解原告为何要提出本案的诉讼请求，所以律师应紧紧围绕诉讼请求，以较为精练的语言来概括、说明案件的事实理由。对与诉讼请求无直接关联的内容，律师无须陈述（如事发时的天气、当事人的心情等）。但对于一些与案件有关的特殊情形，律师可就事实背景作简要论述（如由于恶劣天气导致无法及时履行合同义务），以加深审判人员对某一节案情特殊性的认识。

---

〔1〕 邹碧华：《要件事实九步法》，人民法院出版社2021年版，第8页。

2. 部分原告律师未明确请求权基础

有不少原告律师直至庭审时仍未明确请求权基础，即使当审判人员请原告律师明确其请求权基础时，原告律师仍然语焉不详，甚至答非所问。有律师表示："就算原告律师一开始想以省略理由的方式写作诉状，隐藏诉讼'火力'，避免提前暴露诉讼'武器'，但当审判人员请原告律师明确其请求权基础时，后者仍然无法作答，这就不合理了。我只得凭自己对原告诉讼请求所依据的请求权基础的'理解'来答辩了。"请求权基础不明确会导致原、被告双方的论辩方向不同轨，甚至使诉辩一直处于不直接交锋的状态，这在很大程度上会造成庭审程序的低效与无序。

3. 被告律师当庭答辩的情况较多

《民事诉讼法》第一百二十八条第一款中规定："人民法院应当在立案之日起五日内将起诉状副本发送被告，被告应当在收到之日起十五日内提出答辩状。"该"十五日"是被告针对原告的攻击进行防御的答辩期。《民事诉讼法》在此处虽然使用了"应当"一词的表述，但该条第二款紧接着又规定："被告不提出答辩状的，不影响人民法院审理。"不少被告"根据"上述第二款的规定，在收到起诉状副本后一直不作出书面答辩，直到庭审时才当庭答辩。

例如，在一起建设工程施工合同纠纷中，被告律师以较快的语速当庭宣读答辩状，答辩内容非常细致，内含 17 点答辩意见，原告律师在不停地记录。当答辩进行到 5 分多钟时，审判人员打断了被告律师，要求被告律师提交一份书面答辩状，被告律师以未多备一份为由拒绝了。被告律师用时 19 分钟宣读完毕后，才在审判人员的要求下将这份答辩状提交给法庭。只见审判人员在当庭翻阅答辩状，原告律师仍在整理被告的答辩观点。当审判人员询问原告律师有何回应时，原告律师明显陈述地不够流畅，仅作简要的回应。在征得法庭的同意下，原告律师用手机拍下被告律师当庭提交的答辩状，并表示需要时间细看。

再如，在一起股权转让纠纷中，被告律师结合其已准备好的答辩状，当庭发表答辩意见。被告律师发表完毕后，原告律师以较为坚定的语气向法庭陈述："我想提醒合议庭注意，因本案的案情较为复杂，这段时间我多次致电本案的书记员，表达希望被告提交答辩状的合理要求，但书记员每次都告诉我被告没有提交答辩状。今天上午 11 点，也就是距离现在开庭的 3 个小时前，我既联系了主审法官，又联系了书记员，得到的答复与之前的一样。请问，被告当庭发表的这篇答辩意见是在这 3 小时内写出来的吗？你当庭洋洋洒洒地陈述了那么多观点，我既记不全你方答辩的主要观点，也没听出这些观点之间有何逻辑。所以我现在无法对你的答辩发表意见，我还是坚持起诉状上我方坚持的主张与理由，请合议庭能够理解。"

因为原告的诉讼请求、事实与理由以及相应的证据材料在起诉时已经明确，所以被告律师一般会有比较充裕的时间去研究对抗的理由和法律依据，并收集相关的证据。有些被告律师出于诉讼策略的考虑，在开庭前故意不答辩，在开庭时作突袭答辩，这会对庭审活动直接造成两个不利情况：一是客观上使原告律师丧失了深入研究答辩意见的机会，很容易导致原告律师对被告方事实主张和法律抗辩的认识不够充分，难以针对被告的答辩当庭作出理据充分的反驳。二是被告律师若不及时答辩，恐会使审判人员对争议焦点的归纳不全面，进而降低庭审效率，人为地给法院解纷设置了障碍。

4. 律师逾期提供证据的情形多发

在主要由当事人双方收集和提供证据的当事人主义诉讼模式下，如果有一方当事人（一般情况下往往是被告）基于迟延权利义务的确认、耗费对方的诉讼成本或不肯“露出底牌”的诉讼策略等不当目的而拖延提供证据，庭审时的攻击防御就难以充分、活跃，法院便无从获得更加完备的证据信息，甚至连诉讼程序也会因此停滞。

庭审实践中出现过不少律师当庭补交证据的情况，有的是被告一方当庭补交证据，有的是原告一方当庭补交证据，有的是原、被告双方均当庭补交证据。甚至一些案件已经经过了庭前会议的证据交换程序，但依然存在律师在庭审中补交证据的情形。当前，在当事人逾期提供证据的案件里，审判人员一般都会采纳这些证据。多数审判人员会根据《民事诉讼法》第六十八条第二款的规定，〔1〕当庭责令当事人或其律师说明逾期提供证据的理由，也有审判人员会当庭对逾期提供证据的一方予以训诫，但鲜有法院作出过罚款决定。

逾期提供证据导致的结果一般有以下三种：第一种是庭审因当事人逾期提供证据而中止。具体包括两种情形：一种是审判人员主动休庭，另一种是对方律师提出延期开庭审理的要求，〔2〕经审判人

〔1〕《民事诉讼法》第六十八条第二款中规定：“当事人逾期提供证据的，人民法院应当责令其说明理由；拒不说明理由或者理由不成立的，人民法院根据不同情形可以不予采纳该证据，或者采纳该证据但予以训诫、罚款。”

〔2〕理由主要是：1. 对方提交的新证据太多，无法当庭组织质证意见；2. 新证据的真实性当庭无法核实，需要在庭后几日内核实。

员准许继而休庭。[1] 第二种是对方律师愿意当场质证。第三种是审判人员坚持继续开庭，先请逾期提供证据的一方律师当庭举证，再请另一方律师于庭后若干个工作日内提交书面的质证意见。

在民事诉讼中，律师应当遵守诚信原则，恪守诉讼促进义务，切忌因故意或者重大过失而逾期提供证据。同时审判人员也要意识到在案情较为复杂的案件中召开庭前会议是尤为必要的。其中，组织证据交换是庭前会议的核心环节。通过证据交换，一方面有利于双方当事人加强对彼此掌握的诉讼资料的认识，另一方面有利于审判人员围绕双方的诉辩意见和证据材料快速、有效地归纳出案件的争议焦点。

5. 诉讼可视化在法庭调查阶段的使用率不高

目前，律师在开庭陈述、举证、质证等法庭调查阶段的各环节中使用诉讼可视化技术的案例不多见。以举证环节为例。虽然绝大部分律师会制作证据清单，并根据证据排列顺序举证，但在事实特别繁杂的案件里，证据清单的作用也是有限的。律师按照证据清单的逻辑也许可以具体说明每一份证据的证明对象和内容，但难以将诸多证据间的内在联系表达清楚。这时，诉讼可视化技术就尤为实用。

---

〔1〕《民事诉讼法》第一百四十九条　有下列情形之一的，可以延期开庭审理：
（一）必须到庭的当事人和其他诉讼参与人有正当理由没有到庭的；
（二）当事人临时提出回避申请的；
（三）需要通知新的证人到庭，调取新的证据，重新鉴定、勘验，或者需要补充调查的；
（四）其他应当延期的情形。

（二）律师在法庭辩论阶段作用发挥的不足之处

1. 律师在辩论时往往不谈及、出示法律检索资料

近年来，律师向审判人员提交法律检索资料（如《类案检索报告》）的情况越来越普遍，深受审判人员的欢迎。但在法庭辩论阶段，鲜有律师会提及法律检索资料。以下这位律师的心态或许可以解释这一现象："我代理案件时通常都会制作《类案检索报告》，当某个类案对本案具有特别大的借鉴意义时，我还会针对两案专门写一份《两案对比报告》，加强论证。但我一般都是在庭后将报告连同代理词一起邮寄给法官，我要求团队律师也这么做。即使法官希望我给对方一份，我也会委婉拒绝，因为法律没有对我课以这项义务，我要做的是对我的当事人负责。报告里的内容都是我的独门'秘籍'，我既不需要公开，也不想公开。之所以如此，是源于我在年轻时吃过的一次很大的亏。十多年前，我代理了一起标的额很大的民事案件。我当庭提供了一个刊载在《人民法院案例选》上由上海市高级人民法院终审的类似案例。法官觉得该案非常具有可比性，准备参照此案的裁判思路采纳我的观点。但对方律师从上海市高级人民法院了解到该案在不久前经最高人民法院指令上海市高级人民法院再审而改判了。于是，我输掉了这场官司，陷入了深深的自责中。从此，我在使用重要的参考案例时都会注意打探该案是否存在后续的诉讼结果，同时我也不会在庭审时再当着对方律师的面提供参考案例了。"

同时，审判人员一般也不会在庭审时主动提及法律检索事宜，原因可能包含以下两位法官的意见。一位法官表示："律师当庭发表

类案观点的情况确实不多见，我没遇到过几次，可能律师们心里有所顾忌，毕竟这些案例是他们辛苦找出来的，要尊重他们的工作成果，所以我也不会给另一方律师看。”另一位法官谈道：“庭审时间有限，如果没特殊情况，我希望庭审的节奏能紧凑些，律师在庭审时主要是帮助我们查清案件事实，法律适用是我们法官的本职工作，他们可以发表相关意见，但没必要在开庭时多说，更没必要多谈及类案。”可以发现，持以上两种观点的审判人员显然没有意识到一方律师向审判人员单向提供法律检索资料的行为，可能在某种程度上变相地剥夺了对方律师的辩论权。

2. 律师多只掌握对己方有利的法律检索资料

律师在庭审时往往对其检索到的资料只字不提，直到庭后才向审判人员提供检索资料，而且只提供有利于己方的资料，目的可能是防止对方在庭审时当面回击，避免正面交锋。当然，也有双方律师会在法庭辩论阶段围绕法律检索资料展开辩论。

3. 诉讼可视化在法庭辩论阶段的使用率不高

现实中，鲜有律师在法庭辩论阶段使用诉讼可视化技术。笔者曾带领团队律师代理过一起确认不侵害专利权纠纷案。庭审时，当我方律师当庭展示一张印有技术对比图（见图6－1）的巨幅彩绘海报时，合议庭三位审判人员都不自觉地起身，走出审判区，站在图前，顺着图上的标记，循着律师的思路，逐一比对产品的技术特征。该案的庭审取得了极佳的效果。团队律师在庭后复盘时谈道：“我们律师要思考在庭审时如何向法官简明扼要地表达我方的观点，如何帮助法官直观、便利地认识涉案专利和侵权产品之间的关系，既要确保信息传递不失真，又要使信息便于传递和理解。针对这两方面

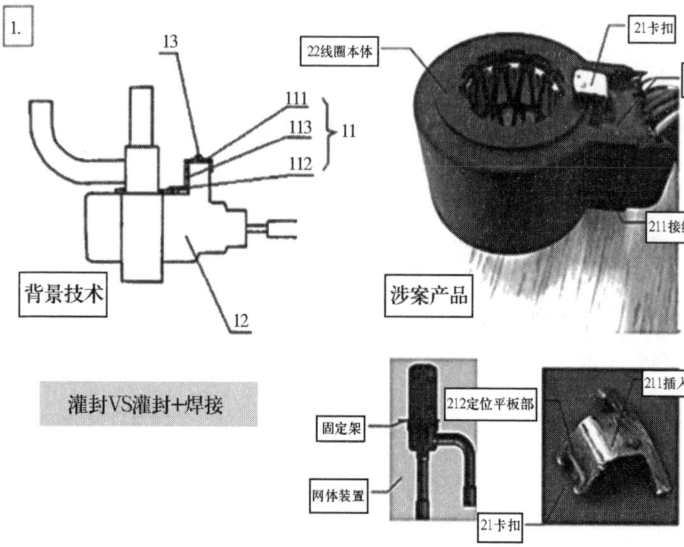

图 6－1　技术对比

的问题，哪一方做得更到位，哪一方就有可能在庭审中赢得优势。为此，本案必须采用诉讼可视化技术。这样，法官不仅能读到、听到案件，而且能直观地‘看’到案件。”

除此之外，律师在庭审商谈中还存在应变能力不足、[1] 对庭审各环节的功能认知不准确、[2] 语言重复、过度表演、情绪管理不当等问题。

三、庭审的八个环节

哈贝马斯的法律商谈理论表明，只有在一个充分自由且开放的商谈情境之下所作的商谈沟通，最终达成的共识才会是理性的、公

〔1〕 主要表现在：1. 对于审判人员突然提出的问题，律师始料未及、无从作答；2. 当法庭调查与法庭辩论合并进行时，律师未做好充分的应对。

〔2〕 主要表现在：1. 将质证演变成法庭辩论；2. 将回答审判人员和对方的提问演变成法庭辩论。

正的。[1] 以协同主义理论下的民事司法商谈理论为基础，笔者提出了构建商谈型庭审模式的设想。商谈型庭审模式需要确立层层相扣、逻辑严谨的环节，用以明确商谈主题，促使审判人员与律师不懈地围绕商谈主题开展对话，以期对案件中的事实问题和法律问题作出商谈式澄清。笔者以民事诉讼第一审普通程序的制度规则为基础，设计了商谈型庭审的八个商谈环节（见图6－2）。

（一）原告方明确诉讼请求

诉讼请求是当事人诉权的核心所在，也是庭审最基础的始点，是之后所有诉讼行为展开的基本依据。庭审的首要任务是固定原告的诉讼请求。若完全依靠审判人员当庭核验诉讼请求的妥当性，显然是不恰当的：其一，现行司法资源、法官整体素质和审案效率要求尚难以承受；其二，不同的诉讼请求会产生不同的价值、利益和风险，只有原告自己才是最佳判断者，审判人员代替原告选择的方案未必是最符合其真实意思的；其三，审判人员代替原告确定诉讼请求恐有越俎代庖之嫌，在一定程度上意味着对被告的不公允。

律师是唯一可以帮助原告明确诉讼请求的庭审参与者。律师在熟练掌握民商事法律中多样性、多层次性、可选择性的权利体系基础上，应与作为己方当事人的原告和审判人员充分商谈，既要协助当事人更正不正确或非理性的诉讼请求，也要协助审判人员明确原告诉讼请求的准确含义，澄清诉讼请求中的模糊之处，补充不完全的诉讼请求，防止不必要的诉讼请求变更。必要时，审判人员可就不同诉讼请求的选择向原告律师作适当的释明，原告律师应及时回

---

〔1〕 参见马靖云：《司法商谈机制的构建及其功效》，载《华东政法大学学报》2018年第4期。

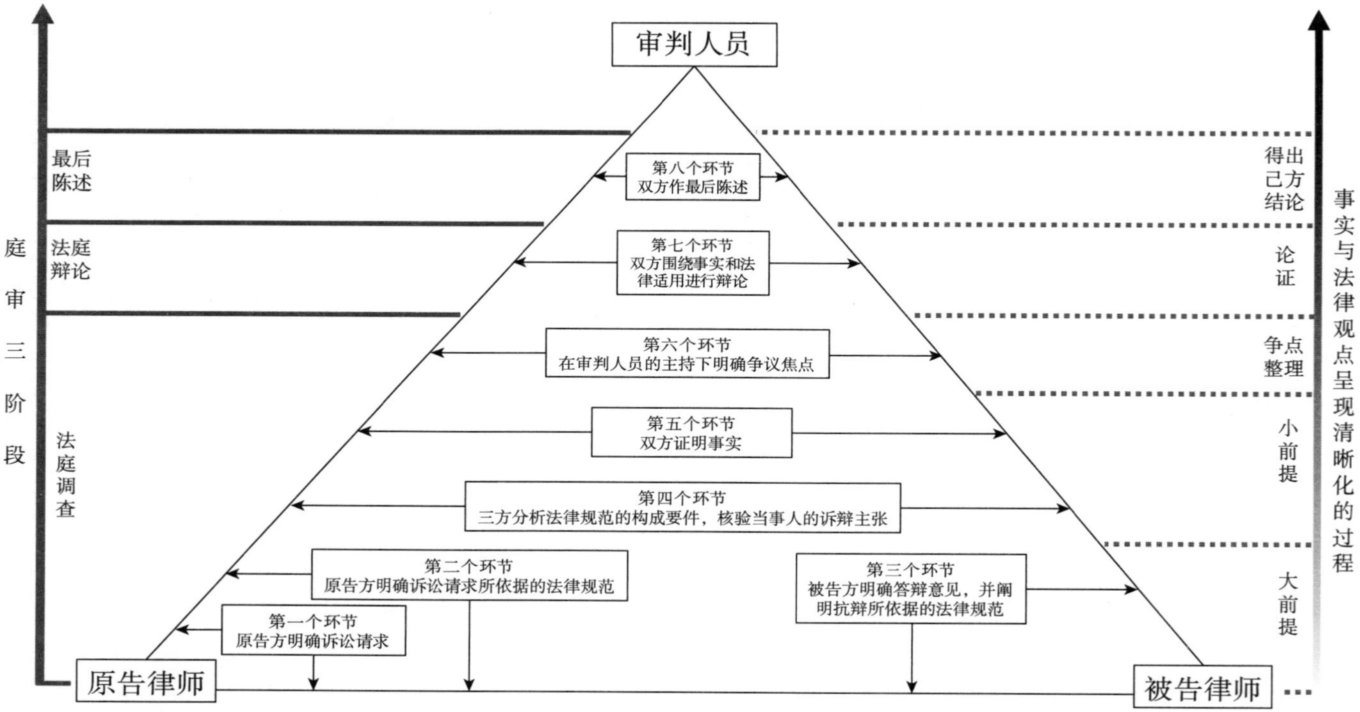

图6–2　商谈型庭审模式中的八个商谈环节示意

应，以减少无效诉讼，避免徒添当事人的诉累。

（二）原告方明确诉讼请求所依据的法律规范

此处的“法律规范”主要是指请求权基础。请求权基础系指“可供支持一方当事人得向他方当事人有所主张的法律规范”。[1] 请求权基础是审判人员审理民商事案件的基本法律依据，为案件审理的法律分析过程界定基本框架。2019 年 11 月最高人民法院发布的《全国法院民商事审判工作会议纪要》提出树立请求权基础思维的要求。《民法典》颁行后，中国民事法律规范的体系已趋于成熟，相应司法解释发布后，民事法律规范越发精致、完善。因此，“寻找请求权基础，构成民事法官找法作业之根本”。[2]

但这绝不意味着律师在寻找、确定请求权基础的作业中可以无所作为。相反，基于维护法律正确实施的职能以及协同互动的庭审要求，律师要为审判人员确定正确的请求权基础提供有力的协助（尤其在给付之诉中）。律师必须先于审判人员从现行法律中找到案件应当适用的法律规范，当庭予以明确，并努力说服审判人员将这一法律规范作为裁判本案的基准。[3] 此外，若原告方未明确诉讼请求所依据的法律规范，且审判人员未对原告方作此要求，则被告律师有必要请原告方予以明确。

（三）被告方明确答辩意见，并阐明抗辩所依据的法律规范

鉴于当前《民事诉讼法》尚未正式确立答辩失权制度，实践中

---

〔1〕 王泽鉴：《民法思维：请求权基础理论体系》，北京大学出版社 2009 年版，第 41 页。

〔2〕 吴香香编：《民法典请求权基础检索手册》，中国法制出版社 2021 年版，第 1 页。

〔3〕 参见梁慧星：《裁判的方法》（第二版），法律出版社 2012 年版，第 289 页。

绝大多数的被告律师是当庭答辩的，这就给审判人员和原告方消化、理解答辩内容徒增了难度。审判人员只得当庭、临时对被告律师的答辩进行审查，原告方得当庭对被告律师的答辩作出回应。如果被告律师的答辩意见繁多冗长、杂乱无章，便会直接影响后续的庭审效果。笔者认为，在有律师代理被告的案件中，答辩突袭应被禁止，被告律师必须于庭前向法院提交书面答辩状，保证审判人员和原告方得以提前掌握被告律师的答辩思路。

答辩内容主要分为沉默、否认、不知、抗辩和自认等五种，抗辩是最为常见的一种。与请求权一样，抗辩最终指向的也是法律规范，因此被告律师应当庭明确抗辩所依据的法律规范，便于原告方围绕被告律师提出的抗辩权基础规范作出充分的回应。

若被告律师的答辩不明确、不完整，审判人员有必要及时释明，引导被告律师对原告方提出的诉讼主张和理由作出有针对性的答辩。但要注意，审判人员应当遵循必要的限制性规则（如权利抗辩释明禁止规则），切忌任意释明。如果审判人员不释明或者释明得较为含糊，原告方有权要求被告律师进一步明确其抗辩主张和抗辩权基础。如此才有利于促使被告方的答辩意见与原告方的诉讼主张形成正面交锋，便于审判人员下一步归纳争议焦点，明确案件的审理方向。

在完成前三个环节后，原告方和被告方的事实、法律观点基本得以在法庭上呈现，审判人员和双方律师接收的信息已基本保持一致，为接下去庭审的开展奠定了信息对称的基础。

（四）三方分析法律规范的构成要件，核验当事人的诉辩主张

庭审进行到第四环节时，审判人员和双方律师应就原告诉讼请求所依据的法律规范和被告抗辩所依据的法律规范进行要件分析，进而梳理出法律规范的构成要件。需要说明两点：一是，如果起诉

状和答辩状的文书质量较高，这项分析工作其实在庭前就可以完成，以节省庭审时间；如果文书质量欠佳，尤其当任何一方的法律规范不明确时，这项工作就只能当庭完成了。二是，律师绝不能轻视甚至忽视这项工作，而应当在法庭上高度重视、积极回应。因为法律规范的构成要件分析有助于确立当事人的主张责任。原告的主张是诉讼成立的基础。《民事诉讼法》第一百二十二条规定，起诉必须符合的条件包括有具体的诉讼请求和事实、理由，其中的“事实、理由”就是指原告的诉讼主张。原告律师应当根据法律规范的构成要件去提出具体的诉讼主张。被告律师则据此作出反驳，以证明原告的主张不成立。同样，被告律师亦应当针对法律依据的构成要件去提出抗辩主张，再由原告进行反驳。

根据协同主义理论，审判人员应当以当事人主张的法律规范的构成要件为基础进行审理，但不排除审判人员作出必要的释明，以及一并解决接下来的证明责任分配问题。在分析完法律规范的构成要件后，审判人员应当有针对性地审查双方诉辩主张的完备性与合理性。如果一方或双方提出的主张存在明显的矛盾甚至荒谬之处，审判人员应以释明的方式促使其补正，这既有利于帮助当事人穷尽证明资源，也有利于促进争点的形成。[1] 同时，律师亦应当庭再次根据法律规范的构成要件及时核查己方当事人的主张是否清晰、完整，避免遗漏诉讼主张，导致诉讼效率减损。

（五）双方证明事实

事实的证明有赖于证据的收集与提出。在庭前，原、被告律师应当分别以证成、反驳诉讼请求和可能适用的法律规范为导向积极

〔1〕 参见邹碧华：《要件审判九步法》，人民法院出版社 2021 年版，第 147 - 161 页。

取证，根据作为审理对象的多个案件事实组织证据。庭审时，审判人员会组织双方进行举证、质证。原告律师在法庭上既要按照证据的排列顺序、围绕每一份证据详细举证，也要着重阐明证据之间的逻辑关系，以期达到证明目的。被告律师则要以隔断原告证据与要件事实之间的关系为目标，围绕证据的“三性”以及证明目的发表富有针对性的质证意见，并提出有力的反驳证据（如有）。

民事诉讼中的证明规则旨在促使双方当事人竭尽证明资源、用尽证明方法，直至发现真实。律师不仅要让审判人员了解每份证据的证明内容，还要让其理解每组证据和整套证据的证明逻辑。如果当事人的举证不充分或存在明显缺陷，审判人员可以通过释明要求律师继续举证。必要时审判人员还可以将心证结论告知律师，促进律师展开进一步的取证活动，避免本该胜诉的一方因举证不力而败诉。当案件中部分事实存在真伪不明的情形时，审判人员要尽早分配该事实的举证责任。当然，律师在庭前就应对举证责任分配有所预判，并及时与当事人沟通。

（六）在审判人员的主持下明确争议焦点

在举证、质证、发问等环节结束后，审判人员会整理、归纳争议焦点。争点整理在庭审中具有重要的意义：一是，对审判人员而言，争点整理具有聚焦作用，可以简化案件，引导思路，有效缩小审理范围，大幅提高庭审效率。二是，对律师而言，争点整理具有引导、促进诉辩争锋的作用，避免律师间诉讼对抗的凌乱无序。同时还能促进律师在接下去的庭审诉辩中层层递进，减少重复性的语言陈述。三是，对当事人而言，整理争点有助于反映审判人员听取诉辩意见的理解程度，表明尊重与负责的态度，在一定程度上可以起到平复当事人情绪的作用。[1]

根据《民事诉讼法》第一百三十六条[2]和《民诉法司法解释》第二百二十六条[3]的规定，审判人员要综合双方当事人的诉辩情况和证据来归纳争点。要提醒的是，律师绝不能将争点整理的工作误认为纯属审判人员单方的工作。[4]一方面，审判人员必须对一些争点问题予以释明，要注意听取律师的意见，以调整和修正自己的见解。另一方面，鉴于实践中审判人员存在不归纳争点、争点与审理割裂、争点过于笼统、争点过细、争点遗漏、事实争点与法律争点混同等问题，律师应及时与审判人员就其归纳之争点的准确性、完整性进行充分协商。[5]具体而言，审判人员不归纳争点的，律师有必要根据案件情况自行总结，并建议审判人员采纳；审判人员归纳的争点过于笼统的，律师应建议审判人员细分争点；审判人员归纳的争点存在遗漏的，律师应及时补充。待争点最终确定后，律师应及时记录，便于接下去紧紧围绕争点举证、质证以及发表辩论意见。

---

〔1〕参见邹碧华、许可、王闯、雷继平、林海权：《民商事审判方法》，法律出版社2017年版，第206－211页。

〔2〕《民事诉讼法》第一百三十六条　人民法院对受理的案件，分别情形，予以处理：

（一）当事人没有争议，符合督促程序规定条件的，可以转入督促程序；

（二）开庭前可以调解的，采取调解方式及时解决纠纷；

（三）根据案件情况，确定适用简易程序或者普通程序；

（四）需要开庭审理的，通过要求当事人交换证据等方式，明确争议焦点。

〔3〕《民诉法司法解释》第二百二十六条　人民法院应当根据当事人的诉讼请求、答辩意见以及证据交换的情况，归纳争议焦点，并就归纳的争议焦点征求当事人的意见。

〔4〕经验丰富的律师在庭前研析了起诉状、答辩状，并掌握了对方的证据后，基本上可以从事实和法律两方面入手，预判双方可能产生争议且会直接影响判决的争议焦点。例如《广州市律师代理民事诉讼出庭指引》（广州市律师协会第十届民事法律专业委员会于2022年1月28日发布）第十一条指出："律师出庭前可以制作并熟悉举证、质证、询问和答辩提纲，归纳争议焦点，提前准备好代理思路。"《律师办理商事诉讼业务操作指引》（本指引于2019年10月30日上海市律师协会业务研究指导委员会通讯表决通过）第二十二条指出："代理律师可以在开庭前对案件所涉及的主要争议焦点（包括事实争议和法律争议）进行全面的归纳和梳理，并以此形成初步的辩论意见。"

〔5〕参见《律师办理民事诉讼案件规范》第七十六条。

（七）双方围绕事实和法律适用进行辩论

律师在前六个环节参与的诉讼活动主要是围绕庭审中的法庭调查展开。其间，双方律师分别展示了其依据的大前提，各自证明了其主张的小前提。第七个环节是双方律师开展法庭辩论。法庭辩论是一个独立的庭审环节，双方律师在此环节通过对有争议的事实和法律问题阐明观点、陈述理由，以证成各方的大、小前提，为法院得出最终结论提供具有说服力的理据。

在此说明三点：第一，法庭辩论的总体要求是律师要围绕争议焦点和法庭调查的重点，从事实、证据、法律等不同方面进行分析，阐明观点，陈述理由。〔1〕律师的辩论发言要做到表达规范、有理有据、逻辑严谨，力求辩论程序实质化，避免空洞化。第二，在内容上，法庭辩论要充分体现事实与法律的交替论证。事实辩论要立足于证据，律师一方面要引导审判人员关注、理解己方的重要证据，另一方面要攻击对方的薄弱证据或证据链，找出其中的漏洞和错误（尤其是逻辑错误）。法律辩论要围绕审判人员关心的争点进行，律师在论辩时可着重论述相应的法律规定、类案和权威观点。第三，法庭辩论一般会有两轮（律师可视情况争取第二轮的辩论），每一轮辩论的侧重点各不相同，要注意避免语言的赘余和观点的重复。律师发表首轮辩论意见，应当就己方诉讼主张所依据的事实和法律作全面、完整的陈述；〔2〕第二轮辩论意见则主要围绕对方的主张和观点作针对性的反驳，同时可以对重要的细节作补充性的说明。

还要指出，基于协同主义和商谈理论的要求，审判人员在辩论

---

〔1〕参见《律师办理民事诉讼案件规范》第八十八条。

〔2〕参见《律师办理商事诉讼业务操作指引》第四十七条。

环节也要有所作为，一改其惯有的庭审“消极观众”的形象，转变为辩论阶段的适度参与者，如此既能避免裁判突袭，也能有效控制庭审节奏。[1] 审判人员在辩论阶段有必要向双方当事人公开一定限度的事实观点和法律观点，以便当庭进一步听取双方的意见。有德国学者深刻地指出了这一做法的正当性：“法官在讨论案件和争议情况的范围内对事实和法律问题给予建议会使律师知晓法院是如何判断其所代理的当事人的胜诉前景的。律师了解了法院的法律观点并且因此也就清楚了法院将何种事实情况视为是重要的。他可以根据该观点作出相应的调整，考虑相应的后果，并且反驳其认为不正确的法律观点——或者至少尝试反驳这样的观点。在理由方面，律师参与这样的对话的程度越强，他对继续进行的程序及其结果施加影响的机会就越大。”[2]

（八）双方作最后陈述

至此，律师在个案中的事实与法律观点已当庭展示清晰，可在最后陈述阶段总结陈词。庭审实践中，原、被告律师习惯于仅用“恳请法院支持原告的诉讼请求”和“恳请法院驳回原告的起诉（或诉讼请求）”这两句话作为最后陈述时的发言。这般结论性话语过于潦草、苍白和套路了。当然，鉴于庭审时间有限，律师若想在最后陈述阶段对己方观点作全面的总结，不具有可行性。在条件允许的情况下，律师可将对比分析作为总结陈词的逻辑，即将主张的

---

〔1〕 有法官指出：“有时某一方会提出明显不成立的主张，对方进行回应，法庭辩论陷于对毫无意义的细节的争论。这时我会当庭进行认定，直接说明我的意见，要求双方回到争议焦点上来。”何远、黄琳娜：《什么是理想的庭审?》，载微信公众号“麦读”，2018 年 7 月 21 日。

〔2〕 ［德］鲁道夫·瓦塞尔曼：《从辩论主义到合作主义》，载［德］米夏埃尔·施蒂尔纳编：《德国民事诉讼法学文萃》，赵秀举译，中国政法大学出版社 2005 年版，第 383 页。

事实与相对应的法律规范之各项构成要件逐一进行归入，必要时融入价值判断，[1] 以简短、概括的语言表达，在末尾陈述以上惯用的结论，与审判人员一起完成最后一轮庭审商谈。

最后还要指出，审判人员是庭审的主持者，被赋予庭审指挥权，所以审判人员在庭审中注定会发挥巨大的作用，甚至商谈型庭审模式的建立、运行与巩固在很大程度上都有赖于法官群体的一致努力。为此，律师一方面应充分尊重审判人员在庭审中的主导地位，积极协助审判人员查清案件事实、正确适用法律；另一方面必须充分发挥主观能动性，凭借专业功底和精湛表达，在庭审中与包括审判人员在内的诉讼主体开展富有成效的商谈。

四、案例分析

（一）案情概述

浙江南华集团有限公司（以下简称南华集团）是深交所中小板上市公司浙江南华股份有限公司（以下简称南华股份）的控股股东。

一日，张某凭借其持有的所谓南华集团出具的《承诺函》，向南华集团提出支付数千万元补偿款的权利要求。该承诺函的内容为：

承　诺　函

张某：

为了稳定和维护南华股份的股价，请你或通过第三人在2011年6月15日至2011年12月15日买入南华股票，总数不超过

---

〔1〕 该观点受《关于深入推进社会主义核心价值观融入裁判文书释法说理的指导意见》（法〔2021〕21号）的启发。

> 1000 万股。我司承诺到 2012 年 4 月 15 日前，如南华股价低于每股 11.1 元，我司将补偿卖出价与 11.1 元之间的差价。期间如有其他损失，由我司负责补偿。
>
> 浙江南华集团有限公司
>
> 2011 年 6 月 3 日

南华集团拒绝后，委托笔者和其他同事向法院提起民事诉讼，要求法院确认该《承诺函》无效。

张某随即提起反诉，要求南华集团依据《承诺函》补偿其损失 6,583,207.78 元、差价 1098 万元及相应的利息，包括：其通过陆某在 A 证券公司某营业部持续买入 4,398,558 股南华股票，买入金额 39,049,701.03 元;通过陈某在 B 证券公司某营业部自 2011 年 8 月 10 日起持续买入 786,700 股南华股票，买入金额 8,673,660.68 元；通过周某在 C 证券公司某营业部于 2011 年 7 月 13 日买入 180 万股南华股票，买入金额 1800 万元（大宗交易平台）。

张某主张的事实是：2011 年 9 月起，南华股票价格持续下跌，此后的估价从未达到 11 元。之后，张某通过上述三人卖出了南华股票，陆某账户亏损 2,818,555.1 元，陈某账户亏损 3,764,652.68 元，周某账户应补差 1098 万元。

开庭时，审判人员根据双方的诉辩意见，归纳了本案的两个争议焦点：一是《承诺函》的效力如何认定；二是南华集团是否应补偿张某的损失、差价。

（二）问题的提出

针对审判人员归纳的事实争议焦点（第二个争议焦点），作为南华集团的代理律师，当庭应如何应对？

（三）律师发问的思路及实况

在举证和质证环节之后、法庭辩论开始之前，审判人员一般都会安排庭审发问环节。庭审发问包括审判人员发问以及当事人互相发问。[1] 发问有利于案件事实的进一步查明，可以直指对方关于事实方面的缺陷。[2] 笔者虽未将发问纳入商谈型庭审的八个环节之中，但这绝不是在否认发问的重要性。事实上，为了体现律师在庭审中的价值和作用，越来越多的律师重视学习发问技巧，并在庭审中积极争取发问的机会。本案便反映了律师发问的重要性。

律师在代理本案时，既要解决案件涉及的法律适用问题，也要核实一些关键的事实问题。其中，法律适用问题主要是围绕《承诺函》的内容是否合法。因其与本章的内容无直接关系，在此不予展开。[3] 同时有两个核心事实需要律师仔细核实：一是《承诺函》的出具过程，二是张某委托陆某、陈某、周某买入、卖出股票的过程。

1. 律师针对《承诺函》的出具过程向对方发问

庭前，笔者已向南华集团的管理层和相关工作人员详细了解过上述两个事实问题。针对第一个事实问题，南华集团认为该《承诺函》绝不是通过公司内部正规的发文程序出具的。即便《承诺函》上印有“浙江南华集团有限公司”的公章是真的，也一定是被人偷盖的。所以，笔者需要在法庭上针对《承诺函》的出具过程向张某的代理律师发问：

〔1〕 参见《律师办理商事诉讼业务操作指引》第四十四条。

〔2〕 参见国鹏、韩振文：《当事人发问权：规则体系、制约因素及优化路径》，载《山东法官培训学院学报》2020 年第 2 期。

〔3〕 法院在判决中认定：“《承诺函》的内容涉及操纵证券市场，扰乱证券市场秩序，侵害投资者的合法权益，应认定为无效。”

“请问是南华集团哪位工作人员在《承诺函》上盖印公章，并交给张某的?”

“请问《承诺函》是在哪里交给张某的?”

结果，张某的代理律师回答不出以上两个非常基础的事实问题。这虽然无法直接证明南华集团从未出具过《承诺函》，或《承诺函》上的公章系偷盖，但足以使审判人员严重质疑张某取得《承诺函》的方式是否正常、合法。

2. 律师针对张某委托陆某、陈某、周某买卖股票的过程向对方发问

针对第二个事实问题，南华公司认为张某所谓的代为买卖股票及由此产生的损失、差价，并无事实依据。

笔者向张某的代理律师发问。

笔者问：“张某是什么时候委托陆某、陈某、周某去购买南华股份的股票的?”

对方律师答:“在《承诺函》出具后，也就是2011年6月3日后。”

笔者问：“有相关的委托手续吗?”

对方律师答：“他们四个人都是一起做股票的朋友，没有书面的委托手续，都是口头的委托。”

笔者问：“当时有没有约定好在《承诺函》规定的时间之前股票只可以买入而不可以卖出?”

对方律师答：“没有。我们是依据《承诺函》的内容要求他们三人买进，但《承诺函》也没有表明不可以卖出。”

笔者问：“陆某、陈某、周某三人购买股票的资金是张某提供的吗?”

对方律师答：“钱应该不是张某的，是他们自己的吧，我庭后再核实下。”

笔者问："能否陈述下陆某、陈某、周某三人的身份情况？"

对方律师答："他们三个人都移民在国外，我不是很清楚，可能要等他们回国后才可以详细陈述。"

笔者问："基本身份情况也不知道？"

对方律师答："今天没有带过来。"

笔者问："陈某委托陆某、陈某、周某购买股票的行为有没有告知过南华集团？"

对方律师答："没有，也不需要告知。"

审判人员对对方律师说："原告方的代理人向你提出的几个事实问题都是非常重要的，这些基础问题你在庭前就应该向张某核实清楚，不应该到了现在开庭了都回答不了，这是非常不应该的。这些问题也是合议庭要问你的，请你三日内核实清楚，以书面形式回答。"

通过上述问答，可以看出张某的代理律师对张某从委托三人购买股票，到实际购买股票，再到卖出股票等一系列基础事实的描述均语焉不详、闪烁其词，这显然不利于审判人员作出对张某有利的相关事实认定。后笔者得知，张某及其代理律师在庭后也未书面答复审判人员。最终，法院判定"张某所提供的现有证据并不能证明其已实际履行了该《承诺函》的内容，即其通过陆某、陈某、周某在2011年6月15日至2011年12月15日买入南华股票并产生损失的事实"，遂驳回了张某的反诉请求。

第七章　民事诉讼一审

目　　次

本书前几章从民事诉讼律师代理的角度依次介绍了法律风险的告知、诉讼策略的制定、证据的收集与运用、法律检索、诉讼可视化、庭审商谈等几个重要话题。上述话题所涉内容是律师民事诉讼代理中的一个个重要方法论。律师应将这些方法论的运用有效贯穿一审、二审、再审等民事诉讼的全部审理程序。其中，民事诉讼一审具有程序完整性的特质，在程序适用上具有广泛性，因此一审程序在民事诉讼中占据基础性地位，故专设一章。

一、作为一种诉讼方法论的审理思维

在民事诉讼中，法院对案件拥有法定的裁判权，如何使己方的证据材料被法院采信，观点被法院采纳，主张被法院支持，是律师在代理过程中需要时刻思考的重要问题。从某种意义上讲，审理思维是律师需要掌握的最重要的诉讼方法论。

站在审判人员裁判的角度考虑，一起再简单的案件，也存在诸多易被忽视的细节；一起再复杂的案件，也有相对明晰的主线和重点。如何在不遗漏重要细节的同时又能够从复杂的案件事实中抽丝剥茧，迅速定位于核心问题，实现定分止争，这是审判人员最为关注的问题。如果律师能够换位思考，从审判人员的视角审视问题，适度地调整诉讼策略，不仅可以帮助其省略一些无关紧要的工作，还能将对己方有利的事实以更显著的方式引起审判人员的关注，使代理观点更好地被法院采纳。

需要指出，当前审判实践中民事案件与商事案件的审理呈现差异化、专业化的趋势，民事审判人员和商事审判人员的审理思维存在一定的差异[1]。各个法院对于民事案件和商事案件的划分并非完全一致，有时法院内部还会视情况将各类民商事案件在民事、商事审判庭之间进行调整，以保证收结案平衡。虽然两类审判人员的审理思维存在部分区别，但其在办案思路上仍具有高度相似性，并且显著区别于刑事审判人员和行政审判人员的审理思维。[2] 本章结合民事诉讼一审的程序要点，以审判人员的审理思维及律师的经验借鉴为视角对律师代理民事诉讼一审程序的若干要点作出概括性介绍。

二、起诉状的审查思维与经验借鉴

对于首次接触的民商事案件，审判人员首先查阅的是起诉状的内容。在有限的时间里，审判人员通过阅读起诉状可以迅速了解案件的整体情况，从而拟定初步的审理思路。

审判人员一般是在确保客观、公正的前提下，从快、从简地审查起诉状，其往往不会按照《民事诉讼法》第一百二十二条列举的起诉的四项基本条件依次进行，而是依照审查的难易程度，从易到难依次进行。因为只要不符合四项基本条件中的任何一项，该案便不具备起诉的基础条件，也就没有继续审查其他内容的必要。一些资深审判人员审查的顺序依次为：被告主体，诉讼请求、事实和理

〔1〕 在大民事审判格局下，可以将民商事审判划分为商事审判和非商事民事审判两大类。商事关系和非商事民事关系在主体方面、主观目的方面、价值追求方面、交易方式方面、发生领域方面、复杂程度方面、变化性方面、替代性方面、权衡性方面均存在区别。基于此，司法审判中有必要针对商事案件提炼和落实相应的审判理念，以更好指导个案审理。具体包括：(1) 树立尊重商主体意思自治和维护商业正义并重的理念。(2) 树立效率与安全并重的理念。(3) 树立全面保护商主体正当利益和有效保护善意第三人利益并重的理念。(4) 树立商主体维持和保护中小股东权益并重的理念。(5) 树立商法优先适用与尊重商事自治规则并重的理念。(6) 树立司法解纷功能与规则指引功能并重的理念。详见江必新：《商事审判与非商事民事审判之比较研究》，载《法律适用》2019 年第 15 期。

〔2〕 参见黄昊：《民商事案件中法官思维及律师代理策略》（上），载《辽宁律师》2021 年第 2 期。

由，原告与本案的利害关系，受理范围和管辖依据。

关于被告主体，仅需要通过审查是否具备自然人、法人和其他组织的基本特征即可判定，故放在首位。关于诉讼请求和事实、理由，此阶段仅作形式审查，只要具备相应的形式内容即可，而诉讼请求的内容显然短于事实、理由，审查更为容易，故将其置于第二位。关于原告与本案的利害关系，需要结合诉讼请求以及事实、理由稍作分析，故放在第三位。受理范围和管辖依据则要结合证据加以判断，故放在最后。有关审判人员审查起诉状的思维，具体解释如下。

（一）被告应当明确、存在且适格

被告是法人或者其他组织的，务必保证名称准确。一般情况下律师可以通过国家企业信用信息公示系统或企查查等途径来查询、验证。若被告是自然人的，律师需要确定姓名是否准确，是否有对应的身份证号码。《民事诉讼法》及其司法解释未规定身份证号码是否属于明确自然人身份主体所必需的信息，但有的法院在立案之时就要求原告提交自然人被告的身份证号码，否则视为被告主体不明。也有法院对未能提供自然人被告身份证号码的案件允许立案，在送达阶段尝试按照原告提供的被告联系方式与其联系。在无法与被告取得联系，原告律师又不能进一步提供被告有效身份信息的情况下，法院才裁定不予受理。[1] 因此，为保证顺利立案，律师代理原告在起诉前应通过向公安机关申请查询户籍信息、赴市场监督管理机关调取公司内档等方式尽可能地获取自然人被告的身份证号码。如不

〔1〕《民诉法司法解释》第二百零九条第二款规定："起诉状列写被告信息不足以认定明确的被告的，人民法院可以告知原告补正。原告补正后仍不能确定明确的被告的，人民法院裁定不予受理。"

能，则至少要提供能够查明被告身份信息的线索（如出生年月、户籍地、实际居住地、联系电话等），便于法院获取被告身份信息并送达。

自然人被告已经死亡，法人或其他组织被告已经注销的，即使被告明确，因主体不再存续故不具备诉讼权利能力，法院会裁定不予受理。有的自然人已经死亡，但立案时未获知相关信息，有的法人在注销后由于市场监督管理机关的信息更新迟延导致未及时公示，有的组织是无法通过一般的检索方式获知其存续与否的信息的，在这些情况下，法院只能先行审理，至迟在裁判作出前若查明被告已经死亡或注销的，法院可以根据案情裁定驳回起诉。

同时，被告必须适格。律师务必熟练掌握法律和司法解释对适格被告、适格的共同被告所作的专门规定。例如，与居民委员会、村民委员会或者村民小组发生民事纠纷的，居民委员会、村民委员会或者有独立财产的村民小组为被告。又如，个体工商户营业执照上登记的经营者与实际经营者不一致的，以登记的经营者和实际经营者为共同被告。再如，企业法人合并的，因合并前的民事活动发生的纠纷，以合并后的企业为被告；企业法人分立的，因分立前的民事活动发生的纠纷，以分立后的企业为共同被告。[1] 法院在审查时发现被告不适格的，裁定不予受理；受理后才发现被告并非适格当事人的，则裁定驳回起诉。

（二）诉讼请求应当具体[2]

诉讼请求是起诉状的核心内容，可以使法院清楚地知晓原告起

---

〔1〕 详见《民诉法司法解释》第五十九条、第六十三条和第六十八条的相关规定。

〔2〕 可同时阅读本书第六章第三节中的第一部分“原告方明确诉讼请求”。

诉所要达到的目的，并约束法院的审理范围。在此介绍给付之诉，因为给付之诉不仅在民事诉讼中最为常见，而且其诉求请求在撰写时反映的共性问题较多。

1. 不能直接确定金额的金钱给付请求应当说明计算方法和依据

典型情况如金融借款合同纠纷中的逾期利息数额，买卖合同纠纷中的违约金数额等。这类诉讼请求虽不能直接明确数额，但原告律师在诉讼请求中必须写明计算方法和依据，如“被告返还原告借款本金500万元、支付计算至2022年3月8日止的利息328,055.55元、复利3502.03元，并支付以该借款本金、利息为基数自2022年3月9日起至实际履行日止按年利率10.5%计算的罚息和复利”。

计算方法必须涵盖以下三个方面的内容：第一，基数，即产生利息、违约金的本金数额；第二，起止时间，包括起算点与结算点，其中起算点必须是明确的自然日（如2020年12月1日），结算点可以是明确的自然日，也可以是达到某种明确条件之日（如被告实际付清欠款之日）；第三，标准，这类标准必须是明确的数据或者法定标准。其中数据应当包括计量单位和时间条件（如日5‰、月2%、年12%等），法定标准如全国银行间同业拆借中心公布的贷款市场报价利率等。

2. 行为给付请求应当明确履行的时间、地点、内容

律师在行为给付的诉讼请求中应当明确以下内容：请求被告履行的时间、履行的地点、常人可以清楚理解的行为内容（做什么或者不做什么，如“被告于10日内向原告开具金额为7,266,150元的增值税专用发票”）。典型的行为给付请求如股东知情权纠纷中，请求公司提供会计账簿等财务资料以供查阅。对于这类诉讼请求，审判人员审查的重点是行为内容是否明确。根据《公司法司法解释(四)》第十条的规定，法院支持原告查阅或者复制公司特定文件材料诉讼请求的，应当在判决中明确查阅或者复制公司特定文件材料的时间、地点以及特定文件材料的名录。该规定为律师撰写相应诉讼请求提供了具体的提示。

（三）事实、理由的表述应详略得当[1]

在首次审查起诉状时，审判人员对案件事实、理由的审查一般限于形式层面，虽不会对事实、理由是否成立作过多的判断，但也会大致确定案件审理的方向和思路。如果起诉状中陈述的事实、理由过于冗长，或者出现与诉讼请求毫不相关的内容，会影响审判人员对案件的最初判断和对原告的第一印象。鉴于此，律师在起诉状中表述事实、理由时应注意以下两点。

1. 围绕诉讼请求阐明诉的理由

诉的理由是指当事人向法院请求保护其权益和进行诉讼的依据。诉的理由包括诉的事实理由和诉的法律理由。《民事诉讼法》第一百二十二条第（三）项中的“事实、理由”分别指向诉的事实理由和诉的法律理由。诉的理由最主要的作用是让审判人员快速了解原告为何要提出本案的相关诉讼请求。

律师在起诉状中要紧紧围绕诉讼请求来说明案件的主要事实，切忌长篇大论，否则恐会给审判人员寻找案件关键点增加不必要的障碍，也不利于被告有针对性地作出答辩。所谓的主要事实（也可称要件事实、直接事实）是指追求某种法律效果发生的原告所提出的能够使该效果发生的要件相对应的事实，用以直接支持诉讼请求。例如，能够使返还借款的法律效果得以发生的要件在法律上主要有

---

〔1〕 可同时阅读本书第六章第三节中的第二部分“原告方明确诉讼请求所依据的法律规范”。

两项：一是借款合同的存在或借贷关系的有效成立；二是出借方已经向借款方实际交付该笔款项。因此原告的代理律师在起诉状中要表达的事实至少应包括原告与被告于何时签订了某一份借款合同，且原告已于何时以某种方式将该笔借款交付给被告。此外，原告的代理律师务必区分间接事实、辅助事实、背景事实，[1] 择其重点在起诉状中作出相应的表述。对与诉讼请求无直接关联的事实（如事发时的天气、当事人的心情等），律师就没有必要在起诉状中多作陈述了。

律师在起诉状中还要表明当事人向法院请求保护其权益和进行诉讼的法律依据。在形成之诉中，该法律依据是指法定事由。原则上，形成之诉只有依据法律上的相关规定（法定事由）才能够提起。除了当事人通过诉讼来行使民法上有明确规定的形成权的情形外（如《民法典》第五百六十三条规定的合同法定解除的条件就属于法定事由），还主要体现在家事法（如离婚纠纷、解除收养关系纠纷）、公司法（如公司决议撤销纠纷、公司解散纠纷）和程序法（如申请撤销仲裁裁决之诉、再审之诉）这三个领域。在确认之诉中，该法律依据亦是指法定事由（如《民法典》第二百三十四条规定的物权确认请求权即属于法定事由）。在给付之诉中，该法律依据主要是指请求权。所谓请求权，就是指一方针对另一方享有的请求其为或不为一定行为的权利。“请求权基础就是请求权的法律基础。”[2] “依据法律就是要选择相应法条明确请求权基础。”[3] 律师

---

[1] 关于间接事实、辅助事实、背景事实和前述主要事实等核心概念的介绍，可详见王亚新、陈杭平、刘君博：《中国民事诉讼法重点讲义》（第二版），高等教育出版社2021年版，第25－27页。

[2] 程啸：《民法学习方法九讲》，中国人民大学出版社2022年版，第177页。

[3] 王闯：《〈民法典〉实施中的裁判思维与裁判方法》，载《中国应用法学》2022年第3期。

撰写起诉状的一项核心任务就是要寻找到支持原告向被告主张权利的法律规范，也就是找到用来支持请求权的法律规范。主要包括合同请求权（如原合同请求权、派生合同请求权）、类似合同的请求权（如缔约过失请求权、无权代理所生请求权）、无因管理的请求权、基于物权的请求权（如占有保护请求权、物权保护请求权）、人格权保护请求权、基于侵权的请求权（如消极防御请求权、过错侵权请求权、共同侵权请求权、共同危险请求权、因果关系竞合型数人侵权请求权、因果关系聚合型数人侵权请求权、精神损害赔偿请求权）、不当得利请求权等，上述是《民法典》确立的常用的请求权基础。[1] 此外，包括合同在内的法律行为也是请求权的法律基础。通过检索，律师明确了原告享有的请求权后，要在每一个请求权后注明请求权基础规范，要精确到具体的法律条文、合同条款。

2. 阐明原告与本案的利害关系

事实、理由的另一个重要作用是反映原告与本案有直接的利害关系。审判人员在浏览事实、理由时会对这部分内容形成大致的印象。例如，民间借贷纠纷中原告向被告主张归还借款，审判人员会关注原告是否系借款关系中的出借人。买卖合同纠纷中原告向被告主张支付货款，审判人员会关注原告是否系买卖关系中的出卖人。股东知情权纠纷中原告请求被告提供会计账簿以供查阅，审判人员会关注原告是否系被告公司的股东。经过初步审查，审判人员若发现原告可能与本案没有利害关系，也许不会立刻作出驳回起诉的裁定，但有可能会在庭前会议或法庭调查中向原告及其律师提出该疑虑，如果后者不能就其与本案的直接利害关系提供证据或者作出合

---

〔1〕 关于《〈民法典〉常用请求权基础简表》，可参见吴香香：《请求权基础——方法、体系与实例》，北京大学出版社2021年版，第306－309页。

理解释，法院便会裁定驳回原告的起诉。[1]

（四）说明法院的受理依据和管辖依据

律师在起诉前要对照以下规定仔细核实该案是否属于法院的受理范围：一是《民事诉讼法》第一百二十七条列举的七类案件不属于法院民事诉讼的受理范围。[2] 二是法院对原告重复起诉的案件原则上不予受理，但《民诉法司法解释》第二百四十七条第二款规定“法律、司法解释另有规定的除外”。[3] 三是《民诉法司法解释》第二百一十二条、第二百一十四条、第二百一十五条、第二百一十七条至第二百一十九条等规定列明了法院受理的特殊情形。律师应谙熟以上规定，如遇到相关情形的，建议主动在起诉状中说明法院受理的依据及理由，以提高审查效率。

---

〔1〕《民诉法司法解释》第二百零八条第三款规定：“立案后发现不符合起诉条件或者属于民事诉讼法第一百二十七条规定情形的，裁定驳回起诉。”

〔2〕《民事诉讼法》第一百二十七条　人民法院对下列起诉，分别情形，予以处理：

（一）依照行政诉讼法的规定，属于行政诉讼受案范围的，告知原告提起行政诉讼；

（二）依照法律规定，双方当事人达成书面仲裁协议申请仲裁、不得向人民法院起诉的，告知原告向仲裁机构申请仲裁；

（三）依照法律规定，应当由其他机关处理的争议，告知原告向有关机关申请解决；

（四）对不属于本院管辖的案件，告知原告向有管辖权的人民法院起诉；

（五）对判决、裁定、调解书已经发生法律效力的案件，当事人又起诉的，告知原告申请再审，但人民法院准许撤诉的裁定除外；

（六）依照法律规定，在一定期限内不得起诉的案件，在不得起诉的期限内起诉的，不予受理；

（七）判决不准离婚和调解和好的离婚案件，判决、调解维持收养关系的案件，没有新情况、新理由，原告在六个月内又起诉的，不予受理。

〔3〕《民诉法司法解释》第二百四十七条　当事人就已经提起诉讼的事项在诉讼过程中或者裁判生效后再次起诉，同时符合下列条件的，构成重复起诉：

（一）后诉与前诉的当事人相同；

（二）后诉与前诉的诉讼标的相同；

（三）后诉与前诉的诉讼请求相同，或者后诉的诉讼请求实质上否定前诉裁判结果。

当事人重复起诉的，裁定不予受理；已经受理的，裁定驳回起诉，但法律、司法解释另有规定的除外。

对于常见的民事纠纷，法院在立案审查阶段就基本能够查明管辖问题，通常律师无须特别说明管辖的依据。但对于商事案件，特别是一些涉及专属管辖、级别管辖、协议管辖的案件，审判人员有可能需要结合相关的证据才能确定该法院是否有权管辖，如案件标的额会影响管辖法院的级别，合同中的仲裁条款会影响法院的管辖。律师在起诉状中清楚地说明相关的管辖依据，有利于法院加快审查，使案件更早地进入实体审理阶段。

在此有必要提醒，被告虽有权提出管辖权异议，但切忌滥用。禁止滥用诉讼权利是民事诉讼诚信原则的重要内容。若律师欲借行使诉讼权利之名以达到拖延诉讼的目的，不仅会损害对方当事人的利益，也会招致法院及审判人员极大的反感。例如最高人民法院曾在一份民事裁定书中指出："在民事诉讼中，当事人应当善意行使其诉讼权利，作为具备专业法律知识的受托律师亦负有引导当事人诚信诉讼的义务。本案与管辖权有关的事实非常清楚，相关的法律规定亦十分明确。然而，蓝之碧公司在已委托具备法律专业知识的执业律师作为其诉讼代理人的情况下，仍提出明显不具有事实和法律依据的管辖权异议，不仅有违诉讼诚信原则，而且客观上亦造成诉讼周期的延长和司法资源的浪费，不宜得到支持和鼓励。"〔1〕已有法院在相关司法文书中直接批评了被告滥用管辖权异议的行为，并依法对其作出处罚。〔2〕

三、答辩状的审查思维与经验借鉴〔3〕

答辩状本身系针对起诉状产生，因此审判人员对答辩状的审查

〔1〕参见最高人民法院（2019）最高法知民辖终93号民事裁定书。

〔2〕参见浙江省绍兴市柯桥区人民法院（2020）浙0603司惩001号罚款决定书。

〔3〕可同时阅读本书第六章第三节中的第三部分"被告方明确答辩意见，并阐明抗辩所依据的法律规范"。

主要聚焦于当中陈述的事实和相关的理由是否回应以及如何回应原告的诉讼请求。针对原告在起诉状中提出的请求，被告在答辩状中作出回应的方式主要有四种：承认、大部分承认、反对、大部分反对。例如，原告请求被告支付借款本金及利息，被告的回应可以是全部接受这一请求（承认），也可以是承认本金而请求驳回利息的诉讼请求（大部分承认）。当被告在请求层次上予以承认时，当事人双方的争议实际上已经消除，或者缩小到某种很小的范围，如只限于还款时间或是否分期还款等附带性争议。

现实中存在当事人以虚假诉讼的方式试图逃避债务、侵占他人财产或者获取其他非法利益的情形。当被告向原告提出的对其不利的诉讼请求明确表示承认，且不符合常理时，审判人员会重点关注双方为何不通过诉讼之外的途径解决，重点审查是否有通过民事诉讼恶意串通损害他人合法权益的可能。例如在民间借贷纠纷中，当审判人员在审查答辩状时对借贷关系的合法性、真实性产生合理怀疑后，会提高警惕，在接下来的诉讼程序中，审判人员会通过审查借贷发生的原因、时间、地点、款项来源、交付方式、款项流向以及借贷双方的关系、经济状况等事实，综合判断该案是否属于虚假诉讼。近年来，最高人民法院高度重视虚假诉讼的防范和惩治工作，制定了多份司法解释和规范性文件，并发布了典型案例。[1] 建议律师认真学习《最高人民法院关于在民事诉讼中防范与惩治虚假诉讼工作指引（一）》（法〔2021〕287 号），该指引全面介绍了审判人

〔1〕 例如，《最高人民法院关于防范和制裁虚假诉讼的指导意见》（法发〔2016〕13 号）、《最高人民法院、最高人民检察院关于办理虚假诉讼刑事案件适用法律若干问题的解释》（法释〔2018〕17 号）、《最高人民法院、最高人民检察院、公安部、司法部关于进一步加强虚假诉讼犯罪惩治工作的意见》（法发〔2021〕10 号）、《最高人民法院关于深入开展虚假诉讼整治工作的意见》（法〔2021〕281 号）、《人民法院整治虚假诉讼典型案例》（2021 年 11 月 9 日）。

员甄别虚假诉讼的思维和方法。

还以民间借贷纠纷为例，被告可以请求法院驳回原告的全部诉讼请求（反对）。如果被告对原告的请求予以反对或大部分反对，被告必须针对原告提出的作为请求理由的事实作出回应。这时，审判人员对答辩状的审查会主要聚焦于被告关于要件事实的回应（分为自认、否认和抗辩）是否直接针对原告的诉讼请求。

在被告反对或大部分反对原告诉讼请求的情况下，审判人员最主要关注的是答辩状中被告不同意的内容，包括被告不同意的事实理由是什么，是原告起诉的事实与实际不符，诉讼请求没有相应的法律依据，还是相应的权利已经超过诉讼时效导致失去法律保护效力。

实践中有的被告不同意原告诉讼请求，但在答辩状中陈述的事实理由却与原告的起诉内容毫无关联。尽管审判人员在审理终结前不会得出确定的结论，但这样的答辩状会给审判人员造成不好的印象，往往不利于审判人员接受被告之后提出的相关意见。因此，律师撰写答辩状的思路一定要严格围绕原告的诉讼请求展开，建议将每个不同意诉讼请求的核心观点分别归纳成答辩状中的一个个一级标题，促使审判人员通过阅读标题就能对被告的答辩思路一目了然。

四、对第三人陈述的审查思维与经验借鉴〔1〕

第三人属于广义的民事诉讼当事人，第三人又因其本身是否对诉讼标的享有独立的请求权被划分为有独立请求权第三人和无独立请求权第三人。常有律师将以上两类第三人和共同诉讼人的概念相混淆。但笔者认为不必过分苛责这种混淆，因为这几个概念确有近似性，而且有些当事人的诉讼地位得随着各项证据的展示和各方意

---

〔1〕 可同时阅读本书第二章第二节中的第四部分“挖掘第三人参加诉讼的价值”。

见的明晰才能最终确定。但律师尽早厘清这几种当事人的概念，在案件准备阶段就准确地判断出他们的诉讼地位，[1] 有助于诉讼策略的制定和诉讼进程的推进。

（一）对有独立请求权第三人的识别与请求权释明

有独立请求权第三人是指对原告和被告争议的诉讼标的有独立的请求权而参加诉讼的人（概念解析图见图 7－1）。[2] 因为有独立请求权第三人对原、被告争议的诉讼标的主张独立的请求权，请求法院将原、被告争执的民事权益判归自己所有，所以其应当以提起诉讼的方式参加，且提起的诉讼必须符合起诉和受理条件。需要指出，有独立请求权第三人本身可以原告的身份另行起诉，这样会比以第三人身份加入诉讼获得更充分的参与感，所以实践中多数有独立请求权第三人选择成为另案原告以维护自身权益。

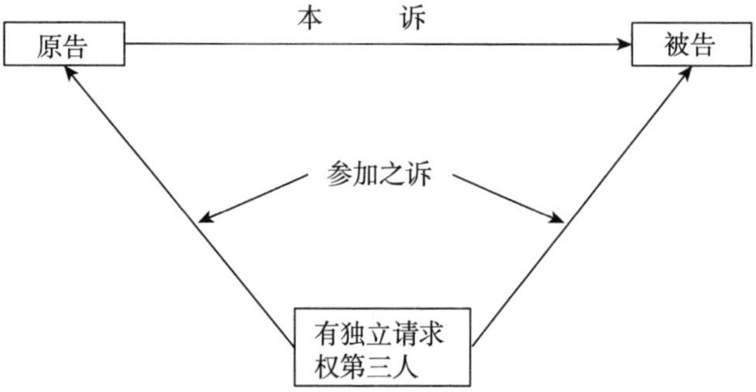

图 7－1　有独立请求权第三人诉讼地位示意[3]

但有的当事人囿于法律知识的匮乏，有的律师的法律功底不够

---

〔1〕 例如，连带债权债务关系的存在使债权人或债务人之间构成了共同的权利义务关系，在诉讼中可能成为共同诉讼人，但不可能成为无独立请求权的第三人。

〔2〕《民事诉讼法》第五十九条第一款规定："对当事人双方的诉讼标的，第三人认为有独立请求权的，有权提起诉讼。"

〔3〕 该图引自张卫平：《民事诉讼法》（第五版），法律出版社 2019 年版，第 161 页。

扎实，其均不清楚己方的诉讼地位，即到底是有独立请求权第三人还是无独立请求权第三人，导致明明具有独立请求权却没有提出独立的诉讼请求，未充分发表意见。因此审判人员在审查第三人陈述时会特别注意识别第三人的诉讼地位。在当事人及其代理律师的认识发生模糊甚至错误的情况下，当审判人员发现第三人具有独立请求权时应作出释明，告知该第三人享有独立提出诉讼请求的权利，如果在本案中不提出可另行起诉。

以一起股权转让纠纷案为例。甲、乙、丙三方共同签订了一份股权转让协议，约定丙将名下持有的 A 公司 50% 的股权出让给甲 25%，出让给乙 25%。此后，由于丙未办理股权变更手续，甲便将丙诉至法院，请求丙配合将其名下持有的 A 公司 50% 的股权全部变更至自己名下。审理中关于支付股权转让款一节，甲主张自己实际向丙支付了 50% 股权所对应的转让款，乙放弃了约定受让的 25% 股权。在此种情况下，结合股权转让协议的签订各方以及股权转让款的实际支付等相关事实，甲对丙提起的诉讼必然会影响乙的权益。后乙加入到诉讼中，审判人员向乙释明，其可以在本案中向丙提出诉讼请求，如果乙在本案中不予主张可另行起诉，本案将根据查明的事实继续审理。

甲的代理律师在起诉时应如实告知甲，乙与本案的事实查明有着重要关系，且享有独立的请求权，如果起诉时不将乙列为第三人，之后乙仍有可能会以提起诉讼的方式参加到本案的诉讼之中，这会拖长本案的审理周期。相应地，丙的代理律师则应及时告知丙，乙与本案有直接的利害关系，如果丙在本案中不提出相关的事实，就无法起到简化案件处理的效果，将来乙有可能会另案起诉丙，造成额外的诉累。

总之，当原、被告的代理律师知道诉讼结果可能会影响到第三人利益时，应当及时通知第三人，使其有机会参加诉讼，以追求诉讼经济并避免裁判矛盾。

（二）对无独立请求权第三人的识别与利害关系的释明

无独立请求权第三人对诉讼标的没有独立的请求权，但与案件的审理结果有法律上的利害关系。[1] 所谓法律上的利害关系，是指第三人的权利义务将受到影响，这种影响表现为权利义务的有无或增减。在民事诉讼实务中，法律上的利害关系大多表现为第三人将可能承担更多的义务或其权益受到损害。典型的情况如在代位权诉讼中，债权人甲起诉次债务人丙，要求丙直接向其履行债务，丙的债权人乙（甲的债务人）应作为第三人参加诉讼。[2] 因为该第三人乙在本案中不存在提出诉讼请求的条件，但原告的起诉可能会使其失去对被告的债权。再如，甲公司与乙公司都是丙公司的股东，甲公司起诉要求丙公司支付货款并赔偿经济损失。在诉讼过程中，丙公司认可甲公司的诉讼请求及事实、理由。后乙公司以无独立请求权第三人的身份参加诉讼。因为甲公司作为丙公司的股东，其向丙公司主张债权，虽然丙公司认可了该债权债务，但乙公司也是丙公司的股东，如果法院认定丙公司对甲公司的债务成立，必然会影响乙公司在丙公司的利润分配，乙公司的股东利益将受到损害，所以乙公司与该案的处理结果存在法律上的利害关系，其应作为无独立请求权第三人辅助被告参加诉讼。[3]

---

〔1〕《民事诉讼法》第五十九条第二款规定：“对当事人双方的诉讼标的，第三人虽然没有独立请求权，但案件处理结果同他有法律上的利害关系的，可以申请参加诉讼，或者由人民法院通知他参加诉讼。人民法院判决承担民事责任的第三人，有当事人的诉讼权利义务。”

〔2〕该案例参见《民事诉讼法学》编写组：《民事诉讼法学》（第三版），高等教育出版社 2022 年版，第 106 页。

〔3〕该案例改编自宁夏回族自治区高级人民法院（2009）宁民商初字第 8 号民事判决书、最高人民法院（2010）民二终字第 19 号民事判决书。

无独立请求权第三人一般参加被告一方进行诉讼，并在被告败诉的情况下往往对被告负有返还或赔偿的义务，因而可能被法院判决承担民事责任。[1] 审判人员对第三人陈述的审查类似于对答辩状的审查，主要关注其是否同意原告的诉讼请求，以及基于何种理由。若审判人员发现无独立请求权第三人的陈述未直接针对原告的诉讼请求，应向该第三人释明其与原告诉讼请求的利害关系，询问相关意见。律师则应据实向该第三人作出相关的分析，并在法庭上诚信作答。

五、证据的审查思维与经验借鉴[2]

法庭调查的核心任务是证据审查与事实认定，法院根据审查后予以采信的证据来认定案件事实。在案件审理过程中，证据审查与事实认定往往相互交叉，审判人员首先根据各方当事人提交的证据作出初步审查。之后，审判人员会进一步总结出与原告诉讼请求直接相关但被告或第三人予以否认的存疑事实，再针对这部分事实向各方当事人提问或要求补充证据加以证明。通过这样一轮或多轮的循环，最终得出相对清晰且足以作出裁判的法律事实。在证据审查阶段，律师需要高度重视举证责任的问题。

第一，主张积极事实的一方负有较高的举证责任。积极事实通常指一件事实的发生。这种情况下当事人的举证责任是比较高的，其提供的证据通常要能够直接指向主张的事实。例如在买卖合同纠纷中，卖方主张货物已经交付，其通常需要提交对方签收货物的证明，或者货物已经从己方转移至对方指定地点的证据。又如在民间借贷纠纷中，出借人主张已经提供借款，其通常需要提交对方的收

---

[1] 当然，《民诉法司法解释》第八十二条规定了无独立请求权的第三人的程序救济途径，即在一审诉讼中，无独立请求权的第三人被判决承担民事责任的，有权提起上诉。

[2] 可同时阅读本书第三章以及第六章第三节中的第五部分“双方证明事实”。

据、银行转账凭证或票据等证据。此外，民间借贷纠纷的出借人主张借款系现金（特别是大额现金）交付的，必须严格举证。出借人应当提交不限于证人证言、借款当天或前几日的银行取现流水、反映借款过程的录音录像等多种足以印证其交付了现金的证据，并且必须清楚地陈述不限于提供现金的时间、地点、在场人物、现金的包装形式等各方面的交易细节。鉴于实践中常有原、被告双方恶意串通伪造借款关系损害第三人的情况发生，审判人员对于现金交付的证据审查会非常严格，主张该积极事实发生的当事人将承担更高的举证责任。

第二，消极事实的识别与举证责任的区分处理。消极事实通常指否认一件事实的发生。这类事实的举证责任相对较低，甚至无须举证。例如在股东知情权纠纷案中，原告主张被告没有提供相应的公司资料供其查阅、复制，这种主张就属于典型的消极事实。倘若被告没有提出证据证明其已向原告提供相关资料供其查阅、复制的事实，法院就会支持原告。再如在民间借贷纠纷案中，如果出借人主张交付了现金借款，借款人否认收到借款，此时借款人提出的就是消极事实，假如出借人没有其他证据证明了交付现金这一事实，那么借款人无须提供其他证据来证明该事实没有发生。只有在出借人提供了交付现金的相关证据的情况下，借款人才需要提出反证。[1]

值得注意的是，有的情况下，当事人在否认对方积极事实的同时又提出了另一个积极事实。例如被告借款人否认收到原告出借人的 30 万元借款，但又主张自己收到了 10 万元借款。在这种情况下，被告的主张就不再是单纯的消极事实了，而是含有了收到原告 10 万

〔1〕 参见黄昊：《民商事案件中法官的思维及律师代理策略》（下），载《辽宁律师》2021 年第 3 期。

元借款的积极事实。此时被告就需要提出证据证明其实际收到的是10万元借款而非30万元借款。审判人员会格外注意这类事实主张，并作出区分处理。

六、事实认定的思维与经验借鉴

就结果而言，事实认定只有两种情况，即法院对当事人主张的事实予以确认或不予确认。但从形成的过程来看，事实认定需要结合所有的审理环节方可得出。在此介绍容易认定事实和难以认定事实的判断与处理。

（一）容易认定事实的判断与处理

所谓容易认定的事实，一是有客观证据直接证明的事实，如有银行转账凭证证明的付款事实，有物流凭证证明的交货事实，有客观现状证明的加工承揽事实。二是当事人自认的事实，如借款人确认收到出借人提供现金的事实，买方确认收到卖方货物的事实。以上事实，法院通常可以直接、快速地作出认定。

但要注意，针对当事人自认的事实，审判人员需要综合案件其他证据加以辨别，防止当事人恶意串通以诉讼方式取得法院对某项事实的认定从而损害第三人利益。这种情况在房屋买卖合同纠纷、民间借贷纠纷、股权转让纠纷中相对高发。例如在房屋买卖合同纠纷中，甲起诉乙要求确认房屋的所有权归甲所有。乙对甲主张的事实完全认可，同意将房屋过户至甲名下。待法院判决乙应配合将房屋过户至甲名下后，甲随即持该判决到另案中主张因房屋产权系自己所有，要求解除对房屋的查封。因此，审判人员要谨慎识别这类自认事实，对事实真伪作出认定。

（二）难以认定事实的判断与处理

所谓难以认定的事实，主要是指双方当事人各执一词且无客观的直接证据能够证明的事实。如在被告不认可原告陈述的情况下，仅有证人证言以证明现金交易，仅有案外人签字确认的收货单以证明货物交付。

对于难以认定的事实，审判人员一般会向各方当事人释明，目前提供的证据均不能充分证明各自主张的事实，各方应在指定的期限内提交补充证据，如未能按期提交便视为没有补充，法院将依据目前的证据认定事实。据此，当事人及其律师要尽力补充证据用以证明己方的诉讼请求和事实主张，努力使己方证据达到民事诉讼所要求的高度可能性的证明标准。[1]

七、法律适用的思维与经验借鉴[2]

绝大多数民商事案件的核心与难点在于查明案件事实，疑难的法律适用问题相对要少得多。庭审的绝大多数时间往往用在法庭调查阶段，法庭辩论阶段要简略得多，也几乎不涉及法律适用的辩论。在此仅简要地分享三点经验。第一，律师要根据事实准确对应案由，[3] 从而确定法律规范的查找方向。第二，律师要准确理解法律后果，及时调整诉讼策略。第三，当出现法律漏洞时，律师要尝试

〔1〕《民诉法司法解释》第一百零八条第一款规定："对负有举证证明责任的当事人提供的证据，人民法院经审查并结合相关事实，确信待证事实的存在具有高度可能性的，应当认定该事实存在。"

〔2〕 可同时阅读本书第四章以及第六章第三节中的第二部分"原告方明确诉讼请求所依据的法律规范"和第三部分"被告方明确答辩意见，并阐明抗辩所依据的法律规范"。

〔3〕 参见最高人民法院印发《关于修改〈民事案件案由规定〉的决定》的通知（法〔2020〕346号）。

通过漏洞补充的方式[1]协助审判人员完善个案中的法律适用。

八、案例分析

（一）案例一：诉前准备

1. 基本案情

2021 年，方某借给高某和张某夫妻 56 万元，并分两次转账至张某账户。后高某向方某出具借条，约定："今借到方某人民币伍拾陆万整，借期六个月，到期连本带息还给方某陆拾万元整。"但借款到期后方某联系不到高某夫妻。笔者团队内的一位律师建议方某向法院起诉，同时申请财产保全，以期保全到的财产能够保障判决得以有效执行。

据方某所述，其只能提供高某夫妻及其子高小某的姓名，无法提供高某夫妻的住处、联系方式、身份证号码和财产线索等信息。由于信息实在有限，两大明显的障碍亟待律师解决：一是立案时需向法院提交被告高某夫妻的身份信息；二是申请财产保全时需向法院提供有效的财产线索。

2. 基本思路

上述两项工作的开展成效与本案的代理效果密切相关。基本思路是最大限度地利用当事人提供的信息（高某一家三口的姓名），把

---

〔1〕 例如，最高人民法院印发的《全国法院民商事审判工作会议纪要》（法〔2019〕254 号）性质上是司法政策，属于规范性文件，是对法律的抽象补充，尽管不能作为裁判依据直接援引，但各级法院在遇到相关问题时应当在裁判文书的"本院认为"部分将其作为说理依据，否则很可能会以法律适用错误被上级法院改判。因此，此种纪要具有"类司法解释"的强制适用效力。再如，最高人民法院各庭室包括第二巡回法庭法官会议形成的"法官会议纪要"，与公报案例等性质基本相同，意在通过个案分析提炼出一般性规则，总体上近于个案补充。此种"法官会议纪要"是法官按照一定程序讨论后对某一法律适用问题形成的多数意见，尽管具有很强的参考价值，但不具有强制适用效力。参见贺小荣：《体系化思维对民事裁判统一性的内在约束——以〈民法典〉适用为视角》，载《中国应用法学》2022 年第 4 期。

握调查重点，然后层层推进，方可实现各项信息的突破。

3. 具体操作

第一步，利用互联网及检索工具，锁定被告的身份信息。根据法院的立案要求，原告必须提供被告的身份信息，这是律师要马上解决的首要问题。律师通过天眼查、企查查、启信宝、国家企业信用信息公示系统等检索出同名同姓的高某名下有多家企业。为了进一步确认本案中的“高某”是否担任了公司法定代表人、董事、监事或具有公司股东身份，律师又通过张某、高小某的姓名连续交叉检索，发现在高小某担任法定代表人的某公司中，高某担任该公司监事。由此可以断定该监事“高某”就是本案的借款人高某。

随后，通过该监事“高某”进行关联检索，发现高某作为股东持有两家有限公司的股权，且持股比例均达到65%以上。但如何获取高某和张某的个人身份信息，律师则需要在此基础上作进一步的调查。

第二步，律师前往相关行政机关调取被告的身份信息。《企业登记档案资料查询办法》（工商企字〔2003〕第35号）第七条中规定：“律师事务所代理诉讼活动，查询人员出示法院立案证明和律师证件，可以进行书式档案资料查询。”从中可以看出，该办法规定律师只有在代理诉讼的活动中，并且出示了立案证明（需要法院正式立案）后才能查询企业登记档案资料。事实上，在非诉讼项目中，尤其在企业并购法律服务中，律师出具尽职调查报告或法律意见书时几乎都需要查询该项目关联企业的档案资料。为此，实践中大部分的市场监督管理机关已放宽律师查询企业登记档案资料的门槛。《市场监管总局登记注册局关于进一步做好企业登记档案资料查询工作的通知》（登注函字〔2020〕157号）规定了律师出示律师执业证书和律师事务所开具的与承办法律事务有关的文件和承诺书后，就可以进行书式档案资料查询。

本案中，高某作为股东的两家公司注册地分别在某市的X区和H区，律师遂前往市场监督管理机关查询高某作为股东的两家公司的登记档案资料。内含的投资人信息栏、公司章程以及股东信息里均显示了高某的身份证号码、联系方式和居住地址等个人相关信息。

在成功获取高某的身份信息后，依据该省公安厅和司法厅印发的《办理律师查询人口信息工作规范》的相关规定，律师携带律师事务所介绍信赴公安机关调取法院立案时需提交的高某的户籍信息表。律师基于张某和高某的婚姻关系，同时调取了张某的户籍信息表。至此，高某和张某的被告主体信息得以明确。

第三步，依据现有的信息材料，获取与被告相关的财产线索信息。根据《民事诉讼法》及其司法解释的相关规定，当事人有权向法院申请财产保全。《最高人民法院关于人民法院办理财产保全案件若干问题的规定》（法释〔2020〕21号）第一条规定，当事人申请财产保全，应当向人民法院提交申请书，申请书应当载明被保全财产信息或者具体的被保全财产线索。所以，司法实践中提出申请财产保全的当事人必须向法院提供被保全的当事人（如本案被告）的财产线索，以便法院能够及时、准确、有效地查封、扣押和冻结相关财产。

如何向法院提供有效的财产线索信息，这极大地考验律师对财产“线索”的追踪能力。本案中，依照方某陈述的信息和律师调查的结果，能够提供的财产线索大致包括高某和张某的银行账户信息、支付宝账户和微信财付通账户信息、不动产房屋信息、公司股权信息四类。其中：（1）关于公司股权信息，律师通过天眼查等检索平台以及公司档案资料，可以直接掌握高某的持股比例、出资实缴等信息。（2）关于支付宝账户和微信财付通账户信息，律师可先从调取的公司档案资料中获得高某的手机联系方式，再通过支付宝和微信的搜索功能来验证该手机号是否系高某对应的财产账户。（3）关于房屋不动产信息，律师则是根据从公安机关处调取的高某与张某的户籍信息中载明的住址信息，以及公司档案资料中高某的住址信息，赴市住房保障和房产管理局的不动产登记中心查询，以此确认该住址上对应的不动产所有权人是否为高某和张某。（4）关于银行账户信息，方某通过银行转账的方式将钱款出借给张某，律师可以直接锁定张某名下该银行的账户信息。

通过上述调查（主要是信息检索与提取）和调取工作（见图7－2），律师在申请财产保全时向法院提供了数十条财产线索信息。这不仅为法院的保全乃至日后的执行提供了便利，也极大地缓解了方某对案件判决后难以执行的忧虑。

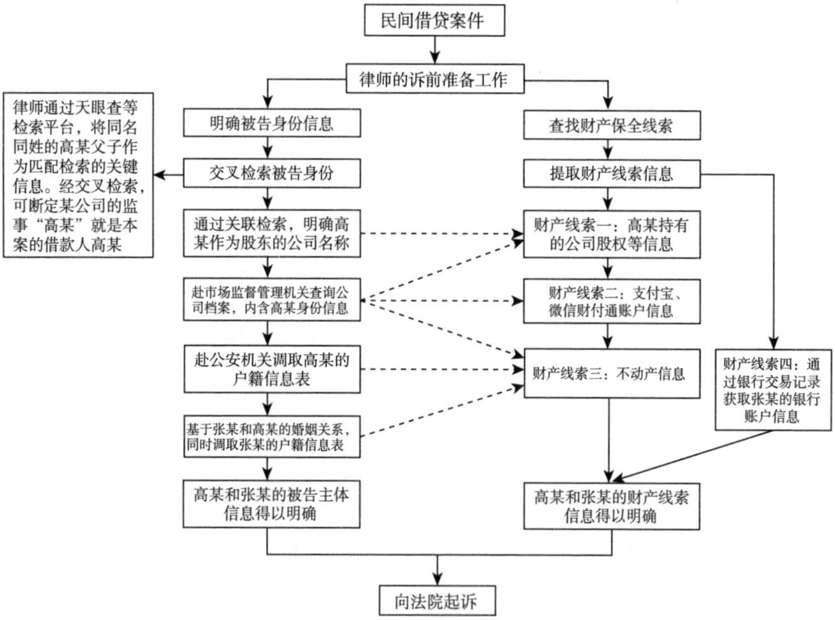

图7－2 律师诉前准备工作思路

（二）案例二：法律适用

1. 案情简介

2021 年 8 月 13 日，持有 A 公司 80% 股权的股东周某与朱某签订《股权转让协议》，约定周某将其持有的公司 12% 股权作价 600 万元转让给朱某，7 日内通过股东会决议，15 日内办理好股权变更登记，否则周某承担相应的违约责任。协议签订当日，朱某支付了 600 万元股权转让款，周某出具了收据。嗣后，周某一直未办理股权变更手续。朱某多次催促无果后委托笔者向法院提起诉讼，要求周某履行协议，将案涉股权变更登记到朱某名下。

朱某与周某签订协议后、朱某起诉前，A 公司的股权结构发生了变动（见图 7－3）。为查明案件事实，法院依法追加了 A 公司原股东戴某及新股东甲公司作为第三人参加本案诉讼。庭审时，周某抗辩称原股东戴某在股权转让时要求对案涉股权行使优先购买权，股东会对其向外转让股权事宜未达成合意，因此协议侵害了戴某的优先购买权，故周某请求法院驳回朱某的诉请。

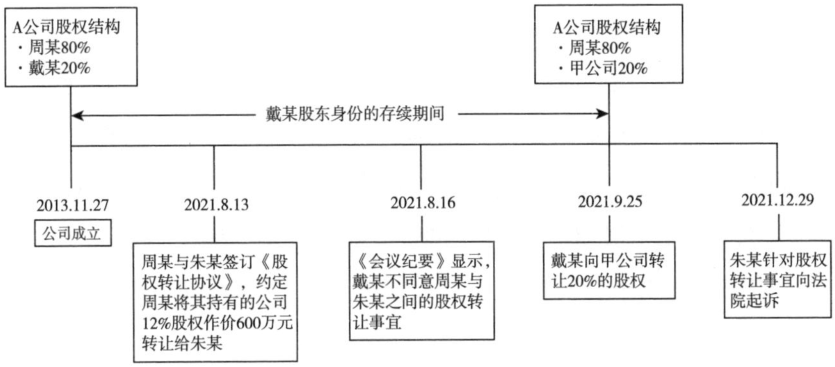

图 7－3　公司股权变动

2. 案例评析

本案涉及股东主张股权优先购买权的要件，这是一个典型的法律适用问题。股东对外转让股权时，其他股东想要实现优先购买权，需要满足以下三个要件。

首先，股东对外转让股权是其他股东主张优先购买权的前提。《公司法》第七十一条第一款规定："有限责任公司的股东之间可以相互转让其全部或者部分股权。"该条第三款规定："经股东同意转让的股权，在同等条件下，其他股东有优先购买权。"股东优先购买权在本质上是一项消极、防御性质的权利，即用于防御股东以外的人在未获得其他股东同意的情况下加入公司的情形。因此，股东优先购买权的"优先"是相较于股东以外的买受人而言的。当股权外流的情形发生时，优先购买权才有行使的必要。股东优先购买权的成立条件是转让股东与股东以外的人已就股权转让达成合意，该合意不仅包括对外转让的意思表示，还应包括双方对价款数额、付款时间、付款方式等在内的完整合意。[1] 在本案中，周某不仅就其持有的公司12%股权与朱某达成转让合意，还在协议中对股权转让款数额等事项作出约定。周某欲对外转让股权的事实已发生，在此前提下戴某可以主张优先购买权。

其次，具备股东身份是股东享有优先购买权的基础。其他股东享有优先购买权需要具备两个前提：第一，其他股东在股权转让时具备股东身份；第二，其他股东的优先购买权未被取消。针对第一点，《公司法》第七十一条规定的优先购买权是专属于有限责任公司股东的，拥有股东身份才具有行使优先购买权的基础，没有股东身

---

〔1〕 参见景汉朝主编，最高人民法院审判监督庭编：《审判监督指导》2014年第1辑，人民法院出版社2014年版，第181－182页。

份便不享有此权利。[1] 针对第二点，《公司法》第七十一条第四款规定："公司章程对股权转让另有规定的，从其规定。"这是对有限责任公司股东对外转让股权时的授权性规定，即尊重公司股东的意思自治，允许公司章程对股权转让有特殊规定。本案中，戴某在《会议纪要》中不同意周某以600万元的对价转让案涉股权，同时戴某在案涉股权转让时系公司的股东，且公司章程未对股东的优先购买权作出限制性规定，所以戴某对案涉股权享有优先购买权。但周某与朱某在签订协议时，甲公司尚不具备公司股东身份，无权行使基于股东身份才享有的优先购买权。

最后，积极主张是股东行使优先购买权的要义。《公司法》第七十一条第二款规定："股东向股东以外的人转让股权，应当经其他股东过半数同意。股东应就其股权转让事项书面通知其他股东征求同意，其他股东自接到书面通知之日起满三十日未答复的，视为同意转让。其他股东半数以上不同意转让的，不同意的股东应当购买该转让的股权；不购买的，视为同意转让。"其他股东在被征求股权对外转让意见或收到股权转让通知时，只要转让股东没有终止转让行为，其他股东均可以积极主动向转让股东表达购买意向，请求与转让股东签订股权转让合同，在同等条件下行使优先购买权。本案中，戴某虽具有股东身份并享有优先购买权，但实际并未积极行使。不仅如此，戴某于2021年9月25日将其拥有的股权转让给甲公司，应视为其已放弃对案涉股权的优先购买权。

同时，《公司法司法解释（四）》第二十一条是关于股东优先购买权受到损害时如何获得救济的规定，该条第一款规定："有限责任

---

[1] 参见王东敏：《公司法审判实务与疑难问题案例解析》，人民法院出版社2017年版，第220页。

公司的股东向股东以外的人转让股权，未就其股权转让事项征求其他股东意见，或者以欺诈、恶意串通等手段，损害其他股东优先购买权，其他股东主张按照同等条件购买该转让股权的，人民法院应当予以支持，但其他股东自知道或者应当知道行使优先购买权的同等条件之日起三十日内没有主张，或者自股权变更登记之日起超过一年的除外。”通过上述规定可知，其他股东在股权转让事项未被征求意见，或者优先购买权被侵害的情况下，应该自知道或者应当知道行使优先购买权的同等条件之日起三十日内，或者自股权变更登记之日起一年内积极主张优先购买权。司法解释之所以作此规定，是为了保障公司运行的稳定以及平衡受让股东和其他股东之间的利益。若受让股东经股权登记并实际拥有股权一段时间后，与其他股东有效合作，甚至对公司的经营、管理及投资有重大贡献，此时若再允许其他股东以优先购买权被侵害为由向法院主张购买该转让股权，会使利益保护的天平从一端滑向另一端。这时，法律便无法起到鼓励商业诚信交易和维护市场交易安全的作用。本案中，周某与朱某签订协议时未向戴某履行告知义务，的确损害了戴某对案涉股权的优先购买权。但戴某在《会议纪要》中表示不同意周某的转让行为后，并未于一定时间内行使救济的权利，反而将所持股权对外转让给甲公司，可视为戴某放弃了优先购买权。而且在朱某起诉时，戴某已不具有 A 公司的股东资格，故周某再以协议侵害了戴某的优先购买权为由主张不履行协议义务的抗辩理由不能成立。

第八章　民事诉讼二审

目　　次

民事诉讼一审程序和二审程序之间存在紧密的联系，一审程序是二审程序的前提和基础，二审程序是一审程序的继续和监督。代理民事诉讼一审案件和二审案件均是律师的基础性业务，且代理原理基本相似。但以下四个代理要点是二审律师要格外关注的，律师必须熟练掌握相应的代理方法。

一、打破一审代理的思维惯性

律师代理二审案件，无论该律师是否为一审程序的诉讼代理人，先要关注一审是否存在程序违法，再细研案件的实体问题，充分解析一审裁判的思路与逻辑。律师在实体层面需关注：（1）诉讼请求是否得到支持；（2）一审争议焦点及一审法院对此的分析论证；（3）双方当事人的主张和抗辩；（4）双方当事人的举证及质证；（5）一审裁判中经审理查明部分是否存在事实认定错误。

律师一般需要阅读三轮一审裁判。第一轮的重点在于诉讼请求及判项，总览当事人争议的焦点问题，并锁定一审判而未决的问题。第二轮要带着问题详细查看一审裁判中经审理查明的事实，以及一审裁判中“本院认为”部分对该问题的分析论证，了解一审裁判的审理思路。第三轮的重点是关注己方的主张及对方的抗辩，结合举证情况，考量一审裁判作出的依据是否充分，检视己方一审诉讼策略的得失，同时思考二审代理工作的突破口。

律师接受委托代理二审案件，应当第一时间去法院查阅、复制一审案卷。律师要反复地细致琢磨案卷中的起诉状、答辩状、证据清单及证据、庭审笔录、代理意见等材料，以便精准地了解双方当事人在一审阶段的诉辩对抗情况，尤其是针对可能左右二审焦点问题的关键事实，双方是如何主张、如何举证、如何当庭陈述、如何在代理词中作出回应的。

在此提示两点：第一，因为庭审笔录是最能够反映法院审理真实情况的书面记录，所以律师应详细阅读一审的庭审笔录，摘录庭审笔录记载的重要信息。律师还可以研看一审的庭审直播录像，以便更完整地掌握一审的庭审情况。第二，律师特别要重视对方一审的代理律师在庭后向审判人员提交的代理意见。因为在一审诉讼过程中，律师的代理意见是不公开的，所以二审代理律师在法院查阅一审案卷时要注意将其复制下来。

需要指出的是，一些已代理了一审的二审代理律师在思想上常容易产生惰性，自信地认为自己在代理一审时已经对案涉所有问题都全面思考过，不愿在二审程序中再花费时间和精力去研究了。殊不知，律师的代理工作不可懈怠，要考虑法院为何会采纳自己的意见，如何在二审中巩固成果，或者要思考法院为何没有采纳自己的观点，如何在二审中争取"翻盘"。因此，律师应当努力打破原先一审代理的思维惯性，探索是否还有进一步调整、完善的空间。

如果律师没有参与过一审的代理，而是直接代理二审案件，便更不应受到一审代理观点的影响、束缚，要尽可能地撇开一审的代理思路，提出新的、有价值的观点。因为当事人之所以不再聘请一审律师继续代理二审案件，多是对一审代理结果或律师代理工作不满意，而对二审新聘请的律师寄予厚望。律师若想接受委托并取得良好的代理效果，就要在细读一审裁判和案卷的基础上提出新的具有可操作性的观点，给当事人柳暗花明、别有洞天之感。[1] 当然，律师不宜矫枉过正，为了博取当事人暂时的满意，明知一审代理思路是正确的，却为了展示自己的能力，刻意地另辟蹊径。若一审代理观点确有可商榷之处，律师应以得体的方式向当事人表达，切忌

〔1〕 参见薛晓蔚：《实习律师指南》（第三版），法律出版社2020年版，第101页。

大肆贬低同行的代理工作。

二、重构有效的二审诉讼策略

经过前一项工作，律师已经掌握了一审裁判和案卷所反映的基本事实与问题，并对案件代理思路有了初步的想法。接下来，律师应与当事人开展充分、深入的沟通，在有限的上诉期内及时构建二审的诉讼策略。

第一步是确认一审程序中己方已实施的诉讼行为。当事人及其二审代理律师要恪守民事诉讼诚信原则，禁止矛盾行为，禁反言。《民诉法司法解释》第三百四十条第一款规定：“当事人在第一审程序中实施的诉讼行为，在第二审程序中对该当事人仍具有拘束力。”该条第二款规定：“当事人推翻其在第一审程序中实施的诉讼行为时，人民法院应当责令其说明理由。理由不成立的，不予支持。”诉讼实践中出现较多的情形是当事人的自认。一般而言，自认是当事人在诉讼的口头辩论或辩论程序中作出的与对方当事人主张一致且于己不利的陈述。诉讼中一旦成立自认，法院应受该自认的拘束。作出自认的当事人也受自认的拘束，不能自由地撤回该自认。否则会对诉讼效果产生较大的负面影响，损害当事人的可信度。所以二审代理律师一定要将当事人在一审程序中已实施的诉讼行为梳理清楚，并由当事人亲自确认。

第二步是核实案件全部事实。这一方面有赖于当事人的积极性，其有可能会主动向律师提供更多的案涉背景、细节和线索；另一方面也需要律师经分析后凭借经验向当事人补充提问、核实问题，并请当事人提供相关的资料。需要提示的是，对于部分较为宽泛的问题，建议律师在设问前对为何提出这样的问题作简要的说明，以便引导当事人更充分地理解该问题，作出更透彻的回答。[1]

第三步是与当事人进一步沟通取证，争取在二审中向法院提交新的证据。当二审代理律师的诉讼思路与一审原有思路存在差异时，再次收集新的证据并在二审中进行举证是必不可缺的工作。特别是一审法院以己方证据不足为由作出对己方不利的判决后，二审代理律师必须收集到能够补强己方观点的新证据。针对对方当事人一审时提交的证据，如己方仍有疑问的，二审代理律师应当收集新的证据，并在二审中进一步举证以反驳对方主张或一审法院认定的事实，以证明对方的证据存在虚假或缺乏证明力。例如在一起民间借贷纠纷案中，被告乙的一审代理律师向一审法院陈述，案外人丙曾收到乙的一笔款项（有银行打款凭证作为证据），丙便代乙将该笔款项支付给了原告甲，即乙曾通过丙偿还过欠甲的一部分借款。后丙去世，丙向甲支付款项的相关银行打款凭证难以获得，甲也不认可乙的上述说法。本案一审的代理效果欠佳，在二审中，乙委托笔者为其代理。笔者向二审法院提交了书面的取证申请，申请二审法院依职权调取丙和甲之间的银行流水，或给笔者开具调查令以便赴银行调查取证。二审法院经审查后支持了该取证申请，笔者遂持调查令顺利调取到丙和甲之间的银行流水，其成为该案二审的关键新证据。

此外，在确定二审诉讼策略时，针对一审审理中争议较大的法律问题，专业的律师会通过检索相关的法律规定、类案裁判和权威观点，用以完善诉讼策略。

三、清晰列明上诉请求和理由

民事诉讼一审程序和二审程序的审理对象是不同的。一审的审

〔1〕 参见天同律师事务所编著：《天同办案手记》，中国法制出版社2021年版，第322－323页。

理对象是当事人双方争议的民事权利义务关系，包括事实认定和法律适用。二审的审理对象是当事人的上诉请求是否成立或妥当与否。律师在起草上诉状时务必高度重视上诉请求和理由，因为这是二审案件的审理基点。《民事诉讼法》第一百七十五条规定："第二审人民法院应当对上诉请求的有关事实和适用法律进行审查。"据此，二审法院的审理范围包括两个方面。

第一，二审案件的审理范围原则上是当事人上诉请求的范围。我国对二审案件的审理是续审，二审法院要解决的是一审法院已经审理但仍存在争议的问题以及当事人认为一审裁判存在错误的问题。《民诉法司法解释》第三百二十一条规定："第二审人民法院应当围绕当事人的上诉请求进行审理。当事人没有提出请求的，不予审理，但一审判决违反法律禁止性规定，或者损害国家利益、社会公共利益、他人合法权益的除外。"所以，上诉状中的上诉请求（主要是请求依法改判，或撤销原判，发回重审）决定了二审的基本走向。

第二，二审案件审理的内容是与上诉请求有关的事实和法律问题。二审法院的审理既是事实审，又是法律审。但二审法院审理的事实和法律问题是围绕当事人的上诉请求进行的，即只审理与上诉请求有关的事实和法律问题。如果当事人请求改变或撤销一审裁判的全部，则二审法院就应对一审裁判中认定的全部事实和适用法律进行审理；如果当事人只请求改变或者撤销一审裁判的一部分，则二审法院只围绕上诉请求的部分事实认定或适用法律进行审理即可。上诉请求中的相关事实和法律适用，既包括当事人提出的法律和事实问题，也包括当事人未提出但与上诉请求有关的其他事实和法律问题。[1] 由此，律师在上诉时可遵循“先破后立”的诉讼策略。先“破”，即列举出一审裁判存在的事实问题和法律问题；后“立”，即根据原审证据和新证据证成己方所主张的案件事实，并根据相关法律规定证成己方的请求与主张。

另要补充提到的是，如果一审获得胜诉，二审律师最核心的代理工作便是思考如何坚定地维护一审裁判，其答辩思路应当包含两个方面：一是论证一审裁判的合法性和合理性；二是反驳对方在上诉状中的观点、逻辑。

四、适应二审庭审/询问方式

二审案件的审理方式是以开庭审理为原则，不开庭审理为例外。《民事诉讼法》第一百七十六条第一款规定：“第二审人民法院对上诉案件应当开庭审理。经过阅卷、调查和询问当事人，对没有提出新的事实、证据或者理由，人民法院认为不需要开庭审理的，可以不开庭审理。”其实，二审程序的设置目的除了是考虑如何通过该程序保障法院裁判的公正性，还有尽量吸收当事人对裁判不满的作用。

有一位当事人曾向笔者咨询过一起案件。该当事人对二审裁判严重不服的重要理由是该案的标的额高达 1.2 亿元，但二审法院从受理到作出判决仅用了 17 天，未经开庭审理，法院在判后答疑时表明的理由是“当事人提出的上诉请求明显不能成立”，[2] 故希望笔

---

〔1〕 参见《民事诉讼法学》编写组：《民事诉讼法学》（第三版），高等教育出版社 2022 年版，第 259－260 页。

〔2〕《民诉法司法解释》第三百三十一条 第二审人民法院对下列上诉案件，依照民事诉讼法第一百七十六条规定可以不开庭审理：

（一）不服不予受理、管辖权异议和驳回起诉裁定的；

（二）当事人提出的上诉请求明显不能成立的；

（三）原判决、裁定认定事实清楚，但适用法律错误的；

（四）原判决严重违反法定程序，需要发回重审的。

者为其申请再审。其实，该案的标的额虽大，但当事人的上诉理由只有一个，即一审法院判决其承担的律师费55万元过高。显然，在双方当事人均未提交新证据的情况下，二审法院审查对方主张的律师费是否应予以支持这一争议焦点确实是不需要开庭审理的，而且作出判决的难度也不大。当事人透露其上诉的目的是“拖”时间，然而这样的上诉目的无疑是过于“苍白”了，二审法院确有理由不经开庭审理而直接作出判决。

但也要说明，虽然法律没有赋予律师申请二审开庭的权利，但对于当事人强烈要求开庭的案件（或案涉事实、关系复杂，或法律适用争议大），且案涉标的额巨大，律师应当主动联系二审法院的审判人员，并递交开庭申请书，动之以情，晓之以理，尽力争取开庭审理的机会。笔者代理过一起二审案件，尽管多次向审判人员表达了希望开庭审理的诉求，但依然未果，当事人倍感失落。最终笔者向审判人员申请复制对方的书面代理意见，合议庭准允。因为律师既然没有机会在法庭上说服审判人员，便只能通过阅读对方的代理意见后也以书面形式反驳对方的观点，供合议庭参考。否则双方的观点没有形成交锋，无法有效地促使合议庭作出支持己方观点的评判。

《民事诉讼法》第四十一条中规定，“人民法院审理第二审民事案件，由审判员组成合议庭”，但现实中二审法院的审判人员数量毕竟有限，案件又多，为了提高“开庭”审理的效率，实践中有一种变相操作，即由一位审判人员召集各方进行询问。实际上，即使是询问，律师也应按照开庭的方式做足准备，因为询问与开庭的流程几乎一致。

二审开庭与一审开庭的实质性区别不大，但因二审和一审的审理范围有所不同，所以有两种具体的庭审方式是需要律师注意并适应的。一是，有的审判人员在法庭调查阶段会让上诉人直接指出对一审认定的事实部分有何异议（具体到哪一页的哪一句话）。所以律师一定要在庭前征求当事人的意见，明确有异议的内容，最好精确到一审裁判中的哪几处有错误，或因证据未被一审法院认可导致哪几节事实有所缺漏。二是，有些审判人员在听取了双方的诉辩意见后会直接归纳争议焦点，之后不再区分法庭调查和法庭辩论，而是让双方围绕每个争议焦点分别发表关于事实和法律适用的意见。为此，律师在二审开庭前针对这种庭审方式亦应有所准备，在庭审时做到随机应变、灵活应对。

五、案例分析

（一）基本案情

A 公司成立于 2000 年，注册资本为 50 万元，股东为齐甲、齐乙（系齐甲的长子），其中齐甲出资 45 万元，持股比例 90%，齐乙出资 5 万元，持股比例 10%。《验资报告》载明 5 万元现金缴纳单款项来源为齐乙投资款。后公司两次增资，齐乙的持股比例一直保持 10%，两次增资的《验资报告》均载明相应现金缴纳单款项来源为齐乙投资款。

2013 年，公司股东变更为齐甲、齐丙（系齐甲的幼子），其中齐甲的持股比例为 90%，齐丙的持股比例为 10%。

工商登记档案显示，齐乙和齐丙于 2013 年签订《股权转让协议》，约定齐乙将其持有的公司股权转让给齐丙，后者向前者一次性支付股权转让款。《股权转让协议》的出让方处签有齐乙的名字，受让方处签有齐丙的名字。同时，《股东会决议》认可了《股权转让协议》的全部内容，原股东处签有齐甲、齐乙的名字，现股东处签有齐甲、齐丙的名字。

（二）原审原告的诉讼请求及事实、理由

2021 年，齐乙以齐丙、A 公司为被告，以齐甲、茅某（系齐甲的配偶，齐丙之母）为第三人，向法院提出两项主要的诉求请求：(1) 确认 2013 年的《股权转让协议》和《股东会决议》不成立；(2) 判令两被告将目前登记在被告齐丙名下的 A 公司 10% 股权退还给原告，并向登记机构申请将股权恢复登记至原告名下。

起诉状上写明的事实与理由主要是：(1) A 公司一直由齐甲等人经营，原告齐乙不参与经营管理，但齐乙于 2019 年年初发现了案涉《股权转让协议》和《股东会决议》，也在市场监督管理机关处查实自己不再是公司股东，而是齐丙代替自己成为股东。(2) 齐乙未将诉争股权转让给齐丙，未在案涉《股权转让协议》上签过名，未参加过 2013 年的案涉股东会议，未在案涉《股东会决议》上签过名，更未收到过任何股权转让款。因此，案涉《股权转让协议》和《股东会决议》是不成立的，该次股权转让行为也是不成立的，故齐乙要求将股权恢复登记至其名下。

被告 A 公司和第三人齐甲同意原告齐乙的诉讼请求。

被告齐丙和第三人茅某辩称齐乙并未实际出资，A 公司的设立登记、出资、经营、股权转让、签名等与齐乙、齐丙均无关，事实上是由齐甲、茅某一手操办，所以 A 公司的实际出资人是齐甲、茅某，属于父母冒用儿子身份，将股权登记在儿子名下，是冒名出资行为。齐甲、茅某以自己的意思处分其事前暗中登记在齐乙名下的股权，系实际出资人处分自己投资权益的行为，该行为可能损害齐乙的姓名权，但并未损害齐乙的其他合法权益，处分行为应认定有效。同时，齐丙表示接受父母给予的股权，齐丙的股东资格应予确

认，故请求驳回齐乙的诉讼请求。

（三）原审法院的判决理由与判决结论

原审法院认为：“本案的争议焦点为2013年的《股权转让协议》和《股东会决议》是否成立。综合本案情况，第三人齐甲、茅某使用原告名义登记成立A公司并办理相应股权转让等具有高度盖然性，具体理由如下：1. 从出资情况看，出资款的缴存实际由第三人茅某参与办理，原告陈述前两次出资为其工资、入伍退伍补助等自有资金，但A公司设立时，原告刚年满18周岁，其经济来源并不稳定，同时关于A公司第三笔增资款，第三人齐甲陈述原告的10万元出资款系由原告现金交付，该陈述与2009年《验资报告》相矛盾。2. 从公司运营情况看，在案涉《股权转让协议》和《股东会决议》前，并无原告本人签字的公司登记设立、股东会决议等相关文件，第三人齐甲陈述公司召开股东会等并不让原告签字，而是由齐甲操作加盖原告私章，同时无相关证据证明原告实际行使过股东权利。3. 从家族企业的公司治理看，A公司登记股东均系家庭成员，属于家族企业。股权虽先后登记于原告及被告齐丙名下，但原告不参与公司经营管理，被告齐丙在国外念书亦未参与公司经营管理，齐甲实际控制家族企业的内部经营及股权设立变更登记等相关事宜，该控制亦可与齐甲的持股比例及公司设立时由齐甲办理等所证实。4. A公司成立后历经多次股权变更登记，均未有家族成员就股权及变更提出异议，该情况亦可与A公司的家族企业式公司治理相互印证。故原告齐乙仅为A公司名义股东，A公司的设立登记、经营管理、变更登记、股权转让、股东会决议等相关事宜一直以来均由齐甲、茅某经手操办。综合公司登记设立、实际经营、后续股权变更及案涉家庭成员关系等因素，可以认定两第三人实际行使股东权利将诉争股权进行转让，故本院认定2013年的《股权转让协议》及《股东会决议》成立并有效。据此，原告的诉讼请求缺乏依据，本院不予支持。”故原审法院判决驳回原告齐乙的诉讼请求。

（四）律师代理二审的诉讼思路

原告齐乙认为原审法院得出的结论未依据法律，而是靠“猜测”和“推断”，故不服一审判决，委托笔者上诉。综观原审法院的判决理由，的确可以发现，法院未援引具体的法律依据，而是围绕“高度盖然性”列举了四点裁判理由。

总体而言，虽然本案各方当事人的证据均不是很充分，但原审法院的不少推理意见并非无懈可击，有些说理观点也值得商榷，因此二审的代理工作仍有一定的空间。代理本案二审的基本思路应当是：第一步，“先破”，重新梳理事实，依据明确的法律规定和收集到的新证据逐一反驳原审围绕高度盖然性的每项判决理由。第二步，“后立”，根据法律规定提出己方于一审时未提出的有利理据，证明案涉《股权转让协议》和《股东会决议》不成立，更遑论诉争股权合法转让。以下观点可供参考：

（1）原审法院认定齐乙为名义股东的理由之一是齐乙未履行出资义务，显系事实认定错误。

原审法院关于论证齐乙系名义股东的第一个理由是：“从出资情况看，出资款的缴存实际由第三人茅某参与办理，原告陈述前两次出资为其工资、入伍退伍补助等自有资金，但A公司设立时，原告刚年满18周岁，其经济来源并不稳定，同时关于A公司第三笔增资款，第三人齐甲陈述原告的10万元出资款系由原告现金交付，该陈述与2009年《验资报告》相矛盾。”

第一，书证能够客观地记述和反映案件事实的真相，真实性强，往往可以直接证明案件的待证事实。[1] 齐乙提供的《验资报告》以及原审第三人齐甲的陈述足以证明齐乙系实际出资人且出资义务已履行完毕，而且前者（既是书证，也是直接证据）的证明力显然要高于后者（系当事人陈述）。而且原审法院认为齐甲关于齐乙出资方式的陈述与《验资报告》上的说法有一定出入，系原审审判人员对齐甲陈述的理解有误，代理律师对此应作出更符合客观事实的解释。

第二，原审法院认定出资款的缴存实际是由原审第三人茅某参与办理的，但这不等于齐甲、茅某实际履行了出资义务，享有诉争股权。一方面，齐甲、茅某未能证明其在A公司设立或多次增资时曾与齐乙达成过合法有效的代持股权的合意。另一方面，齐丙和茅某虽主张齐甲、茅某是诉争股权的实际出资人（甚至享有争讼股权），但未根据《公司法司法解释（三）》第二十二条的规定[2]提供证据证明齐甲、茅某实际出资的事实。相比之下，齐乙已提供充分的证据证明其履行了出资义务，所以齐乙的举证优势更为明显，故法院应当认定齐乙为诉争股权的实际出资人及所有权人。

第三，A公司设立时，齐乙的第一笔出资款仅为5万元，这不是一个大数目，彼时的齐乙早已辍学多年在外打拼，已有一定的积蓄，且家庭条件优渥，他是完全有能力履行出资义务的。原审法院因当时的齐乙刚年满18周岁、经济来源不稳定就质疑他的出资能力，理由显然过于牵强。

---

〔1〕 参见《民事诉讼法学》编写组：《民事诉讼法学》（第三版），高等教育出版社2022年版，第259-260页。

〔2〕《公司法司法解释（三）》第二十二条　当事人之间对股权归属发生争议，一方请求人民法院确认其享有股权的，应当证明以下事实之一：

（一）已经依法向公司出资或者认缴出资，且不违反法律法规强制性规定；

（二）已经受让或者以其他形式继受公司股权，且不违反法律法规强制性规定。

（2）原审法院认定齐乙为名义股东的理由之二在于齐乙无相关证据证明其实际行使过股东权利，亦属于事实认定错误。

原审法院认定："从公司运营情况看，在案涉《股权转让协议》和《股东会决议》前，并无原告本人签字的公司登记设立、股东会决议等相关文件，第三人齐甲陈述公司召开股东会等并不让原告签字，而是由齐甲操作加盖原告私章，同时无相关证据证明原告实际行使过股东权利。"

代理律师调查发现，自A公司成立以来，齐乙就长期委托其父齐甲代为行使股东权利，因此齐乙才将私章交由齐甲保管，用于公司股东会决议的盖章。自然人的私章没有登记备案的要求，对外虽不具有公示效力，但在内部存在授意的意思表示。由于A公司是家族企业，齐乙委托在生产经营方面具有绝对优势并同时也是一家之主的齐甲代为行使股东权利合情合理。

（3）原审法院认定齐乙为名义股东的理由之三、之四在于A公司属于家族企业，且A公司成立后历经多次股权变更登记，均未有家族成员就股权及变更提出异议。原审法院以家族企业式公司治理的"惯例"来推定齐乙的名义股东身份，没有任何法律依据，且部分事实的认定也过于牵强。

一审法院认为："从家族企业的公司治理看，A公司登记股东均系家庭成员，属于家族企业……齐甲实际控制家族企业的内部经营及股权设立变更登记等相关事宜，该控制亦可与齐甲的持股比例及公司设立时由齐甲办理等所证实。A公司成立后历经多次股权变更登记，均未有家族成员就股权及变更提出异议，该情况亦可与A公司的家族企业式公司治理相互印证。"

第一，家族企业式的公司治理方式并不意味着股东之间就一定存在股权代持关系，也不能据此就将以代签名的方式擅自"转让"

股东股权的侵权行为合法化。该治理方式反而能够说明齐乙委托齐甲代其行使股东权利并未多作干预的合理性。至于齐丙被代签名，则存在多种可能性：可能代签行为是经过齐丙本人同意的，所以齐丙未提出异议。也可能如同本案，是齐甲、茅某擅自代签的，齐丙只是“现在”没有提出异议。还有可能是齐丙与齐甲、茅某之间确实存在代持股权的关系。面对多种可能性，在未查清事实之前，原审法院就据此类推齐乙与齐丙一样是名义股东，明显未以事实为依据。

第二，A公司成立后历经多次股权转让，并非如原审法院所言未有家族成员就股权及变更提出异议。现齐乙就以起诉、上诉的形式对案涉《股权转让协议》和《股东会决议》以及后续的股权变更登记提出异议。关于齐乙为何时隔多年后才提出异议、提起诉讼，是因为齐乙一直是委托齐甲行使股东权利的，加上双方的父子关系，齐乙对齐甲是极其信任的，所以之前并未过多关注、过问公司的相关情况。直到近期，齐乙才了解到自己的股权遭受损害，便立即通过合法方式积极维护自身的合法权益。因此，家族企业式的公司治理方式与诉争股权归属于原审两第三人之间不存在因果关系。

（4）原一审判决在举证责任分配上显失公平，齐丙与茅某应提供证据证明齐甲、茅某实际履行了诉争10%股权所对应的出资义务，否则法院不能认定齐甲、茅某有权实际行使诉争10%股权所对应的股东权利。

一审法院虽然适用了《公司法司法解释（三）》第二十二条的法律规定，但存在适用错误的情况。齐乙在一审过程中已向原审法院提供证据（《验资报告》）证明其履行了10%股权所对应的出资义务。齐丙与茅某虽主张齐乙为名义股东，但未提供证据证明齐甲、茅某实际履行了诉争股权所对应的出资义务，也未提供证据证明已经受让或者以其他形式继受诉争股权。因此，齐丙和茅某应承担举证不能的不利后果，即不能证明齐甲、茅某实际享有10%股权所对应的股东权利。

(5)《转让协议》因欠缺合同成立的要件而未成立，《股东会决议》亦不成立，故两份文件对齐乙均不具有约束力，且齐丙取得诉争股权不构成善意取得。

《转让协议》上载明出让方为齐乙，但签名处的“齐乙”并非其本人所签，齐乙未向齐丙发出向其转让诉争股权的意思表示。根据原《合同法》的相关规定，《转让协议》因欠缺合同成立的要件而未成立，对齐乙不具有约束力。

齐乙未参加2013年的案涉股东会议，《股东会决议》中原股东处的签名“齐乙”也非齐乙本人所签。案涉股东会议的召开程序、表决程序均不符合《公司法》和《公司法司法解释（四）》的相关规定[1]，应当认定《股东会决议》不成立。

并且，齐丙取得诉争股权不构成善意取得。一来，齐丙受让诉争股权时，在能向齐乙核实的情况下未核实，不能认定齐丙是善意。二来，齐丙未就诉争股权向齐乙支付过任何股权转让款。因此齐乙有权追回诉争股权。

---

〔1〕《公司法司法解释（四）》第五条　股东会或者股东大会、董事会决议存在下列情形之一，当事人主张决议不成立的，人民法院应当予以支持：

（一）公司未召开会议的，但依据公司法第三十七条第二款或者公司章程规定可以不召开股东会或者股东大会而直接作出决定，并由全体股东在决定文件上签名、盖章的除外；

（二）会议未对决议事项进行表决的；

（三）出席会议的人数或者股东所持表决权不符合公司法或者公司章程规定的；

（四）会议的表决结果未达到公司法或者公司章程规定的通过比例的；

（五）导致决议不成立的其他情形。

第九章　民事诉讼再审

目　　次

民事诉讼再审程序是纠正法院错误生效裁判的一种补救程序，不是法院审理民事诉讼案件的必经程序，而是当事人合法权益的特殊救济程序。民事诉讼再审程序以一审程序和二审程序为基础，具有监督的功能，而且律师在该程序中代理方法的专业性更加鲜明。有资深实务界人士认为，鉴于再审程序是对一审、二审程序的审查，专业复杂性远超一审、二审，建议尽快在再审程序中实行强制代理制度，引导当事人合理行使诉权、合理利用司法资源，充分发挥律师在再审程序中的积极作用，共同促进公平正义的实现。[1] 故本书专设一章对律师代理再审案件的方法作出介绍。

一、民事诉讼再审业务的特质及对律师的影响

2014 年，《中共中央关于全面推进依法治国若干重大问题的决定》提出："对不服司法机关生效裁判、决定的申诉，逐步实行由律师代理制度。"《最高人民法院民事案件当事人申请再审指南》第六条指出："当事人向最高人民法院申请再审的，一般应委托律师作为诉讼代理人。委托律师有困难的，可以申请法律援助。"这是中国逐步探索建立律师强制代理制度的一次重要尝试。可以预见，未来由最高人民法院审理的再审案件中，律师的代理率将大幅提升。同时，律师执业专业化是行业发展趋势，包括笔者在内的一些律师已将重大、疑难的民事诉讼再审案件作为一个诉讼专业化方向。[2] 对律师而言，再审业务的突出优势与显性"弊端"皆客观存在，因此有必要揭示民事诉讼再审业务的若干特质。

---

〔1〕 参见李占国：《当前司法实践中影响公平正义实现的若干问题》，载《中国应用法学》2022 年第 5 期。

〔2〕 例如，北京天同律师事务所编著：《民商事再审程序操作指引》（修订版），法律出版社 2013 年版。

（一）再审业务普遍化

再审程序在我国民事诉讼法律体系中具有悠久的历史和重要的地位，其重在依法纠错、维护裁判权威。2007 年以前，再审程序具有类似于申诉、信访的性质。2007 年《民事诉讼法》将再审程序作为主要的修订对象，将再审程序划分为再审申请审查程序与再审审理程序两个阶段，并重构了当事人申请再审的审查启动程序。[1] 2012 年修正的《民事诉讼法》继续推动再审程序的改革，再审程序已基本完成了诉讼化改造，申请再审成为当事人法定的程序性救济权利。

近年来，再审作为两审终审外的法定救济途径，得到了非常广泛的适用，申请再审的案件数量激增。据一位学者的调研，最高人民法院受理的民事、行政申请再审审查案件从 2016 年的 8884 件，迅速增长至 2020 年的 22,383 件。[2] 也因此，从民商事争议解决的市场角度看，当事人欲“抓住最后一根救命稻草”的救济心理给律师行业带来了巨大的再审业务需求。

（二）再审业务的高端性

民事诉讼再审案件具有事实复杂、矛盾积累较大、诉讼时间持续久、审级高、操作程序精细等特点。争议双方可谓针尖对麦芒，呈现出对抗性极强的特质。从另一个角度理解，这些特质充分展现了再审业务的高端性，可将其喻为一审、二审诉讼业务的“集大成

---

〔1〕 参见《民事诉讼法学》编写组：《民事诉讼法学》（第三版），高等教育出版社 2022 年版，第 266－267 页。

〔2〕 参见何海波：《深化再审程序改革　凸显最高审判机关职能定位》，载《人民法院报》2022 年 9 月 2 日，第 2 版。

者”。虽然高端的特质决定了律师代理再审案件的难度，但毋庸置疑，律师在代理复杂、疑难的再审案件时得以接触各类案由，有利于开拓律师的办案视野，展现律师在争议解决领域的综合能力。

（三）有利于提升律师的职业获得感

再审案件的审级高，代理难度大，接触到的审判人员和律师的业务素质相对高。2019 年年底最高人民法院审委会首次邀请案件代理律师分阶段参加，陈述意见并接受审委会委员询问。经过数年的积累，律师会逐渐提升办案自信，收获客户群体和法律职业共同体成员的认可，应该能够体会到职业成就感。

（四）律师业务学习的客观需要

在司法实践中，最高人民法院裁判文书中的重要观点往往是之后司法解释或司法规范性文件中一些裁判规则的提前展示。〔1〕代理再审案件会迫使律师必须去收集、学习最高人民法院审判人员的司法观点。〔2〕律师若将吸收经典的裁判观点作为日常工作习惯，能够极大地提高其研判法律问题的精准性和认知法律观点的精确度，这对律师从事各种法律业务都是助益良多的。〔3〕

上述四个特质是笔者理解的民事诉讼再审业务的优势所在，但

〔1〕《提级管辖和再审提审指导意见》第二十四条中规定：“最高人民法院、高级人民法院应当……推动将具有规则确立意义、示范引领作用的裁判转化为司法解释、司法指导性文件、司法建议、调解指引等。”

〔2〕例如，最高人民法院第二巡回法庭编著，郑学林主编：《民商事再审典型案例及审判经验》，人民法院出版社 2019 年版。

〔3〕例如，北京市律师协会主编：《民事二审再审改判案例：诉讼过程与争点剖析》（第二辑），法律出版社 2023 年版；丁义平：《民商事再审前沿实务与疑难解析：以最高人民法院案例为视角》，法律出版社 2023 年版；朱兰春：《法官如何裁判》（第二版），中国法制出版社 2021 年版。

“弊端”亦客观存在，在此着重介绍以下几点。

（五）当事人的高期望带给律师的工作压力

对于终审败诉的当事人而言，申请再审几乎是其最后的诉讼救济途径，聘请优秀的专业律师作为再审案件的诉讼代理人就是为了反败为胜。可以想象，终审胜诉的当事人对再审败诉的结果必然更加难以接受，为了巩固之前的胜诉成果，他们往往也会委托专业律师代理。因此，双方当事人都会对律师抱有最大的期望。最终，律师无论代理哪一方，当事人的高期望值都会实实在在地转化成律师的工作压力。可以想象，律师代理再审案件必得劳神费力、精益求精。

（六）实体上的不确定性

不少当事人乃至律师会认为：“这个案子二审确实判错了，我去申请再审，就一定能启动再审。”这种认识其实是不准确的。须知，法院审查再审申请案件，关于能否启动再审程序进行纠错，法院是拥有一定选择权的。如果终审裁判的错误没有构成“硬伤”，不符合《民事诉讼法》第二百一十一条的十三种法定情形，法院是有权不纠错的。

十三种情形具体包括：（1）有新的证据，足以推翻原判决、裁定的；（2）原判决、裁定认定的基本事实缺乏证据证明的；（3）原判决、裁定认定事实的主要证据是伪造的；（4）原判决、裁定认定事实的主要证据未经质证的；（5）对审理案件需要的主要证据，当事人因客观原因不能自行收集，书面申请人民法院调查收集，人民法院未调查收集的；（6）原判决、裁定适用法律确有错误的；（7）审判组织的组成不合法或者依法应当回避的审判人员没有回避的；（8）无诉讼行为能力人未经法定代理人代为诉讼或者应当参加诉讼的当事人，因不能归责于本人或者其诉讼代理人的事由，未参加诉讼的；(9) 违反法律规定，剥夺当事人辩论权利的；(10) 未经传票传唤，缺席判决的；(11) 原判决、裁定遗漏或者超出诉讼请求的；(12) 据以作出原判决、裁定的法律文书被撤销或者变更的；(13) 审判人员审理该案件时有贪污受贿，徇私舞弊，枉法裁判行为的。这也决定了法院审查再审申请时在实体上具有较大的不确定性。此外，关于再审改判的标准，在各地、各级法院之间，乃至于最高人民法院内部都不可避免地存在认识分歧、做法不一致的情况，从而增加了律师代理结果的不确定性。

（七）程序上的不确定性

再审案件在程序上具有很大的不确定性。无论是学理抑或实践，再审程序的适用条件与既判力范围均存在极大的争议。试举一例，一起经历过再审程序的案件，当事人还能否申请再审？对此，《民诉法司法解释》第三百八十一条列举了三种法院不予受理当事人申请再审的情形，包括：(1) 再审申请被驳回后再次提出申请的；(2) 对再审判决、裁定提出申请的；(3) 在人民检察院对当事人的申请作出不予提出再审检察建议或者抗诉决定后又提出申请的。但这三种情形显然是没有穷尽的。例如，2017 年最高人民法院答复山东省高级人民法院："再审后将案件发回重审后作出的生效裁判，当事人不服的，可以根据民事诉讼法第一百九十九条的规定申请再审。"[1] 最高人民法院的上述答复仅是对山东省高级人民法院作出的，对其他省的

---

〔1〕《最高人民法院关于再审撤销一、二审裁判发回重审的案件当事人对重审的生效裁判是否有申请再审权利的答复》[（2016）最高法民他 118 号]。

高级人民法院没有强制适用性。可以想见，程序适用的不确定性会显著增加律师的代理难度。

（八）再审启动流程的复杂性

据曾任职于最高人民法院的一位审判人员介绍，法院在接收再审申请后，该再审申请案件在法院内部要经历初步审查再审申请、调卷、询问、合议庭讨论、法官联席会议讨论等多个内部流程后，法院才能决定是否启动再审。启动再审的程序流程虽精密复杂，但法院多采用书面审查的方式，律师的直接参与度并不高，导致律师的代理存在客观的困难。

（九）再审申请被驳回的常态性

以数据来说明这一特质。2016年至2020年，最高人民法院再审申请审查的驳回率一直在90%以上。[1] 2013年至2020年9月，广东省高级人民法院的再审审查案件再审率为8.5%（再审改判率为43.1%）。这意味着在广东省高级人民法院，每100个再审申请案件中只有8.5个案件可以进入再审审查阶段。[2] 再看浙江省法院的数据。2018年至2020年浙江省法院受理民事再审申请案件总数30,725件，但决定提起再审的民事案件数只有7364件（最后改判、发回2517件）。[3] 再审率低的原因主要有三个：第一，近年来我国的诉讼案件数量呈“井喷”之势，大量再审案件涌入高审级法院，

〔1〕 参见何海波：《深化再审程序改革　凸显最高审判机关职能定位》，载《人民法院报》2022年9月2日，第2版。

〔2〕 参见龚稼立：《多措并举　做好审判监督》，载《人民法院报》2020年11月23日，第2版。

〔3〕 参见李占国：《当前司法实践中影响公平正义实现的若干问题》，载《中国应用法学》2022年第5期。

法院和审判人员面临巨大的审判压力。一些再审法院对错误不明显的案件往往持“能维则维”的态度和做法。第二，再审法院要平衡多项司法价值之间的关系，例如维护个人权利与维护法的安定性之间的关系、纠纷裁判错误与维护司法权威之间的关系、裁判的正确性与司法的终局性之间的关系。现实是，不少法院和审判人员比较侧重法的安定性、维护司法权威和司法的终局性，一般不会轻易改动下级法院的裁判。第三，地方高级人民法院（尤其是直辖市的高级人民法院）与该地区内中级人民法院的紧密度关系较高，因此地方高级人民法院一般不愿轻易启动纠错程序。当前，法院对驳回再审申请有较为明显的倾向，低启动率反映出再审申请被法院驳回是司法实践的常态。

上述弊端导致很多律师视申请再审为畏途，缺乏必要的信心，常常只抱着“试试看”的心理去做代理工作，结果或是浅尝辄止，或是石沉大海，只有少数律师体会过申请再审成功的快感。殊不知，律师从事再审业务，不仅要依靠专业的法律知识和经验，还需要具有知难而进的精神和不言放弃的毅力。

二、解析再审程序

现实中，绝大多数当事人对再审程序较为陌生，不少律师对再审制度的理解不够透彻。图 9 – 1 清晰地阐释了再审程序：

首先，从横向的审理程序看，再审程序可以分为再审审查和再审审理两个阶段。《审判监督程序解释》第八条规定：“人民法院对再审申请的审查，应当围绕再审事由是否成立进行。”法院在再审审查阶段的主要任务是审查再审事由，内含启动再审审查、进入再审审查、裁定再审这三个步骤。再审审查阶段结束的标志是法院作出

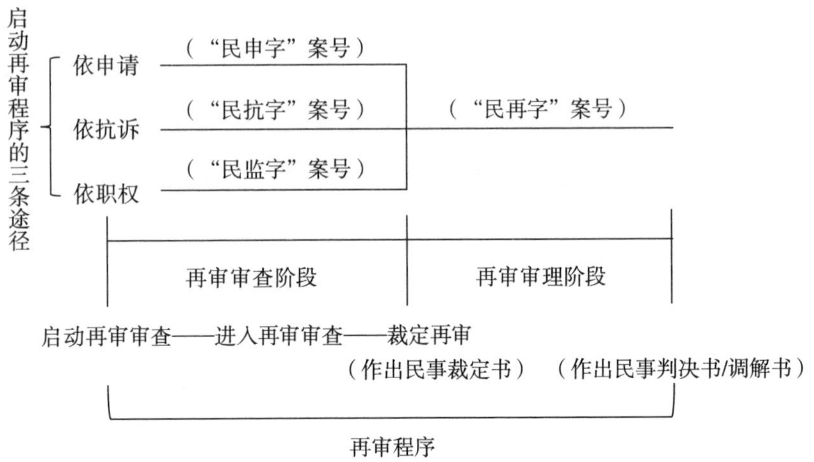

图9-1　再审程序示意

民事裁定书，结果有两种：[1] 一种是裁定驳回再审申请，[2] 另一种是裁定再审。[3]

其次，从纵向的启动再审程序的途径看，根据《民事诉讼法》第十六章“审判监督程序”的相关规定，再审程序可以通过当事人申请再审（依申请）、检察机关抗诉再审（依抗诉）[4] 和法院依职权再审（依职权）三种途径启动。[5] 待法院受理后，案件分别编立

---

〔1〕《民事诉讼法》第二百一十五条第一款规定：“人民法院应当自收到再审申请书之日起三个月内审查，符合本法规定的，裁定再审；不符合本法规定的，裁定驳回申请。有特殊情况需要延长的，由本院院长批准。”

〔2〕《审判监督程序解释》第十一条第二款规定：“当事人申请再审超过民事诉讼法第二百零五条规定的期限，或者超出民事诉讼法第二百条所列明的再审事由范围的，人民法院应当裁定驳回再审申请。”该解释第十六条第一款规定：“人民法院经审查认为申请再审事由不成立的，应当裁定驳回再审申请。”

〔3〕《审判监督程序解释》第十一条第一款规定：“人民法院经审查再审申请书等材料，认为申请再审事由成立的，应当径行裁定再审。”

〔4〕参见《人民检察院民事诉讼监督规则》（高检发释字〔2021〕1号）。

〔5〕参见孙祥壮：《民事再审程序：从立法意图到司法实践》，法律出版社2016年版，第18-40页。

"民申字""民抗字""民监字"案号。[1] 本章仅涉及律师代理当事人向法院申请再审（获得"民申字"案号）这种启动途径。

最后，案件如果经过再审审查阶段被再审法院提审、指令再审或指定再审，将正式进入再审审理阶段。《提级管辖和再审提审指导意见》第十五条第一款规定："上级人民法院对下级人民法院已经发生法律效力的民事、行政判决、裁定，认为符合再审条件的，一般应当提审。"由此可见，再审法院以提审为原则，以指令再审和指定再审为例外。《提级管辖和再审提审指导意见》第十五条第二款规定了指令再审和指定再审的一般情形，具体包括：（1）原判决、裁定认定事实的主要证据未经质证的；（2）对审理案件需要的主要证据，当事人因客观原因不能自行收集，书面申请人民法院调查收集，人民法院未调查收集的；（3）违反法律规定，剥夺当事人辩论权利的；（4）发生法律效力的判决、裁定是由第一审法院作出的；（5）当事人一方人数众多或者当事人双方均为公民的民事案件；（6）经审判委员会讨论决定的其他情形。要注意，法院在再审审理阶段的主要工作是对原审案件进行再次审理。法院可以在再审审理过程中进行调解，[2] 如调解不成，则依法作出裁判。

三、代理民事诉讼再审案件的若干经验

（一）明确启动再审的"硬伤"标准

律师代理当事人申请再审时务必抓准原审裁判的"硬伤"，并清

〔1〕 参见《最高人民法院关于统一再审立案阶段和再审审理阶段民事案件编号的通知》（法〔2008〕127 号）。

〔2〕《审判监督程序解释》第二十五条　当事人在再审审理中经调解达成协议的，人民法院应当制作调解书。调解书经各方当事人签收后，即具有法律效力，原判决、裁定视为被撤销。

楚展示。何谓“硬伤”？例如，《民事诉讼法》第二百一十一条第六项中规定的“原判决、裁定适用法律确有错误的”，“确有错误”四个字便是“硬伤”。[1] 其中，“确有”就是“硬”，“错误”系“伤”。只有原审裁判在法律适用上构成“硬伤”，法院才有可能启动再审程序。上述标准显然高于二审改判标准，因为根据《民事诉讼法》第一百七十七条的规定，原判决、裁定适用法律错误的，二审法院即可改判，此时只要求原审裁判在法律适用上有“错误”，而不需要“确有错误”。

再如，《民事诉讼法》第二百一十一条第二项规定“原判决、裁定认定的基本事实缺乏证据证明的”，此处要求的必须是“基本事实”。[2] 这意味着当事人因认识问题或自由裁量问题提起的再审申请，法院一般不启动再审程序。

律师在申请再审环节，展现“硬伤”最主要的载体就是再审申请书。不少律师在撰写再审申请书时习惯用写起诉状、上诉状时的方式（如采用隐藏“火力”的写作套路），以免向对方提前暴露己方的重要观点。切记，这种想法是绝对错误的。因为在再审审查阶段之初，法院还未调阅原审案卷，[3] 所以合议庭一般不清楚案件的

---

〔1〕《民诉法司法解释》第三百八十八条　有下列情形之一，导致判决、裁定结果错误的，应当认定为民事诉讼法第二百零七条第六项规定的原判决、裁定适用法律确有错误：

（一）适用的法律与案件性质明显不符的；

（二）确定民事责任明显违背当事人约定或者法律规定的；

（三）适用已经失效或者尚未施行的法律的；

（四）违反法律溯及力规定的；

（五）违反法律适用规则的；

（六）明显违背立法原意的。

〔2〕根据《民诉法司法解释》第三百三十三条的规定，所谓的基本事实是指“用以确定当事人主体资格、案件性质、民事权利义务等对原判决、裁定的结果有实质性影响的事实”。

〔3〕《审判监督程序解释》第十二条　人民法院认为仅审查再审申请书等材料难以作出裁定的，应当调阅原审卷宗予以审查。

基本事实，手中只有再审申请人提交的申请再审的资料，其中再审申请书便是重中之重。这就要求律师在尊重基本事实的基础上，构造有利于己方的主张“事实地图”，并争取合议庭组成人员的“先入为主”。[1] 所以，再审申请书的内容一定要有理有据，清晰地反映原审裁判的“硬伤”，而且要能够打动合议庭，促使其进一步深入审查。为达到该效果，笔者针对再审申请书的撰写提两点建议：

第一，在“事实与理由”部分的首部，先写一段“申请再审的主要观点”，再分点展开详述。让作为读者的合议庭组成人员在看完这段话后，能够清楚、高效地知晓再审申请的思路与诉求。这非常考验律师对案件体系的把握能力。示例如下：

> 我方申请再审的总体思路是：案涉纠纷系侵权责任纠纷。原审法院未查明侵权行为是否系A公司员工所为、与侵权行为发生相关的工程是否属A公司施工范围，亦无视B公司备用风机与主风机性能不匹配、备用电缆未及时启用等客观事实，将与A公司无关的施工人员实施的、与A公司施工合同也无关的行为，所导致的侵权责任归于A公司，将主风机跳停之后B公司遭受的全部损失均归于A公司，无论从事实认定上，还是法律适用上，均系错误。

然而，这段话里充斥了“备用风机”“主风机”“备用电缆”“跳停”等专业词汇，也许审判人员看上去会感到复杂，读起来还会拗口。此时如再配上一张可视化图（见图9-2），效果会好很多。

[1] 参见朱加宁、徐鹏：《律师办案的思维和方法》，法律出版社2018年版，第173-174页。

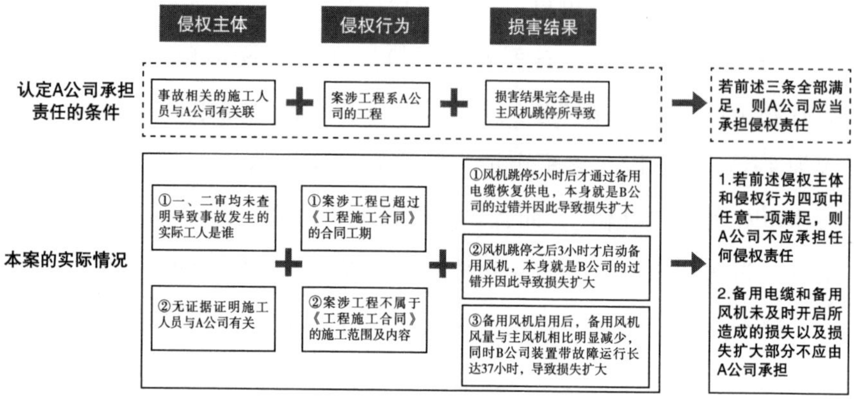

图9－2　代理观点可视化

第二，将“硬伤”体现在再审申请书中的每个大标题内。理想的标题应当既紧扣再审事由，也展现原审裁判的“硬伤”。这种标题取法所要达到的效果是合议庭组成人员不详看正文，仅浏览申请书中的每个大标题，就能了解到再审申请的主要理由与论据。这非常考验律师的要点提炼能力。示例如下：

> 一、一审判决认定“合同的签订属于双方以虚假的意思表示实施的民事法律行为，应当无效”，二审判决认定“不足以认定双方订立了真实的商品房买卖合同”，该认定显系《民事诉讼法》第二百条第二项规定的缺乏证据证明，事实认定错误，并系《民事诉讼法》第二百条第六项规定的法律适用不当。

从形式上看，这种标题的取法是对再审事由的说明，实质上是对再审请求[1]的论证。律师要将具体的说明和论证留在正文中详细

〔1〕《民诉法司法解释》第三百七十六条规定了再审申请书要记明具体的再审请求、申请再审的法定情形等事项；该解释第四百零三条中规定：“人民法院审理再审案件应当围绕再审请求进行。”

论述，确保证据事实的充实度和法律观点的说服力，做到有理有据。

（二）申请再审停止执行的理由

虽然《民事诉讼法》第二百一十条中明确规定，“当事人申请再审的，不停止判决、裁定的执行”，但在司法实践中，再审审查期间停止执行并非全无可能。有地方法院在执行裁定书中写道：“本案审理中涉及的证据采信问题对判决结果能够产生重大影响，目前××省高级人民法院已经受理申诉，正在审查阶段，为了避免可能产生的执行回转后果，在省高级法院对异议人的申诉作出结论以前，不宜对当事人双方存在争议的房屋装修款及评估费予以执行……裁定如下：……暂时停止对……予以执行。”

笔者在实践中也曾遇到过个别高度谨慎、负责的执行员采用上述理由暂不执行。其实，法院在执行时如此操作也是有法律依据的。《民事诉讼法》第二百六十七条规定：“有下列情形之一的，人民法院应当裁定中止执行：……（五）人民法院认为应当中止执行的其他情形。”这一规定较为灵活，以适应执行工作中的复杂情况。[1]在再审审查期间，再审申请人若希望案件的执行得以暂时停止，律师可以尝试使用该规定。

（三）新证据的三点运用规则

《民事诉讼法》第二百一十一条确立了申请再审的十三项法定情形，其中第一项就是“有新的证据，足以推翻原判决、裁定的”。该事由在再审实践中既实用，又常用，笔者就多次通过该情形取得了

〔1〕全国人大常委会法制工作委员会民法室编著：《中华人民共和国民事诉讼法解读》，中国法制出版社2012年版，第683页。

较好的再审代理效果。在此介绍新证据的三点运用规则。

1. 新证据在再审审查阶段的三个功能

第一个功能是对超过六个月申请再审期限的“补救”。《民事诉讼法》第二百一十六条规定：“当事人申请再审，应当在判决、裁定发生法律效力后六个月内提出；有本法第二百一十一条第一项、第三项、第十二项、第十三项规定情形的，自知道或者应当知道之日起六个月内提出。”也就是说，申请再审期间是六个月，且该期间不适用中止、中断和延长的规定。[1] 但如果有《民事诉讼法》第二百一十一条第一项情形的，当事人依然可以在裁判生效六个月后申请再审，但需要证明是在裁判生效六个月后才发现该新证据，即证明自己晚于六个月申请再审是没有过错的。

第二个功能是增加询问的可能性。关于再审审查阶段的询问程序，主要有三处法律规定。第一处是《民事诉讼法》第二百一十四条中规定：“人民法院可以要求申请人和对方当事人补充有关材料，询问有关事项。”第二处是《民诉法司法解释》第三百九十五条作出进一步的规定：“人民法院根据审查案件的需要决定是否询问当事人。新的证据可能推翻原判决、裁定的，人民法院应当询问当事人。”第三处是《审判监督程序解释》第十三条规定：“人民法院可以根据案情需要决定是否询问当事人。以有新的证据足以推翻原判决、裁定为由申请再审的，人民法院应当询问当事人。”[2] 确立询问程序的目的是法院贯彻辩论原则，保障当事人对于案件的知情权和参与权，规范审查程序，提升司法公信力。但绝非每个申请再审的案件都会经历询问程序，从根本上讲，询问与否取决于法院审查

〔1〕 参见《审判监督程序解释》第二条。

〔2〕 需要注意的是，《审判监督程序解释》第十三条的表述与《民诉法司法解释》第三百九十五条的表述有一定的区别。

案件的需要。新的证据越有力、越扎实，法院询问的可能性就越大，必要时律师也应当主动说服法院及时组织询问。

律师可以将询问视为再审审查阶段的开庭程序。询问程序一般包括六个阶段：通知、准备、当事人陈述、调查、和解和核对笔录。一般情况下，法院召集双方询问，往往说明法院可能意识到该案有再次审理的必要，需要当事人针对再审事由和具体事实理由陈述意见。当事人和代理律师务必要把握好与合议庭组成人员这次面对面交流案情的机会，充分发表有力、扎实的代理意见。

第三个功能是改变立论基础，从而提高再审审理的启动概率。什么样的新证据才能改变原审的立论基础？这涉及再审新证据的实质性认定标准。《民事诉讼法》及有关的司法解释均未界定“足以推翻”的标准，导致各地法院在司法实践中把握的标准参差不齐，以至于启动再审程序的门槛高低不一。这不利于维护生效裁判的既判力，对司法权威也会造成损害。《民诉法司法解释》第三百八十五条第一款规定：“再审申请人提供的新的证据，能够证明原判决、裁定认定基本事实或者裁判结果错误的，应当认定为民事诉讼法第二百零七条第一项规定的情形。”通过该规定可以得出一个结论，即再审申请人提供的新证据需要能够证明原判决、裁定认定的基本事实或者裁判结果是错误的，该证据才能被认为“足以推翻原判决、裁定”。[1] 其中，基本事实是指对原裁判的结果有实质性影响、用以

---

〔1〕 在再审审查阶段如何把握“足以推翻”的标准，实务中有两种做法：一是采取必然性标准，即再审后必须改变原裁判；二是采取盖然性标准，即该证据可能推翻原裁判。最高人民法院修改后民事诉讼法贯彻实施工作领导小组认为，再审审查阶段的主要目的是审查生效裁判是否具备法定的再审事由，不能用再审审理的功能取代再审审查的功能，不能用再审审理的目的取代再审审查的目的。因此，在再审审查阶段，对“足以推翻”的把握，宜以高度盖然性为标准，而不能要求新证据必须推翻原裁判，否则很可能导致应该再审的案件没有进入再审或者再审审理程序形式化。参见最高人民法院修改后民事诉讼法贯彻实施工作领导小组编著：《最高人民法院民事诉讼法司法解释理解与适用》，人民法院出版社 2015 年版，第 1024 页。

确定当事人主体资格、案件性质、具体权利义务和民事责任等主要内容所依据的事实。因此，如果新证据只能证明原裁判存在一般的瑕疵，就不能被认定为足以推翻原裁判。

2. 再审申请人未在原审提供证据却在申请再审时提供新证据，需承担相应的法律后果

《民诉法司法解释》第三百八十五条第二款规定："对于符合前款规定的证据，人民法院应当责令再审申请人说明其逾期提供该证据的理由；拒不说明理由或者理由不成立的，依照民事诉讼法第六十八条第二款和本解释第一百零二条的规定处理。"针对该条规定中"逾期提供该证据的理由"，《民诉法司法解释》第三百八十六条列举了三种情形，再审申请人若能证明其提交的新证据符合这三种情形之一的，法院可以认定逾期提供证据的理由成立：（1）在原审庭审结束前已经存在，因客观原因于庭审结束后才发现的；（2）在原审庭审结束前已经发现，但因客观原因无法取得或者在规定的期限内不能提供的；（3）在原审庭审结束后形成，无法据此另行提起诉讼的。同时，再审申请人提交的证据在原审中已经提供，原审法院未组织质证且未作为裁判根据的，视为逾期提供证据的理由成立，但原审法院依照《民事诉讼法》第六十八条规定不予采纳的除外。

3. 在一定条件下，提交再审新证据的当事人要补偿其他当事人必要的费用

《民诉法司法解释》第四百零九条规定："当事人提交新的证据致使再审改判，因再审申请人或者申请检察监督当事人的过错未能在原审程序中及时举证，被申请人等当事人请求补偿其增加的交通、住宿、就餐、误工等必要费用的，人民法院应予支持。"司法解释作此规定，是因为新证据打破了已经稳定的法律关系，给其他当事人增加了诉讼成本，因此法院需要平衡各方当事人在再审程序中的利益。

（四）视案件的难易程度、诉讼效益等因素决定是否调解结案

上文已述，当前申请再审的裁定立案率非常低，而通过再审改判的难度也很大。以浙江省法院为例，2018 年至 2020 年全省法院决定提起再审的民事案件数量为 7364 件，最后改判、发回 2517 件，只占 34.18%。[1] 所以律师在再审程序中应当视案件的难易程序、诉讼效益等因素协助当事人作出综合的决策，树立“见好就收”的观念，在适当的时机以调解的方式结案。

具体而言，作为再审申请人的代理律师，在合议庭组成人员主持调解时，应告知当事人调解是一次争取权益的宝贵机会，甚至是最后的机会。作为代理被申请人的律师，应当提醒当事人注意，若不同意调解，案件会存在裁定提审或发回重审的可能性，之后会存在改判的可能性。

（五）关于再审案件律师收费的两点提示

一些律师帮助当事人打赢了一审或二审，但当事人却对律师说：“律师费我暂时没法支付，因为接下去对方还有权向法院申请再审。我要是现在付给律师费，但结果我再审输了，那律师费能退还给我吗?”实践中，类似的情形屡见不鲜。为尽量避免这类收费纷争，建议如下：

第一，律师在与当事人签订《委托代理合同》时应针对申请再审、抗诉等程序对当事人作出充分的提示，最好形成书面文字，以免双方日后产生委托内容或收费上的争议。

---

〔1〕 李占国：《当前司法实践中影响公平正义实现的若干问题》，载《中国应用法学》2022 年第 5 期。

第二，即使《委托代理合同》不包含申请再审的委托事项，也建议律师尽力争取在合同中约定“如日后法院依再审程序改判本案，律师费不予退回”，并请当事人在二审裁判作出后尽快支付律师费。避免当事人以不支付律师费“相要挟”，迫使律师步入漫长的再审代理之路。

律师代理疑难、复杂再审案件的操作难度较大，在实体上与程序上具有双重不确定性，需要律师凭借知识、经验和智慧去积极应对。代理再审案件对律师的压力和考验是巨大的。但相应地，律师通过常态化地代理再审案件能得到切实的业务锻炼，业务能力也会快速提升。期待有更多的律师能投身到富有挑战性的再审程序中来，将代理再审案件作为其专业化的执业方向。

四、案例分析

（一）案例一：律师代理再审申请人

1. 基本案情

金某曾与陈某签订《股权转让协议》，约定金某将其在A公司和B公司的全部股权转让给陈某，吴某某作为该协议中陈某的履约担保人。

《股权转让协议》签订三日后，金某、陈某、吴某某三方又签订了《协议书》，其上载明：“甲（金某）、乙（陈某）、丙（吴某某）三方已签署关于A公司及B公司的《股权转让协议》，现三方签署本《协议书》，内容如下：

（1）鉴于乙方同意以20，000元/每平方米的价格向甲方出售A公司开发的郁金苑的500平方米商铺；如乙方愿意向甲方补偿人民币400万元，甲方同意立即放弃以20，000元/每平方米的价格购买郁金苑500平方米的商铺。

（2）经三方确认，乙方同意于《股权转让协议》签署之日起90日内向甲方支付人民币200万元；《股权转让协议》签署之日起90日后，乙方向甲方支付完毕剩余人民币200万元。”

后金某与陈某、吴某某就《协议书》的履行产生纠纷，金某诉诸法院，称《协议书》签订后，陈某和吴某某共向金某支付了51万元补偿款，剩余349万元补偿款未履行，金某多次催款无果，故请求法院判决陈某向其支付349万元补偿款，吴某某对此承担连带担保责任。

在一审中，陈某和吴某某答辩称各方当事人就是否选择支付400万元补偿款并未达成一致意见，也未履行过该《协议书》。一审法院认为，“陈某最终并未选择向金某支付补偿款400万元，故金某的诉讼请求法院不予支持”。金某上诉后，二审法院维持了一审法院的判决。金某委托笔者代理其向某省高级人民法院申请再审。几经努力，某省高级人民法院决定提审本案。

2. 本案的核心争议焦点

本案一审、二审和再审的争议焦点均只有一个，即陈某是否应依《协议书》的约定向金某支付400万元补偿款，吴某某是否应对该笔400万元补偿款承担担保责任。

3. 本案申请再审和再审庭审的代理策略

本案中，如何解释《协议书》中的补偿款条款，关系到各方当事人责任的承担，但各方对补偿款的约定却存在截然不同的理解。此时，选择恰当的合同解释方法，在本案的代理中显得尤为关键。

律师在解释合同条款时应当综合运用原《合同法》第一百二十

五条第一款[1]确立的文义解释、体系解释、目的解释等解释方法，以作出最符合己方当事人利益的解释。

笔者代理金某申请再审和再审庭审的诉讼策略是：首先，根据目的解释的方法，结合当事人签订《协议书》存在股权转让的特殊背景，通过论证《股权转让协议书》与《协议书》之间具有的关联性来探寻签订后者的目的。其次，兼采文义解释和体系解释的方法，重点阐述对《协议书》中补偿款条款的理解。最后，从民事诉讼案件的证明标准和优势证据规则的角度出发，综合证明案件事实。

第一，目的解释。目的解释要求合同的各个条款均应服务于当事人合同目的的实现，在可以对合同条款作出两种以上理解时，应当选择最符合合同目的的解释。[2]《股权转让协议》签订后，鉴于股权按照1:1的价格平价出让，确定的出让价款较低，金某和陈某协商补偿，陈某愿意将A公司开发的郁金苑商铺按照优惠条件（20,000元/平方米购买500平方米）出售给金某。之后，金某进一步与陈某协商，陈某提出愿意补偿400万元，金某则放弃以优惠价格购买商铺的权利。金某、陈某和担保人吴某某是在该背景下签订了《协议书》。此处，笔者使用了目的解释的方法，即在《股权转让协议》签订后再签署《协议书》是为了由陈某对金某作适当的补偿。

第二，文义解释和体系解释。文义解释要求当事人就合同条款发生争议时，应当首先判断合同条文字面的意思表示，该解释方法是合同解释的首要方法。体系解释则要求将全部合同的各项条款以

[1]《合同法》第一百二十五条第一款规定："当事人对合同条款的理解有争议的，应当按照合同所使用的词句、合同的有关条款、合同的目的、交易习惯以及诚实信用原则，确定该条款的真实意思。"

[2] 江必新、何东林等：《最高人民法院指导性案例裁判规则理解与适用·合同卷二》，中国法制出版社2012年版，第205页。

及各个构成部分作为一个完整的整体，根据各个条款以及各个部分的相互关联性、争议的条款与整个合同的关系，在合同中所处的地位等各方面因素考虑，来确定所争议合同条款的含义。[1]

结合这两种合同解释的方法：其一，《协议书》第一条明确了补偿方案的两种方式。《协议书》第一条约定：“鉴于乙方同意以20，000元/每平方米的价格向甲方出售A公司开发的郁金苑的500平方米商铺；如乙方愿意向甲方补偿人民币400万元，甲方同意立即放弃以20，000元/每平方米的价格购买郁金苑500平方米的商铺。”可以看出，陈某在起草《协议书》时是选择以商铺优惠购买条件作为补偿，还是陈某直接补偿金某400万元，尚在考虑之中。据笔者的调查，在正式签订《协议书》时，尽管双方已作出选择，但没有对此条款加以修改，是因为当时双方的合作比较愉快，相互之间存在信任，觉得不会产生争议。

其二，《协议书》第二条明确表明陈某已作出支付补偿款400万元的选择。《协议书》第二条约定：“经三方确认，乙方同意于《股权转让协议》签署之日起90日内向甲方支付人民币200万元；《股权转让协议》签署之日起90日后，乙方向甲方支付完毕剩余人民币200万元。”该条写明“经三方确认”五个字，表明陈某已经作出了向金某支付400万元补偿款的选择，同时约定款项支付的方式和时间，并取得了金某与吴某某的同意。从第一条递进到第二条的理解，符合上下文的行文逻辑。这里，笔者使用了文义解释和体系解释的方法。

对此，再审法院采纳了笔者的代理意见，并在再审判决书中作出了更为细致的分析：“从《协议书》第一条后半句‘如乙方愿意

[1] 王利明：《合同法研究》（第一卷），中国人民大学出版社2002年版，第437页。

向甲方补偿人民币400万元……’的内容看，是否给予金某补偿款项的选择权确属陈某一方，然而结合《协议书》第一条前半句‘鉴于乙方同意以20，000元/每平方米的价格……’内容以及纵观《协议书》的全部条款，并结合一般文书的行文习惯，可以认为该条应是各方当事人对该《协议书》形成背景的介绍，具体描述了金某和陈某的交易原因、标的和双方的选择权，即鉴于陈某同意以较优惠的价格向金某出售商铺，如果陈某愿意以补偿方式支付金某400万元，则金某同意放弃该优惠购买商铺的权利。而《协议书》第二条则约定‘经三方确认，乙方同意……’从该条款内容清晰表明在第一条所述背景下经三方确认陈某以补偿方式给予金某补偿，并进一步明确了陈某付款时间的节点，明确了各方权利和义务，落款处由转让方金某、受让方陈某和担保方吴某某签名。因此，本院认为，无论是从《协议书》前后条款的逻辑关系分析，还是根据《协议书》条款的字面文义理解，均应当认为三方当事人已就陈某同意补偿金某400万元、吴某某对此提供担保达成合意。”

第三，退一步讲，即使双方对《协议书》的内容存在理解上的分歧，根据民事案件的证明标准和优势证据规则，法院也应当作出有利于金某的事实认定。

首先，陈某、吴某某已经在履行《协议书》第二条约定的补偿条款。据笔者查证，陈某已通过A公司账户向金某汇款40万元。虽然陈某对此提出异议，认为该款项的性质是A公司和金某之间发生的借款关系，但是从一审到再审，陈某和A公司均未提供相应的证据来证明这一点。此外，吴某某又分三笔向金某共支付了11万元。虽然吴某某提出该11万元是其与金某的其他经济往来，并不是履行《协议书》的补偿款，但鉴于吴某某的担保人身份，在笔者已经举证证明吴某某有该履行付款的义务或者是承担担保责任的前提下，吴某某否认 11 万元系补偿款，便应当举证证明，否则就应承担举证不能的法律后果。再审法院据此认定："从 40 万元、11 万元款项支付主体看，可以认定系陈某和吴某某支付给金某的款项，现金某作为债权人将该款作为《协议书》下的还款并无不当。陈某和吴某某主张系双方其他往来款，但并未提供有效的证据予以证明，故两笔共计 51 万元款项应认定为陈某、吴某某为履行《协议书》所支付的款项。"

其次，申请再审时，笔者已将金某和陈某、吴某某的短信往来以公证书的形式提供给法院作为新证据，短信往来可以证明金某曾多次向陈某和吴某某催讨补偿款，二人也多次表示会尽快安排付款。

最后，证人刘某某出庭作证，进一步说明了《股权转让协议》和《协议书》的签署过程，并明确陈某最后是选择了补偿金某 400 万元的方案。

最终，再审法院判决撤销一审、二审民事判决，陈某向金某支付款项 349 万元及相应利息，吴某某对前述给付款项承担连带担保责任。

（二）案例二：律师代理再审被申请人

1. 基本案情

2015 年，A 银行的 B 支行客户经理陈某与潘某商议，由潘某到银行办理委托贷款业务。陈某为了争取到潘某的这笔业务，向潘某承诺，150 万元本金的年利息为 16 万元。显然，银行的委托贷款利息远不能达到这个金额，陈某只能在银行正常利息的基础上"自掏腰包"，通过其掌握的雷某的账户打款给潘某，补齐这 16 万元的利息。至此，潘某完成了他在 B 支行的第一次个人委托贷款业务。

2016 年，潘某再次到陈某处办理 100 万元的"委托贷款"。与上次不同的是，这次是由陈某操办的以虚假委托贷款业务为名的高利借贷，潘某的100万元未经银行账户而直接划付至陈某指定的林某账户。一年后，陈某通过雷某账户将本息共计118万元存入潘某的账户。

经过前两次的成功“交易”，潘某对陈某产生了一定的信赖。为了继续赚取高额利息，潘某于2017年分三次将310万元汇入林某账户。但这次没有如之前那般幸运。2018年，涉嫌非法集资的陈某因资金链断裂到公安机关自首。2018年，潘某要求B支行履行其与陈某签订的310万元《委托贷款委托合同》，B支行拒绝了潘某的要求。

潘某以侵权责任纠纷为案由，诉诸法院，请求法院判决B支行承担过错赔偿责任。一审法院审理后驳回了潘某的诉讼请求。潘某不服，上诉至二审法院。二审法院维持了一审判决。潘某依然不服，遂申请再审。再审法院审查后裁定提审本案。本以为已经了结的诉讼又被再次提起，而一旦再审法院裁定提审，改判的可能性就比较大了。B支行遂委托笔者代理其应诉。

2. 本案的核心争议焦点

一审、二审和再审法院均认为，本案的争议焦点系B支行是否存在明显过错，应否对潘某的损失承担过错赔偿责任。

3. 本案再审答辩和再审庭审的代理策略

本案再审答辩和再审庭审的基本思路应是：第一步：在肯定一审、二审判决的基础上，进一步清楚地回应再审法院归纳的争议焦点，仔细甄别以虚假委托贷款业务为名的高利借贷与银行委托贷款之间的区别。笔者通过证明潘某在B支行办理过真实的委托贷款业务，对委托贷款业务流程有所了解，明知或应知委托贷款业务与以虚假委托贷款业务为名的高利借贷之间应有区别，以此论证潘某对损失结果的发生存在过错。第二步：在证明了潘某存在过错后，还需要证明 B 支行没有明显过错，并论证 B 支行不应承担赔偿责任的理由。

（1）第一步：论证潘某对损失结果的发生存在过错。

潘某在 B 支行办理过真实的委托贷款业务，对委托贷款业务流程有所了解，明知或应知委托贷款业务与以虚假委托贷款业务为名的高利借贷之间存在以下区别：

第一，打款对象不同。2015 年 2 月，潘某将 150 万元委托贷款资金转入银行监管账户。几天后，B 支行向潘某发出《委托贷款业务划收委托存款通知书》，告知潘某款项将划入委托贷款账户，银行会对该笔款项进行监管，潘某在该通知书上签字确认。但在 2017 年的三笔共计 310 万元虚假委托贷款中，潘某在业务凭证（系陈某在犯罪过程中利用 B 支行弃用的文本，但其上有公章）上签字确认后便直接把款项划付至林某账户，这正是潘某产生损失的根本过错所在。潘某没有将钱款汇入银行监管账户，银行自然无从监管，潘某的资金风险在他将钱汇入非银行监管账户的那一刻就已经产生。

第二，收益率不同。在 2015 年潘某办理的正规银行委托贷款业务中，《委托贷款委托合同》中约定的年利率为 a%，委托理财收益表中“预计总理财净收益”一栏为 X1 元，所以潘某清楚合规委托贷款的利率。在 2017 年的三笔虚假委托贷款中，在委托理财收益表中约定的年利率均为 b%，但“预计总理财净收益”一栏分别填写 X2 元、X3 元和 X4 元，与约定利率获得的收益严重不符，且收益率明显高于银行合规的委托理财业务。

第三，流程和手续不同。2015 年潘某在办理真实委托贷款业务时，《委托贷款委托合同》的签订时间与转账时间是同一天。但在 2017 年的虚假委托贷款中，每份《委托贷款委托合同》的签订时间分别比潘某转账至林某账户的时间晚一天。也即潘某在 B 支行向林某账户转账时，由于根本不存在《委托贷款委托合同》，银行柜台的工作人员便将其作为一次转账行为，根本无从察觉到这是“委托贷款行为”，银行也就自然无从防范风险。此外，2015 年潘某办理的正规银行委托贷款业务流程是这样的：先由潘某填写《委托贷款申请表》并签名确认，接着银行向潘某发出《委托贷款通知单》，经潘某签名确认，并经过经办行营业部、经办行业务部、支行三重审批，然后还要经潘某在《委托贷款业务划收委托存款通知书》上签字，之后银行才将款项划走。但在 2017 年的虚假委托贷款过程中，潘某没有经历过上述正规的手续。

第四，收益来源不同。2015 年潘某办理的真实银行委托贷款业务到期后，其账户收到了从银行监管账户存入的利息 X1 元，从另一银行监管账户（委托贷款资金打入的账户）存入的本金 150 万元。2017 年的虚假委托贷款临近到期时，因陈某的资金链断裂，无力偿还本息，潘某只在 2017 年年底收到从林某账户划付至其账户的 8 万元。其实，这几次虚假委托贷款业务的收益正是由陈某通过林某账户支付给潘某的。

潘某并非没有经验的银行客户，他在 B 支行做过真实、合规的委托贷款业务，明知合规业务与虚假委托贷款在上述打款对象、收益率、流程手续、收益来源四个方面存在明显差异。在 2017 年办理虚假委托贷款时，潘某完全是以获取高额利息回报为目的将钱款划付至林某账户的，而所谓的《委托贷款委托合同》和理财收益表一方面是为了将陈某承诺给他的高息“落实”到纸面，另一方面是为了掩盖高利贷的本质。

还需要提到的一点是，既然潘某是与陈某发生资金往来，那么对案涉有关情况最了解的莫过于他们二人。然而，陈某在刑事案件中所作的供述对其与潘某资金往来的描述非常模糊。律师有必要针对潘某在庭审中所称的其对虚假委托贷款完全不知情、陈某是在银行营业场所与其签订协议等情况向陈某核实。于是，笔者与监狱管理部门沟通后，专程赴监狱会见了正在服刑的陈某，着重询问了其与潘某的资金往来情况，陈某对潘某明知他们之间是虚假委托贷款确定无疑。随后，笔者将陈某的这份笔录作为新证据提交给再审法院。该证据极大地动摇了潘某申请再审的事实与理由，有助于澄清案涉事实，对再审法院作出正确的裁判起到了举足轻重的作用。

（2）第二步：证明 B 支行没有明显过错，论证 B 支行不应承担赔偿责任的理由。

律师证明了潘某在案涉交易中存在过错后，还需要证明 B 支行对潘某损失的产生没有明显的过错。《最高人民法院关于在审理经济纠纷案件中涉及经济犯罪嫌疑若干问题的规定》（法释〔2020〕17号）第五条中规定："行为人私刻单位公章或者擅自使用单位公章、业务介绍信、盖有公章的空白合同书以签订经济合同的方法进行的犯罪行为，单位有明显过错，且该过错行为与被害人的经济损失之间具有因果关系的，单位对该犯罪行为所造成的经济损失，依法应当承担赔偿责任。"可见，犯罪行为人所在单位承担赔偿责任主要基于两点：一是单位有明显过错，二是该过错与被害人的经济损失之间存在因果关系。本案中，针对潘某为获取高额利息而将钱款借给陈某所遭受的损失，B 支行没有明显过错。相对于储户而言，虽然银行更有条件防范犯罪分子利用银行实施犯罪，[1] 但如果储户事先明知可能发生不法侵害却未采取必要的防范措施而导致其财产受损，

---

〔1〕 为此，银行应当制定完善的业务规范，并严格遵守规范，尽可能地避免风险，确保储户的存款安全。

储户则应当自行承担责任。潘某作为具有完全民事行为能力的成年人，明知合规的银行委托贷款业务与私人高利借贷之间的差别，仍为了获取高额回报选择承担风险，参与陈某的高利借贷活动。在此过程中，银行的管理到位，不存在明显的过错。据此，潘某认为B支行存在管理疏漏的理由不能成立。

最终，再审法院认可笔者的观点，其在判决书上写道："潘某曾于2015年在B支行办理过委托贷款业务，该业务要求委托人在办理委托贷款时，在其银行账户存入足额资金，并填写申请表、签署《委托贷款通知单》、《委托贷款委托合同》，后出具《划收委托存款通知书》，从委托人账户内将等同贷款金额的款项划转委托存款账户，再签发《划收委托存款通知书》回执并办理出账手续。而本案的虚假委托贷款业务中，约定的贷款收益明显高于正常委托贷款收益，且没有委托贷款通知单、划收委托存款通知书等材料，同时案涉款项系由潘某本人从其A银行账户内直接划付至林某账户，明显与正常委托贷款业务不同，故原审认定潘某未尽到普通人应有的注意义务，也无法证明B支行在陈某实施集资诈骗的犯罪行为致潘某受害的过程中具有明显过错及B支行与潘某被骗遭受损失之间存在因果关系，并无不当。"再审法院遂维持了原审判决。

第二编

应 用

纸上得来终觉浅，绝知此事要躬行。

——宋·陆游《冬夜读书示子聿》

实训案例一：合同纠纷

——A 公司与张甲、B 集团、张乙、C 公司合同纠纷案代理纪实

目　次

2018年年底，笔者和胡祥甫律师、龙方舟律师开始办理A公司诉被告张甲、B集团、张乙、C公司的合同纠纷案。其中，张甲由胡律师和龙律师代理，张乙由笔者代理，C公司由笔者和胡律师共同代理，吴宇亭律师协助。①本案经过漫长的庭前准备，历经一次庭前会议和一次开庭审理，以A公司于2019年年底的撤诉而告终。②

①律师办案团队的组建很重要。

②律师要提醒当事人A公司随时会再次起诉。

然而，一个月后A公司又以类似的事实与理由再次起诉。③经过多次开庭审理，一审法院依法驳回其诉讼请求。A公司上诉，二审法院维持了原判。④A公司申请再审，某省高级人民法院于2021年年底驳回了A公司的再审申请。后A公司申请监督，省人民检察院于2023年年中作出不支持监督申请的决定书。

③此时，律师要着重安抚当事人的焦虑心情。

④律师要提醒当事人，A公司在二审结束后极有可能还会向法院申请再审。

2022年年初，笔者代理张甲与B集团的股权转让纠纷案，获得完胜的结果。⑤

⑤律师的诉讼代理策略要合法、全面、缜密。

至此，我方律师的代理工作取得了最佳成果。鉴于张甲是我方最具关键意义的当事人，本章主要介绍我方律师代理张甲的办案历程。

一、“祸”起协议　诉诸法院

2003年年初，张甲和B集团共同出资设立A公司，由张甲持股10%，B集团持股90%。

2013年6月，张甲欲向B集团转让其所有的A公司10%的股权，并退出A公司的经营。张甲遂向B集团实际控制人朱某提交了《关于要求退出A公司股权的申请》（以下简称《退出申请》）。张甲在《退出申请》中提出“想退出在A公司股权10%，以便B集团持有100%的股权”，并申请以《退出申请》中附表所列的四处房产（均登记在C公司名下）以及5000万元现金作为10%股权转让的对价。

2013年7月，朱某在《退出申请》上批示：“根据张甲的努力和贡献，根据A公司现有的总资产及股权比例，同意按张甲提出的方案将资产及现金划给张甲本人。A公司的股份100%由B集团持有。”朱某又在《退出申请》的附表页批复：“按此方案执行。”⑥

⑥律师要提醒当事人务必保管好《退出申请》的原件。

为落实《退出申请》的内容及朱某的批复，2013年7月，A公司与张甲、张乙父子签订了《C公司股权转让协议》，A公司将持有的C公司股权全部转让给张甲、张乙父子。该协议第一条第一款约定：“甲方（A公司）将所持有标的公司（即A公司的全资子公司C公司）90%股权作价900万元人民币转让给乙方（张乙）；甲方将所持有标的公司（C公司）10%股权作价100万元人民币转让给丙方（张甲）。”

随后，张甲向A公司支付了C公司的股权转让款100万元，张乙向A公司支付了C公司的股权转让款900万元。A公司与张甲、张乙办理了股权变更登记，张甲、张乙父子受让了C公司的全部股权（见图实1－1），以此获得了《退出申请》中列明的登记在C公司名下的四处房产。⑦

⑦律师要充分理解案涉股权交易的具体操作方式。例如，此处的交易方式是：张甲、张乙通过受让C公司100%的股权（原本C公司是A公司的全资子公司），进而获得登记在C公司名下的四处房产。

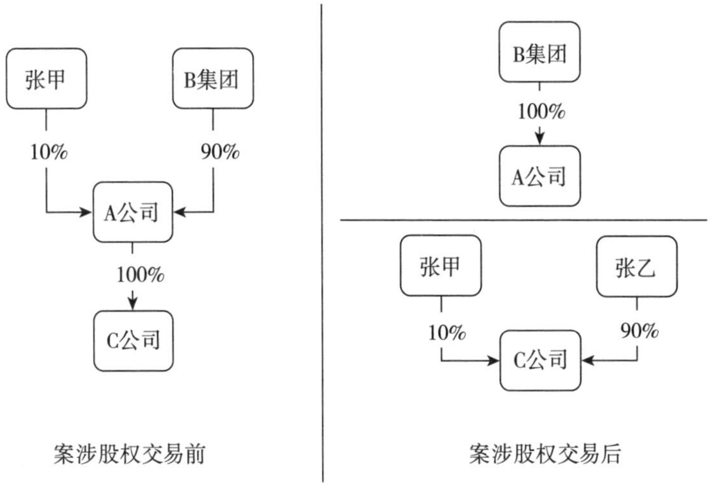

图实1－1　案涉股权交易前后相关主体的持股比例示意

在C公司的股权转让完成后，2013年8月，B集团与张甲依据《退出申请》及朱某批复的内容，签订了《关于A投资有限公司10%股权转让框架协议书》（以下简称《框架协议》），进一步落实整个交易框架，并对C公司股权转让的事宜作出确认。⑧

⑧律师要厘清股权转让具体操作与相关文件签署的逻辑顺序。案涉股权的交易是先逐步操作，再由双方签署《框架协议》，以最终确认整笔交易的框架。

根据《框架协议》第1条第1.1款的约定，张甲将其持有的占A公司注册资本10%的股权及相关的一切权益转让给B集团。与之相对应，《框架协议》第2.2.2款约定以下资产作为B集团受让A公司10%股权的对价：（1）1261.67万元股权转让金；[1]（2）A公司持有的C公司100%股权权益；（3）A公司另向C公司无偿提供的6000万元。⑨

⑨律师在办案时要与当事人的财务人员充分沟通，要清楚地理解到《框架协议》约定的转让对价与《退出申请》中提出的转让对价虽在文字表述上有一定的区别，但在内容上其实是一致的。

时隔多年后的2018年11月，已成为B集团全资子公司的A公司将张甲、张乙、C公司、B集团起诉至法院。A公司提出如下诉讼请求：⑩

（1）确认《框架协议》无效；

（2）判令张甲向A公司返还C公司10%股权，张乙向A公司返还C公司90%股权；

（3）判令C公司向A公司返还1000万元人民币，张甲、张乙对前述款项承担共同还款责任；⑪

（4）本案诉讼费用由张甲、B集团、张乙、C公司负担。

⑩律师要注意分析A公司提出如下诉讼请求的思路。

⑪律师需要研究：（1）A公司提出的C公司的返还责任是否成立，张甲、张乙的共同还款责任是否成立；（2）1000万元人民币的金额组成。

二、请求权基础不明　我方径行取证

在收到A公司的起诉状后，笔者发现其在起诉状中着重描述了《框架协议》的签订过程，仅在正文最后一段谈及起诉的法律依据和理由：

---

〔1〕 1261.67万元即A公司注册资本12,616.7万元的10%。

> A公司认为，张甲与B集团之间所进行的A公司股权转让交易，应自行支付对价，不能处分A公司及其控股公司的独立财产，损害A公司的利益；通过调整A公司全资公司C公司的资产以支付A公司股权转让对价的行为，更是违反了公司分立、减资的相关规定，损害A公司及其债权人的利益。故张甲与B集团签订的《关于A投资有限公司10%股权转让框架协议书》应认定无效，张甲及其指定的关联方张乙、C公司因该协议取得的财产应予以返还；同时，对于C公司无法返还或没有必要返还的原款，张乙作为张甲指定的持有C公司股权的股东和法定代表人，应当对此承担赔偿责任。现根据《合同法》第五十二条第（二）项，第五十八条、第五十九条以及《公司法》第三条、第一百四十八条第（四）项、第一百七十五条、第一百七十六条、第一百七十七条之规定，特诉至法院，恳请判如所请。

通过这段陈述可以看出，A公司主张《框架协议》无效的理由主要有以下两点：[12]第一，张甲与B集团之间进行的以A公司10%股权为标的的转让交易，应由B集团自行支付对价，不能处分A公司及其全资子公司（C公司）的独立财产以损害A公司的利益。第二，上述行为不仅违反了公司分立、减资的相关规定，而且损害了A公司及其债权人的利益。

[12]律师要学会从简短的文书（甚至文字间的“蛛丝马迹”）中读懂其观点和思路。

但可以发现，A公司在提出法律依据时仅罗列了《合同法》和《公司法》中的八条规定，却未写明相应的理由，显得极其单薄、粗糙。[13]最关键的是，A公司所提上述两点理由根本无法覆盖其列举的多项法律规则，致使笔者对A公司的诉讼主张不甚明了，更加无法准确锁定A公司的请求权基础，这给笔者接下去要着手的答辩、提出反驳证据等工作造成了相当程度的困扰。

[13]这种《起诉状》的写法在实践中比较常见。常有原告欲以省略理由的诉状写作方式隐藏其诉讼“火力”。

经过慎重考虑，笔者暂从定性和定量两个方面确立我方的答辩思路。[14]所谓“定性”，主要是指《框架协议》的合法性，即要论证《框架协议》系B集团和张甲的真实意思表示，且已基本履行完毕。定量则是指《框架协议》的合理性，即要证明《框架协议》约定的交易价格是合理公允的。

⑭律师及时确定富有针对性且完整的应诉思路非常重要。

同时，笔者多次向张甲的家属解释，要待庭审时A公司进一步明确其请求权基础后，我方律师才能对法律适用的观点作出更准确、深入的反驳。当前最主要的工作是研究与签订《框架协议》有关的事实信息，并抓紧准备相关的证据。这一思路得到了张甲家属的肯定，并缓解了其长期焦虑的心态，[15]笔者随即着手取证。

⑮律师对当事人要有同理心，努力缓解当事人的焦虑情绪，这有助于增强当事人对律师的信任，从而创造舒适的对话氛围和工作环境。

想要了解签订《框架协议》和案涉股权交易的背景，并寻得有利的证据，着实不易。张甲因另案涉嫌职务侵占罪已被公安机关采取刑事强制措施。他年事已高，在看守所的一年时间里身体健康每况愈下，记忆大幅衰退，已回忆不清一些案涉细节，也记不起很多重要的文件材料存于何处了。其子张乙因涉嫌妨害作证罪，也被关押在看守所半年有余，且他对案涉交易也是知之甚少。其他家属和公司高管对此更是一无所知。笔者和胡律师只得通过多次前往看守所分别会见张家父子，从他们口中获知一些信息，才能再通过家属、公司员工的协助去获取佐证这些信息的零星证据。[16]

⑯取证工作殊为不易，律师要细心、耐心，肯花精力全身心投入其中，遇到困难时不气馁、不妥协。

经过多月的密集取证，笔者按照已商定好的定性和定量的代理思路，组织了如下证据：[17]

⑰证据组织讲究逻辑清晰、条分缕析。

第一组证据：包括上文提到的张甲的《退出申请》和朱某的批复（原件），用以证明《框架协议》的内容是经B集团、张甲双方前期多次协商后确认的结果，约定的内容系双方的真实意思表示。[18]

⑱撰写证明内容时要清楚、简明。

第二组证据：主要是C公司的工商变更登记资料和A公司打款给张甲的银行凭证，以证明《框架协议》自生效后双方已开始依约履行，且截至目前，《框架协议》已基本履行完毕。

以上两组是有关定性的证据，接着是关于定量的证据。

第三组证据：内含A公司及其下属的12家公司的工商内档资料，[19]用以证明签订《框架协议》时A公司及其下属公司的总资产约为52.6亿元。其中，张甲按《框架协议》的约定转让A公司10%股权获得的对价（且主要是C公司的四处房产）约为4亿元，[20]约占A公司总资产的7.6%。可见《框架协议》约定的交易价格具有合理性，张甲不存在多分资产的情况。

[19]（1）律师赴市场监督管理部门调取内档的取证工作十分重要，如遇阻，需向法院申请调查令。（2）律师应制作一张资产清单，供审判人员参考。

[20]价格评估机构的估价信息很重要。

三、围绕焦点　庭审交锋

需要再次强调的是，在案涉股权交易前，B集团是A公司的控股股东，前者拥有后者90%的股份。《框架协议》签订后，B集团从张甲处受让了A公司剩余的10%股份，A公司遂成为B集团的全资子公司。

基于此，当看到起诉状上的原告是A公司，第一被告是B集团时，笔者就判断出A公司提起这场诉讼必是经过B集团的授意，其目的就是推翻案涉交易、否定《框架协议》，从而拿回已支付的股权对价。[21]实际上，B集团和A公司"一个鼻孔出气"的行径在庭审中已充分暴露。

[21]律师的一些预判可以在后续的诉讼进程中得到印证。

庭审时，审判人员明确了本案最大的争议焦点是张甲与B集团签订的《框架协议》是否合法有效。[22]我方律师认为，答案无疑是肯定的。

[22]律师要有预判案件争议焦点的能力，并在庭前做足准备。

需要指出的是，在法庭调查阶段，审判人员和笔者均请A公司的代理律师明确《框架协议》得以无效的请求权基础。但对方律师似乎对“请求权基础”这个概念不甚了解，语焉不详。[1] 我方律师决定按照庭前已准备好的代理思路（见图实1－2）展开辩论：㉓

㉓该代理思路是充分考虑了对方可能提出的各种观点后综合形成的。实践证明，我方律师在庭前已将对方当庭发表的意见全部考虑到位。

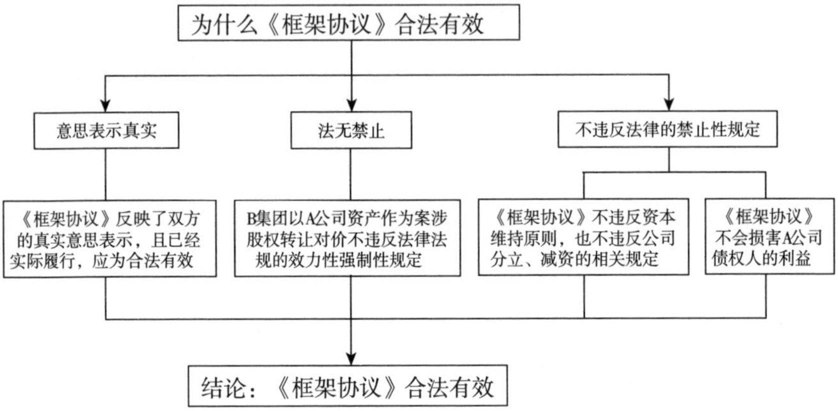

图实1－2　代理思路

（一）《框架协议》反映了双方的真实意思表示，且已经实际履行，应系合法有效

（1）《框架协议》系B集团与张甲就后者退出A公司的相关事宜达成的合意。《框架协议》的内容自生效后各方已开始依约履行，在其后多年的履行过程中，各方均未对履行情况提出异议。截至目前，《框架协议》已基本履行完毕，说明双方对《框架协议》的内容和效力是确信且认可的。㉔

㉔通过《框架协议》的履行程度（可制作一张《〈框架协议〉履行程度示意图》）来证明《框架协议》所约定的内容系双方真实的意思表示。

（2）A公司的代理律师在庭审时提出：“根据《公司法》第一百四十八条第（四）项的规定，《框架协议》的制定、签署过程违法，应被认定无效。”我方律师认为，根据《公司法》第三十七条的

〔1〕 王泽鉴教授对请求权基础的界定是“可供支持一方当事人得向他方当事人有所主张的法律规范”。王泽鉴：《民法思维：请求权基础理论体系》，北京大学出版社2009年版，第41页。邹碧华法官认为，“就是指据以支持原告诉讼请求的法律规范”。邹碧华：《要件审判九步法》，人民法院出版社2021年版，第78页。

规定，对股东会审议事项以书面形式表示一致同意的，可以不召开股东会会议，直接作出决定，并由全体股东在决定文件上签名、盖章。A公司仅有两名股东，B集团与张甲协商一致签署的《框架协议》可视为公司股东会决议文件。[25]

[25] 通过《公司法》的相关规定来论证案涉交易合法有效。

（二）《框架协议》不违反资本维持原则，也不违反公司分立、减资的相关规定

A公司的代理律师在庭审时提出《框架协议》违反了资本维持原则，尤其违反了公司分立、减资的相关规定。我方律师一一反驳道：[26]

[26] 律师既要在庭前预判对方的观点，做好法律检索、撰写代理提纲等准备工作，也要做好临场发挥的准备。

（1）关于A公司的财务情况，B集团作为持有公司90%股权的大股东和实际控制人，不仅派驻总经理和财务总监对A公司进行日常管理，而且每年都会审计A公司的财务情况。[27]《框架协议》签订时，A公司及其下属公司的总资产约为52.6亿元，净资产约为15.86亿元。即使将《框架协议》约定的约4亿元资产转让给张甲，A公司的剩余资产也远大于其注册资本1.26亿元。况且划归给张甲的资产并非公司注册资本，应认定属于《公司法》第一百六十六条规定的可用于分配的公司利润，对该部分公司资产的处置不会减少A公司的注册资本。

[27] 虽然A公司已不在张甲的控制之下，但律师仍要努力获得与A公司财务管理制度相关的信息，并做好相应的取证工作。

（2）针对A公司同时根据《公司法》关于公司分立、减资等多个法律条款来主张《框架协议》无效，我方律师认为同一转让不可能同时符合以上两种情况，也不可能同时适用多个法律条款，这恰恰说明了A公司的诉讼思路混乱，逻辑不清。具体而言：

一是《框架协议》不构成公司减资，A公司不能以违反减资的规定为由主张《框架协议》无效。《公司法》第一百七十七条明确规定：“公司需要减少注册资本时，必须……”这说明《公司法》

㉘律师要充分理解、掌握重要的法律概念。

意义上的减资指的是减少注册资本，而不是减少公司资产。㉘B 集团以 A 公司 10% 左右的资产作为其支付股权转让的对价，没有减少 A 公司的注册资本，不违反公司的资本维持原则，无须履行公司减资的程序。

二是《框架协议》不构成公司分立，A 公司不能以违反分立的规定为由主张《框架协议》无效。《公司法》上的公司分立，是指一个公司分立成两个或两个以上公司的行为。虽然《公司法》第一百七十五条未对公司分立的定义作出明确规定，但是根据立法文件，公司分立分为新设分立和派生分立，“公司将全部财产分割新设立二个以上公司为新设分立……公司以其部分财产设立另一公司为派生分立”。[1]㉙无论是哪种分立，都是将原有公司分立成至少两个以上公司。在本案的交易中，只有现存公司与公司股东之间进行股权和资产的转让，不存在任何一个公司分立成两个或两个以上公司的情形。因此，案涉交易不构成公司分立。

㉙律师要注意收集权威资料，用以佐证观点。

（三）《框架协议》不会损害 A 公司债权人的利益

A 公司的代理人在庭审时重申了其在起诉状中的主张，即张甲与 B 集团通过调整 A 公司全资公司 C 公司的资产以支付 A 公司股权转让对价的行为，损害了 A 公司债权人的利益。

我方律师反驳道：A 公司的债权人是具有独立民事权利能力和行为能力的民事主体，如果债权人认为《框架协议》所约定的股权转让事宜存在损害其利益的情形，其应当以自己的名义向法院寻求救济。A 公司与债权人系相互独立的民事主体，其权利义务关系相

---

〔1〕卞耀武：《关于对中华人民共和国公司法（草案）的意见的汇报》，载《全国人民代表大会常务委员会公报》1993 年第 7 号。转引自王军：《中国公司法》（第二版），高等教育出版社 2017 年版，第 486 页。

互区别。现A公司以《框架协议》损害其债权人利益为由主张合同无效，属于诉讼主体不适格的情形。我方律师也再次强调，案涉交易完成后A公司的资产仍远大于其注册资本。

（四）B集团以A公司资产作为案涉股权转让对价不违反法律法规的效力性强制性规定，亦不存在损害A公司股东利益的情形

我方律师在庭审时着重阐述：（1）关于公司的大股东能否使用公司资产去购买股权，法律对此没有作出禁止性规定。虽然《公司法》对公司财产与责任承担以及股东权利作出了原则性规定，并规定公司股东滥用权利损害公司或其他债权人利益，应当依法承担相应责任。但上述规定均非效力性强制性规定。对此问题，浙江省高级人民法院作出过精确的论断："虽然《公司法》第三条、第四条对公司财产与责任承担以及股东权利作出了原则性规定，第二十条也规定，公司股东滥用权利损害公司或其他债权人利益，应当依法承担相应责任，但上述规定均非《合同法》第五十二条第五项规定的效力性强制性规定。"[1]㉚该类案对于本案的代理具有极大的借鉴意义（详见附一《两案对比报告（节选）》。㉛

（2）公司作为拟制的法人，与自然人不同，其意思表示一般是通过股东会决议体现出来的。《框架协议》签订时，A公司只有两个股东，双方达成的《框架协议》应视为公司股东会决议。在大股东B集团收购小股东张甲的股权后，A公司成为B集团的全资子公司。虽然B集团用A公司的资产去支付了股权转让对价，但由于没有第三个股东，客观上也就不存在损害其他股东权益的可能。

㉚律师勤于办案的过程同时也是知识、经验、成果积累的过程。

㉛律师应撰写《两案对比报告》。

---

〔1〕详见浙江省高级人民法院（2015）浙民再终字第1号民事判决书。

（五）A公司根据《合同法》第五十二条第二项之规定主张《框架协议》无效的理由不能成立

庭审时，A公司的代理人根据《合同法》第五十二条第二项的规定主张《框架协议》无效。我方律师认为其主张不能成立，并回应道：《合同法》第五十二条第二项规定，恶意串通，损害国家、集体或者第三人利益的合同无效。本案中，A公司所表达的就是作为《框架协议》签约双方的张甲和B集团在恶意串通。但A公司一直没有提出双方恶意串通的证据。

恶意串通的民事法律行为在主观上要求双方有互相串通、为满足私利而损害他人合法权益的目的，客观上表现为实施了一定形式的行为来达到这一目的。[1]㉜与之恰恰相反的是，B集团一直在强调自己签订《框架协议》是被张甲蒙骗了，被欺诈了，陷入了错误认识。那么问题来了，A公司主张B集团与张甲恶意串通，B集团却认为其是被张甲欺骗了。要知道，“恶意串通”与“欺诈”在本案中是绝不可能并存于张甲一个人身上的。作为“一家人”的A公司和B集团当庭在同一个问题上发出了两种相互矛盾的声音，堪比一场庭审闹剧。可见，A公司试图证明张甲与B集团所谓恶意串通的主张根本无法成立。

㉜律师勤于办案的过程同时也是知识、经验、成果积累的过程。

四、融情于理　捍守诚信

在庭审的最后陈述阶段，我方律师代表张甲、张乙父子和C公司，向审判人员表达：㉝B集团于20世纪90年代初就在张甲所在的城市进行投资，设立A公司。张甲具体负责A公司在当地的经营管

㉝在最后陈述阶段，律师的发言要争取做到融情、理、法于一体，以期获得审判人员的理解与支持。

〔1〕黄薇：《中华人民共和国民法典总则编释义》，法律出版社2020年版，第409页。

理工作，经过多年的苦心经营，张甲将A公司及其多家子公司发展成为总资产超过52亿元的优质企业，对A公司和B集团的发展都作出了巨大贡献，他本人还在2011年被B集团评为创业三十周年的功勋人物。如今，B集团联合其子公司A公司对张甲一方悍然提起诉讼，试图剥夺其应得的收益，否定其功劳，这是有违道义的。

诚信是社会主义核心价值观的重要内涵和基本内容。2019年11月最高人民法院发布的《全国法院民商事审判工作会议纪要》指出：[34]“要依法审慎认定合同效力。要根据诚实信用原则，合理解释合同条款、确定履行内容，合理确定当事人的权利义务关系，审慎适用合同解除制度，依法调整过高的违约金，强化对守约者诚信行为的保护力度，提高违法违约成本，促进诚信社会构建。”

[34]律师要勤学最高人民法院颁布的重要司法文件。

庭审结束后不久，A公司悄然撤回了起诉，法院准许其撤诉。但一个月后，A公司略微调整了诉讼请求中的金额，以几乎相同的事实与理由再次起诉。又经过逾两年的艰辛代理，一审法院、二审法院和再审法院均支持我方的观点，驳回了A公司的全部诉讼请求（一审、二审法院的主要观点分别详见附二和附三）。后检察院也作出了不支持监督申请的决定书。

五、乘胜追击　依法履约

在再审法院驳回了A公司的再审申请后，本案的代理已基本告一段落。笔者立即着手代理张甲起诉B集团继续履行《框架协议》之案（股权转让纠纷案）。考虑到A公司的支付能力更强，笔者把A公司列为共同被告。张甲的诉讼请求具体包括：

（1）判令B集团支付张甲股权转让款2300万元及相应的逾期利息；

（2）判令A公司对上述债务承担连带责任；

（3）判令两被告配合原告将登记在张甲名下的A公司10%的股权变更登记至B集团名下；

（4）本案的诉讼费用由两被告承担。

由于生效判决已认定《框架协议》合法有效，因此笔者在庭前就已预判到该案的主要争议焦点在于法院如何认定股权转让款数额及其承担主体、请求主体。庭审时，笔者陈述的论辩意见主要包括以下两点：

（一）关于股权转让款的数额

《框架协议》约定B集团应支付张甲股权转让款1261.67万元，A公司另向C公司无偿提供6000万元。结合：（1）B集团实际控制人朱某在《退出申请》附表页的批复："按此方案执行。"（2）该附表第二条载明："再支付张甲现金5000万元。"（3）张甲、张乙父子共向A公司支付C公司股权转让款1000万元，其与上述6000万元的差额就是5000万元。以上事实相互印证，可以得出结论：A公司应向C公司另行支付6000万元，该6000万元也系股权转让对价的一部分。

我方在起诉状中自认，A公司已支付张甲4961.67万元，[35]剩余2300万元（1261.67万元+6000万元-4961.67万元=2300万元）未支付。A公司虽然提供了金额达1.7亿元的支付凭证（共计32笔）作为反驳证据，但这些支付凭证均未明确上述款项系支付案涉股权的转让款，[36]且笔者提供了相应的借款合同和转账凭证予以反驳。

何况，在《框架协议》约定A公司仅需支付几千万元的情况下，其不可能会转账支付给张甲上亿元。所以，在A公司未能进一步提供证据证明上述1.7亿元系支付给张甲股权转让款的情况下，A公司对此应承担举证不能的法律后果。法院应认定B集团及A公司

[35] 基于民事诉讼诚信原则的要求，律师在前案中已认可的事实，在后案中应将其作为自认的事实。对于该4961.67万元的数额，笔者在前案的《〈框架协议〉履行程度示意图》中已经列明，且对方律师在庭审时也予以认可。

[36] 律师要在我方财务人员的配合下，梳理32笔转账的性质，在《质证意见》中予以清晰地体现。

尚余2300万元股权转让款未支付。

（二）关于股权转让款的承担主体和请求主体

《公司法》的相关规定、《框架协议》的签订、诉前A公司已支付张甲4961.67万元以及生效判决的认定等一系列的行为和内容均表明A公司同意承担案涉股权转让款的支付义务。根据《民法典》第五百五十二条的规定，[1] 第三人（A公司）向债权人（张甲）表示愿意加入债务，债权人未在合理期限内明确拒绝的，债权人可以请求第三人在其愿意承担的债务范围内和债务人（B集团）承担连带债务。根据该条规定，A公司加入了B集团欠张甲之债，其与B集团一并成为张甲的债务人。

《合同法》第六十四条（与《民法典》第五百二十二条第一款的内容相同）规定，当事人约定由债务人（A公司和B集团）向第三人（C公司）履行债务的，债务人未向第三人履行债务或者履行债务不符合约定，应当向债权人（张甲）承担违约责任。在本案中，C公司不是合同当事人，而是双方约定的接受资金的第三人。当债务人A公司、B集团不向C公司履行债务时，应由张甲来向A公司和B集团主张继续履行的违约责任。

最终，一审和二审法院几乎支持了张甲的全部诉讼请求，但法院的观点与笔者的略有区别。法院未判定A公司对B集团欠张甲的

---

〔1〕《民法典时间效力规定》第三条　民法典施行前的法律事实引起的民事纠纷案件，当时的法律、司法解释没有规定而民法典有规定的，可以适用民法典的规定，但是明显减损当事人合法权益、增加当事人法定义务或者背离当事人合理预期的除外。

《民法典》第五百五十二条首次规定债务加入制度，故此处可适用《民法典》的相关规定。

应付款项承担连带责任，而是根据《合同法》第六十条[1]和《民法典时间效力规定》第二十条[2]判决A公司对B集团欠张甲的应付款项承担共同付款责任（详见附四）。㊲

㊲法律依据的选择是最核心的诉讼策略之一。此处的法律适用问题值得深研。

附一：两案对比报告（节选）

××市中级人民法院：

由贵院受理的A公司诉被告张甲、B集团、张乙、C公司合同纠纷一案，由我们担任被告张甲、张乙、C公司的诉讼代理人。

我们曾于2015年至2017年代理的傅建中、新洲集团有限公司（以下简称新洲公司）与林海文、黄伟合同纠纷案［以下简称参考案例，案号为：（2015）浙民再终字第1号，该案经浙江省高级人民法院审判委员会讨论决定］，[3] 与本案的基本事实具有高度的相似性，对本案的法律适用具有重要的参考意义。故作此报告，供合议庭参考：

一、本案案情简介

略[4]

---

〔1〕《合同法》第六十条　当事人应当按照约定全面履行自己的义务。

当事人应当遵循诚实信用原则，根据合同的性质、目的和交易习惯履行通知、协助、保密等义务。

〔2〕《民法典时间效力规定》第二十条　民法典施行前成立的合同，依照法律规定或者当事人约定该合同的履行持续至民法典施行后，因民法典施行前履行合同发生争议的，适用当时的法律、司法解释的规定；因民法典施行后履行合同发生争议的，适用民法典第三编第四章和第五章的相关规定。

〔3〕后新洲公司向最高人民法院申请再审，傅建中也“策略性”地申请再审。最高人民法院作出（2017）最高法民申2747号民事裁定书，裁定终结审查新洲公司、傅建中的再审申请。

〔4〕可详见本章的第一部分“‘祸’起协议　诉诸法院”。

二、参考案例案情及判决结果简介[1]

2003年3月，傅建中、林海文共同创立新洲公司，林海文和傅建中分别拥有新洲公司80%和20%的权益。2009年8月，林海文与傅建中签订《终止合作及权益分割协议》（以下简称《分割协议》），双方协商同意终止合作，并对新洲公司现有权益进行分割。根据《资产评估报告》以及双方的共同确认，彼时新洲公司的注册资本为3.3亿元，总权益约13.4亿元。

双方在《分割协议》中约定，傅建中将其名下新洲公司的股份及权益转让给林海文，新洲公司将其持有的白猫股份（在2011年重组完成后更名为浙报传媒）41,943,851股作为对价转让给傅建中，由傅建中指定的人受让。2009年5月的《资产评估咨询报告书》显示，白猫股份41,943,851股的市场价值评估值为2.5亿元，2009年6月的《咨询报告复核意见书》显示，白猫股份41,943,851股的评估价值为2.3亿元。[2]

2009年9月，双方签订了《终止合作及权益分割协议之补充协议》（以下简称《分割补充协议》），就《分割协议》中的未尽事宜作出安排。《分割补充协议》约定，由于白猫股份的股改导致股份无法过户，由新洲公司代持傅建中所有的白猫股份的股票。

为了履行《分割协议》及《分割补充协议》，2010年12月，林海文、傅建中、新洲公司签订《补充协议（二）》，约定傅建

〔1〕由于该参考案例的案情复杂，涉及股权转让、税务计算、股权质押等多个交易环节，其中傅建中与林海文双方的股权转让交易是与本案相关的参考内容，故将其他内容省略，此处不予介绍。

〔2〕2.5亿元或2.3亿元分别占新洲公司总资产13.4亿元的18.7%或17.2%，与傅建中持有的新洲公司20%的权益大致相当。

中指定新洲公司将白猫股份的41,943,851股股票转让给浙江永恒实业有限公司。

后双方发生争议。2017年3月，浙江省高级人民法院对参考案例作出民事判决书，认定："除《补充协议（二）》中关于企业所得税和个人所得税计缴数额的约定内容之外，《分割协议》、《分割补充协议》及《补充协议（二）》的其余部分，均系双方真实意思表示，未违反法律、行政法规的强制性规定，应认定有效。"法院认定案涉协议有效的理由主要有以下三点：

首先，上述协议系新洲公司股东傅建中与林海文就傅建中退出新洲公司相关事宜达成的合意，反映了双方的真实意思表示。虽然新洲公司未召开股东会审议批准上述协议，但新洲公司仅有傅建中、林海文两名股东，根据《公司法》第三十八条关于"公司对于股东以书面形式一致表示同意的事项，可不召开股东会会议，由全体股东直接在决定文件上签名、盖章"的规定，傅建中、林海文协商一致签署上述协议应认定已履行了法定程序。

其次，上述协议并不违反资本维持原则，也不损害新洲公司债权人的利益。根据审理查明的事实，签订上述协议时，新洲公司经评估核减负债后的净资产约13.4亿元，注册资本3.3亿元。案涉股票并非公司注册资本，应认定属于《公司法》第一百六十七条规定的可用于分配的公司利润，对该部分公司资产的处置并不会减少新洲公司的注册资本。……并无债权人主张权利，现亦无证据证明上述公司资产的处置行为损害了新洲公司债权人的利益。

最后，上述协议也未违反法律、行政法规的强制性规定。虽然

《公司法》第三条、第四条对公司财产与责任承担以及股东权利作出了原则性规定，第二十条也规定，公司股东滥用权利损害公司或其他债权人利益，应当依法承担相应责任，但上述规定均非《合同法》第五十二条第（五）项规定的效力性强制性规定；况且，根据上文分析，本案协议应认定为已经公司股东会决议批准，现亦无证据证明该协议对新洲公司造成了损失或损害了公司债权人利益。

综合上述三点理由，浙江省高级人民法院判定："据上，新洲公司关于上述协议因违反《公司法》第三条、第四条和第二十条的规定而无效的主张，于法无据，原判不予支持，并无不当。"

三、参考案例与本案的相同点

(1) 相同点一：交易结构均为两位股东之间转让股权，并以公司资产作为支付对价。

在参考案例中，新洲公司只有傅建中和林海文两位股东。傅建中将拥有的新洲公司20%的权益转让给林海文，转让的对价是新洲公司持有的白猫股份41,943,851股。根据浙江省高级人民法院的观点，虽然《公司法》第三条、第四条对公司财产与责任承担以及股东权利作出了原则性规定，第二十条也规定公司股东滥用权利损害公司或其他债权人利益，应当依法承担相应责任，但上述规定均非《合同法》第五十二条第（五）项规定的效力性强制性规定，不会当然导致合同无效。

本案中，案涉股权转让时，A公司也只有两个股东，即张甲和B集团，张甲将持有的A公司10%的股权转让给B集团。转让的对价是A公司的部分资产。

本案与参考案例中的对方当事人均认为案涉股权转让交易违

反《公司法》第三条、第二十条，但其并非效力性强制性规定，违反上述规定不会导致本案中的《框架协议》无效。

（2）相同点二：均没有标的公司的股东会决议。

在参考案例和本案中，案涉股权的转让交易都未以召开股东会并作出股东会决议的方式进行，而是以公司仅有的两个股东签订股权转让协议的方式表示同意。

对此，浙江省高级人民法院认为："虽然新洲公司未召开股东会审议批准上述协议，但新洲公司仅有傅建中、林海文两名股东，根据《公司法》第三十八条关于'公司对于股东以书面形式一致表示同意的事项，可不召开股东会会议，由全体股东直接在决定文件上签名、盖章'的规定，傅建中、林海文协商一致签署上述协议应认定已履行了法定程序。"

因此，本案中B集团和张甲共同签订《框架协议》的行为同样可以被认定是已经履行了法定程序。

（3）相同点三：若股权转让交易完成，公司资产不会少于注册资本，且不会损害债权人利益。

在参考案例中，新洲公司的净资产约为13.4亿元，即使将价值约2.5亿元的41,943,851股白猫股份转给傅建中，新洲公司资产仍有约10.9亿元，远大于其注册资本3.3亿元。浙江省高级人民法院指出："上述协议并不违反资本维持原则，也不损害新洲公司债权人的利益……案涉股票并非公司注册资本，应认定属于《公司法》第一百六十七条规定的可用于分配的公司利润，对该部分公司资产的处置并不会减少新洲公司的注册资本……并无债权人主张权利，现亦无证据证明上述公司资产的处置行为损害了新洲公司债权人的利益。"

本案中，《框架协议》签订时，A公司及其下属公司的总资产约为52.6亿元，净资产约为15.86亿元。即使将《框架协议》中约定的约4亿元资产转让给张甲，A公司的剩余资产也远大于其注册资本1.26亿元。因此案涉交易不会减少A公司的注册资本。且A公司没有证据证明案涉交易实际影响了其债权人的利益，故A公司的该项理由不能成立。

四、总结

本案与参考案例所涉股权交易结构基本相同，相关交易要素之间具有一一对应关系：

要素名称	本案	参考案例
股权转出方	张甲	傅建中
股权受让方	B集团	林海文
转让的股权	A公司10%的股权	新洲公司20%的股权
股权转让的对价	A公司的部分资产，即（1）1261.67万元股权转让金；（2）A公司持有的C公司100%股权权益；（3）A公司另向C公司无偿提供的6000万元	新洲公司的部分资产，即41,943,851股白猫股份

由此可以得出以下结论：

（1）参考案例与本案的股权交易结构都是股东之间转让股权；

（2）股权转让的对价为公司部分资产；

（3）两案案涉股权转让事宜都未经股东会的决议；

（4）股权转让完成后都不会减损公司的注册资本；

（5）股权转让完成后均不会损害公司、股东或债权人的利益；

（6）转出的股权与转让对价的价值基本一致。

综上所述，本案与参考案例是我们代理的具有极高相似度的两起案件，恳请合议庭在查明本案事实的基础上，参照参考案例的法律适用。

附二：前案一审判决中“本院认为”的部分内容

本院认为，《框架协议》系合同订立双方B集团、张甲的真实意思表示，未有证据证明违反法律、行政法规的强制性规定，应认定有效。首先，《框架协议》有B集团公章、B集团法定代表人签字、B集团实际控制人朱某在《退出申请》上的批示，《框架协议》是B集团、张甲就张甲退出A公司达成的合意，是B集团、张甲的真实意思表示。其次，《框架协议》的缔约双方B集团、张甲系A公司的唯二股东，根据《公司法》第三十七条关于公司对于股东以书面形式一致表示同意的事项，可以不召开股东会会议，直接作出决定，并由全体股东直接在决定文件上签名、盖章的规定，B集团、张甲一致签署上述协议应可认定股权转让已经全体股东一致同意，已达到召开股东会会议的效果。再次，以公司资产作为公司股权转让对价并不当然违反公司资本维持原则。根据A公司2012年度的企业法人年检报告书，A公司在2012年的净资产为90,852,961元。根据A公司某全资子公司2012年度的企业法人年检报告书，该公司2012年的净资产总额为209,954,309元。《框架协议》中划给张甲的大部分资产系C公司所有，即便不考虑A公司其他全资子公司净资产以及对外投资情况，上述两公司的净资产已经远超过A公司12,616.7万元的注册资本。故B集团虽以A公司资产作为其股权受让对价交付给张甲，因未有证据表明该些资产构成A公司注册资本，故对于该部分资产的处置不能直接等同于抽逃A公司的注册资本，违反资本维持原则。依据《框架协议》的安排，张甲将其10%股权转让给B集团后，B集团作为A公司唯一股东，B集团同意将A公司资产作为其股权转让对价交付给张甲一方，亦可视为不违背A公司意志。最后，A公司以损害公司债权人的利益为由主张《框架协议》无效。经查明，《框架协议》订立后，虽有债权人向A公司提起诉讼主张债权，但未有证据表明债权人的权利未得以保障，B集团在未支出股权转让款的情况下向A公司债权人偿还了债务，故未有证据表明该协议已损害A公司债权人的利益。

附三：前案二审判决中“本院认为”的部分内容

本院认为，本案的二审争议焦点之一是张甲与B集团签订的《框架协议》是否有效，综合分析如下：

张甲与B集团签订的《框架协议》合法有效。本案系A公司股东张甲将其持有的10%股权卖给已持有A公司90%股权的股东B集团，B集团以A公司及其子公司的相应资产作为股权转让款支付给张甲。

（1）有证据证实，《框架协议》的签订，经历了张甲和朱某反复磋商的结果，张甲向朱某提交《退出申请》并附退出条件，朱某同意张甲退出A公司的申请及所附条件，并要求B集团按此方案执行。张甲与B集团签订的《框架协议》符合朱某批示的内容。此后，双方按照上述协议陆续履行。可见，张甲与B集团签订的《框架协议》系A公司股东B集团与张甲就张甲退出

A 公司相关事宜达成的合意，反映的是双方真实意思表示，亦未违反法律和行政法规的强制性规定，且协议约定的内容又基本上已经实际履行。

（2）《框架协议》内容系涉案各方共同真实意思表示。《框架协议》形式上盖有 B 集团公章及其法定代表人的签字、张甲签名，该协议系落实 B 集团实际控制人朱某在张甲《退出申请》上批示的结果；依据《框架协议》的安排，张甲将其 10% 股权转让给 A 公司后，B 集团为 A 公司唯一股东，B 集团同意将 A 公司资产作为其股权转让对价交付给张甲一方，亦可视为不违背 A 公司意志；《框架协议》确认，A 公司与张甲、张乙签订《C 公司股权转让协议》，约定 A 公司将其持有 100% C 公司股权转让给张甲、张乙，并已经工商变更登记，这表明上述协议得到 A 公司和 B 集团的认可。

（3）签订《框架协议》的程序合法，也没有违反公司资本维持原则和侵害债权人利益。《框架协议》缔约双方 B 集团、张甲系 A 公司的 100% 股东，根据《公司法》第三十七条的规定，B 集团、张甲协商一致签署上述协议应认定履行了《公司法》规定的相关法定程序，系程序合法。A 公司在上述协议签订时的注册资本 12,616.7 万元，而根据企业法人年检报告书，仅 A 公司及其某全资子公司 2012 年的净资产就超过 3 亿多元；A 公司代理人认可当时 A 公司及其子公司等净资产超过 15 亿元；《框架协议》中支付给张甲大部分资产系 C 公司所有，也并非 A 公司的注册资本，应认定属于《公司法》第一百六十六条规定的可用于分配的公司利润，对该部分公司资产的处置并不会减少 A 公司的注册资本，故涉案协议并不违反公司资本维持原则。《框架协议》

订立后，虽有债权人向A公司提起诉讼主张债权，B集团在未支出股权转让款的情况下向A公司债权人偿还了债务，而涉案协议书签订至今已有八年，未有证据表明债权人的权利未得到保障，未有证据表明该协议已损害A公司债权人的利益，故上述协议亦没有损害公司债权人的利益。

(4)《框架协议》约定的内容大部分已经履行。张甲、张乙支付了1000万元的股权转让款，C公司股东由A公司工商登记变更为张乙90%、张甲10%；A公司亦分多次支付了协议约定的大部分现金对价，等等。

(5) 关于股权转让对价的合理性。有证据证明，A公司财务由B集团掌管，而且B集团每年还要对A公司审计，所以，B集团清楚A公司10%股权的价值，这才有朱某“根据A公司现有的总资产及股权比例，同意按下列资产及现金划给张甲本人”的批示。同时，张甲在A公司10%股权转让对价也很难以A公司实际价值来衡量，从朱某在张甲的《退出申请》中批示看，股权转让对价除了10%A公司股权的价值以外，还包含了张甲三十多年来对B集团及对A公司的贡献。

(6) A公司还认为案涉协议因为张甲与B集团恶意串通而无效，但A公司未提供相应证据，而且B集团恶意串通来损害自己利益，也与常理不符。综上分析，A公司和B集团主张《框架协议》无效的理由均不能成立，不予支持。原审认定《框架协议》合法有效，本院予以支持，协议各方均应遵照执行。

附四：后案一审判决中“本院认为”的部分内容

关于A公司的责任。根据《公司法》的规定，公司对于股东以书面形式一致表示同意的事项，可以不召开股东会，直接作出决定。《框架协议》有A公司的两个股东即张甲、B集团签订，可视为公司股东就股权转让款支付的事项达成一致意见，即由A公司支付。生效判决亦认定，B集团以A公司资产支付张甲股权转让款并不违反公司资本维持原则，亦未损害公司债权人的利益。生效判决书还认定，根据《框架协议》约定，张甲将其10%股权转让给B集团后，B集团作为A公司的唯一股东，B集团同意将A公司资产作为其股权转让对价交付给张甲一方，亦可视为不违背A公司意志；根据《框架协议》确认，A公司与张甲、张乙签订《C公司股权转让协议》，约定A公司将其持有的100%C公司股权转让给张甲、张乙，并已办理工商变更登记，这也表明上述协议得到A公司和B集团的认可。且在诉前A公司亦支付4000余万元款项给原告或C公司。以上协议的签订、股权变更的履行、款项的支付以及生效判决的认定，均表明A公司同意承担案涉股权转让款的支付义务，故A公司应对B集团上述应付款项承担共同付款责任。

实训案例二：股权转让纠纷

——新宇公司与浩瀚公司、睿雅公司股权转让纠纷案代理纪实

目　次

本案系一起涉及合作开发房地产的股权转让纠纷，历经一审、二审、再审、重审一审等诉讼程序。本案集中展现了律师在选定代理思路、收集组织证据、参与调解息诉等方面的努力和经验。

新宇公司（系一审原告、二审上诉人、再审申请人）与浩瀚公司、睿雅公司（系一审被告、二审被上诉人、再审被申请人）因合作开发房地产项目发生矛盾，新宇公司主张浩瀚公司、睿雅公司在净地交付和道路修建等事实方面存在违约，造成新宇公司的巨额损失。然而，一审、二审法院均认定浩瀚公司、睿雅公司不构成净地交付违约，二审法院认为虽存在道路修建违约，但影响较小，故酌定两公司赔偿新宇公司仅500万元。在此不利局面下，[①]新宇公司委托笔者参与本案的再审代理工作。

①律师代理再审案件，不仅要客观评估案件的诉讼结果，而且要具有较强的抗压能力。

本案再审的难点有二：一是如何在原审证据不充分的情况下，通过补充新证据，说服最高人民法院认定对方在净地交付和道路修建方面存在严重违约；二是在《合作协议书》未约定违约责任的情况下，如何量化前述违约给我方造成的损失。

经过长达两年的据理力争，最高人民法院最终认定对方构成净地交付违约，一审、二审认定事实不清、适用法律错误，因此撤销原判，发回某市中级人民法院重审，基本实现了新宇公司申请再审的诉讼目的。在重审一审阶段，我方化被动为主动，双方调解成功，实现案结事了。

一、合同约定模糊　违约责任难定

2010年12月3日，新宇公司与浩瀚公司、睿雅公司签订《合作协议书》，约定合作开发商品房，其中关于净地交付和道路修建的内容如下：[②]

②律师要仔细研究《合作协议书》中的核心交易条款。

（1）出让方（浩瀚公司、睿雅公司）向新宇公司转让其持有的项目公司100%的股权（出让方投入的注册资金人民币为100万元）。项目公司拟受让某地块的土地使用权，目标地块应符合以下前提条件：[3]净地出让，土地性质为住宅用地，面积为139亩，容积率不超过1.6，浩瀚公司、睿雅公司负责与政府协调好所开发项目户型套型比工作。

③律师应准确理解此处“应符合”“前提条件”的语义。

（2）出让方确保[4]朝阳路向东延伸段在2011年12月30日之前修建至目标地块，并且完成道路绿化、灯光等工程。

④律师应准确理解此处“确保”的语义。

上述内容较为简略，对何为净地这一重要内容未作出约定，且《合作协议书》里未包含违约责任条款，这极大地增加了新宇公司的维权难度。之后，新宇公司按约支付国有建设用地使用权出让价款和股权转让款。但新宇公司认为浩瀚公司、睿雅公司未按约确保案涉地块为净地，未将朝阳路向东延伸段修建至目标地块，也未完成道路绿化、灯光等工程。前述违约行为导致新宇公司项目楼盘开发迟延、销售遇阻，遭受严重损失。[5]

⑤律师要具有一定的商业判断能力，要能理解为何净地和道路按约修建的条件不满足，会导致房产项目开发延迟、销售受阻，要能基本预判出损失的严重性及其组成。

针对违约责任的承担问题，双方虽多次磋商，但始终争执不下。[6]

⑥律师要深入了解双方协商未果的原因，以预判诉讼的后续走向。

二、一审二审　铩羽而归

2013年年底，新宇公司在某市中级人民法院提起诉讼，请求法院判令浩瀚公司、睿雅公司赔偿因净地交付和道路修建违约而造成的开发资金占用损失。经两次开庭审理，某市中级人民法院作出如下认定：

（1）关于原告新宇公司主张被告浩瀚公司、睿雅公司赔偿涉案土地不是净地、造成其开发延期导致的损失，根据《合作协议书》的内容，被告浩瀚公司和睿雅公司并无上述义务。

（2）被告未履行《合作协议书》第7条按时修建道路至目标地

块，并且完成道路绿化、灯光等工程，构成违约。然而，原告主张投入的开发资金占用损失，未能举证证明其主张的损失与被告的违约行为存在因果关系，故应当承担举证不能的责任。

据此，某市中级人民法院驳回了新宇公司的全部诉讼请求。新宇公司不服，向某省高级人民法院提起上诉。某省高级人民法院经审理后认为：

（1）从《合作协议书》中“项目公司概况”下第（2）项的文字表述〔1〕来看，是对项目公司拟受让土地使用权的案涉地块基本状况的描述，浩瀚公司、睿雅公司没有保证出让土地为净地的义务。

（2）虽然浩瀚公司、睿雅公司在道路修建问题上构成违约，但由于朝阳路向东延伸段原有土路⑦，该违约行为对项目开发销售的不利影响较小，酌情确定浩瀚公司、睿雅公司赔偿新宇公司损失500万元。

⑦律师须细究“道路”与“土路”之间的区别。

新宇公司不服某省高级人民法院对浩瀚公司、睿雅公司不构成净地交付违约的认定，难以接受金额仅500万元的赔偿。

三、挖掘新证据　寻找突破口

笔者在接受新宇公司的委托前，根据代理经验和初步分析结果，书面向其告知了该案申请再审在证据收集、事实认定与法律适用等方面的难度与风险⑧，主要体现在三个方面：首先，双方签订的《合作协议书》只有区区两页纸，过于简单、粗糙。其次，在法律、行政法规对“净地”尚无明确规定的情况下，《合作协议书》也未对净地标准作出约定，甚至未将对方净地交付这一基本义务写进“乙

⑧律师告知当事人法律风险的重要性。

〔1〕《合作协议书》中的相关文字表述为：“项目公司拟受让某地块的土地使用权，目标地块应符合以下前提条件：净地出让，土地性质为住宅用地，面积为139亩，容积率不超过1.6。”

方的权利和义务”项下。最后，《合作协议书》还有一处致命的缺陷，即未约定双方的违约责任。由于本案的事实基础欠佳，欲获得理想的再审结果[9]会有很大的难度。

在接受新宇公司的委托后，笔者通过阅卷、实地考察和与相关人员的访谈，并与新宇公司的领导层充分沟通，确定了申请再审的诉讼策略：[10]一是要巩固有利成果。一审、二审法院均认定对方在道路修建上的违约事实，对此我方要在再审阶段继续巩固。二是要挖掘核心论据。接下来最要紧的是找寻一切可能认定对方净地违约的事实依据[11]和法律依据，尽力争取最高人民法院认定对方构成净地交付违约。三是要补足原审漏缺。证明前述违约与我方遭受损失之间的因果关系，量化我方遭受的损失，否则恐难推翻某省高级人民法院酌定500万元赔偿款[12]的判决。

在获得新宇公司的认可后，笔者根据上述三项策略积极开展再审申请工作。在原审中，新宇公司仅提交了12份证据，证据体系不完整，证明力显弱。[13]在申请再审阶段，新宇公司若不提交新证据，恐难获得良好的诉讼效果。为此，笔者必须围绕诉讼目的进一步取证。经过2个月的艰辛取证，笔者围绕以下6大证明目的，[14]依照一定的逻辑（主要是认定违约责任及确定损失金额的逻辑），共向最高人民法院提交了6组[15]（共计36份）新证据：

（1）对方应履行的合同义务（主要针对净地和按时修成道路）。[16]

（2）由于对方未能按时确保案涉地块为净地（地上留有鱼塘、坟墓、苗木等），导致项目的开工和开发严重迟延。

（3）由于对方未能按约确保朝阳路向东延伸段在2011年12月30日之前修建至目标地块以及完成绿化、灯光等工程，导致项目的开发进一步受阻，对工程建设和楼盘销售均造成了不利影响。

（4）我方原计划充分利用获批的容积率指标，将项目一、二期

⑨包括最高人民法院裁定提审后改判、发回重审、指令审理。

⑩律师能否提供有价值的诉讼策略，会直接影响到当事人委托该律师的意愿。

⑪有力的再审新证据在很大程度上能改变原审裁判的立论基础。

⑫法院自由裁量的金额一般很难被再审法院推翻，除非有新的证据和较充分的说理能够论证该金额显系错误。

⑬律师要在对原审证据的证明力及证明逻辑作出评估的基础上，再有针对性地进行取证。

⑭证据的证明内容和目的必须清楚、简明。

⑮证据的组织应围绕证明目的，层次分明、环环相扣。

⑯第一组证据即《合作协议书》，该证据在一审时已经提交法院，故不属于新证据。笔者仍将其作为第一组证据，并置于新证据的证据册中，是为了完整地展示我方新证据的证明逻辑。

均建成高层公寓。然而，由于对方违约致使项目开发严重受阻、财务成本不断上涨，我方不得不变更项目二期的建筑设计方案，将大部分拟建的高层公寓改建为小型排屋，容积率、可销售建筑面积等多项指标均大幅变动，给我方造成了极大的损失。

（5）我方作为守约一方，因对方的违约行为导致项目开发严重受阻，进而遭受巨额的开发资金占用损失。

（6）对方作为违约一方却获取暴利，不仅有违诚实信用原则，更有违公平原则。[17]

笔者将多达 312 页的新证据分组装订成册，在申请再审时提交给最高人民法院。经过与最高人民法院审判人员的多次沟通（包括接受法院的问询和提交书面代理意见[18]），2016 年 6 月，最高人民法院裁定提审本案。

四、再审庭审　峰回路转

2017 年 4 月的一天，最高人民法院公开开庭审理本案。在法庭上，针对我方的再审申请，浩瀚公司和睿雅公司的抗辩如下：

第一，浩瀚公司、睿雅公司并无净地交付义务。首先，签订《合作协议书》的目的是项目公司股权转让，公司之间的资金往来属于股权转让关系，且已履行完毕。其次，土地出让是净地还是毛地，由政府招标文件确定，不是由当事人来确定的，新宇公司主张净地交付的违约责任并无依据。最后，项目延期开发的原因有很多，股权转让完成后，即便迟延开发，也是新宇公司自身的原因造成的。

第二，资金占用损失的主张，只能基于有偿的资金往来，而浩瀚公司与新宇公司或项目公司不存在有偿资金往来。新宇公司亦无新证据证明其资金占用损失。

针对对方的上述抗辩意见，笔者反驳道：[19]

⑰第 5、6 组新证据组合在一起，有助于引导再审法院从公平原则来审视、判断原审裁判的合理性。

⑱律师与审判人员可以围绕案件进行必要的工作沟通，但方式必须合法。

⑲律师当庭的反驳必须具有针对性，且有理有据，切忌随性地发表冗长的意见。

第一，浩瀚公司、睿雅公司负有保证出让土地为净地和按时修建朝阳路向东延伸段的合同义务，该义务的履行与合同目的的实现[20]密切相关。为了取得项目用地并顺利开发，双方明确约定了浩瀚公司、睿雅公司的净地交付和按时修建道路义务。两公司仅付出100万元项目公司注册资金，却赚得了超过1.7多亿元利润，获取如此暴利的对价显然不仅是股权转让，而应当包含履行前述义务。

[20]由于《合作协议书》的相关约定非常粗糙，为避免再审法院再次从该合同的字面意思来判定对方的合同义务，律师务必着重论述该合同的目的实现与对方违约事实之间的关系。

第二，目前国家法律尚未界定“净地”的概念，也未规定净地的标准。仅有《国务院关于促进节约集约用地的通知》（国发〔2008〕3号）、《国土资源部关于贯彻落实〈国务院关于促进节约集约用地的通知〉》（国土发〔2008〕16号）、《国土资源部关于加大闲置土地处置力度的通知》（国土资电发〔2007〕36号）[1][21]等规范性文件涉及“净地”，明确“净地”至少是完成了出让前使用权的收回或完成了拆迁补偿工作的土地。

[21]律师应通过检索法律、行政法规、规范性文件来明确“净地”的概念；若无果，还可以通过案例检索。

第三，浩瀚公司、睿雅公司违反净地交付和按时修建朝阳路向东延伸段的义务，导致项目开发和销售严重迟延，应承担违约责任。两公司违反上述净地交付义务，直接造成案涉地块项目推迟至2013年2月28日才勉强开工，直到2013年7月才全部完成地块上的坟墓搬迁工作，使案涉项目开发严重受阻。朝阳路向东延伸段的道路建设工程直到2014年10月才竣工。该道路上的路灯工程直到2015年9月29日才招标，最早也要到2015年12月15日左右才能完工，[22]较《合作协议书》约定的完工期限延误近四年，严重耽误了楼盘的开发与销售。

[22]律师应提供针对上述四个重要时间点的有力证据。

第四，浩瀚公司、睿雅公司的违约行为造成我方产生开发资金

---

〔1〕《国土资源部关于加大闲置土地处置力度的通知》第二条　实行建设用地使用权“净地”出让，出让前，应处理好土地的产权、补偿安置等经济法律关系，完成必要的通水、通电、通路、土地平整等前期开发，防止土地闲置浪费。

占用巨额损失及楼盘价格下跌损失。非净地出让及道路未修通，导致我方早前投入的全部资金一直闲置到实际开工日。无奈之下，我方只能分两期开发，全部资金产生了长达一年之久的财务成本，其中投入的二期资金至今还处于闲置状态，这部分资金产生了近三年的财务成本。[23]项目开发迟延，楼盘延期开售，遭遇房价大跌，产生的不仅是回笼资金的财务成本，还有楼盘价格下降的损失。

[23] 针对以上论述，律师应提供相应的证据。

最终，最高人民法院采纳了笔者的主要代理观点，于 2017 年 12 月作出裁定（详见附一），认定如下：

（1）净地出让条件，参照《国土资源部关于加大闲置土地处置力度的通知》第二条规定，实行建设用地使用权“净地”出让，出让前应处理好土地的产权、补偿安置等经济法律关系，完成必要的通水、通电、通路、土地平整等前期开发。因此，一审、二审判决关于《合作协议书》“净地”约定是对案涉地块基本状况的描述，并未约定净地出让明确具体标准的认定，与合同载明内容不符，认定事实不清。

（2）一审、二审判决未对新宇公司主张浩瀚公司、睿雅公司未履行案涉出让土地为净地的合同义务构成违约予以确认，适用法律有误，应予纠正。一审、二审判决未对因浩瀚公司、睿雅公司未履行案涉出让土地为净地的合同义务，造成新宇公司延迟入场施工的资金占用损失进行审理，基本事实不清。

据此，最高人民法院以一审、二审判决认定基本事实不清，适用法律有误为由，撤销原判，发回某市中级人民法院重审。

五、化干戈为玉帛　实质化解纠纷

案件发回某市中级人民法院后，该院非常重视，由三位具有丰富审判经验的审判人员组成合议庭进行审理。浩瀚公司和睿雅公司共委托四位专业律师作为其诉讼代理人出庭应诉。

庭审中，对方律师依然重申：第一，新宇公司要求浩瀚公司、睿雅公司赔偿因净地交付违约造成的损失缺乏合同和法律依据；第二，项目资金占用损失的计算更是缺乏依据。

对此，笔者从以下两个方面作出针对性回应：第一，紧紧围绕最高人民法院再审裁定作出的对我方有利的论点，即“净地交付”不仅在《合作协议书》中有明确约定，而且应参照《国土资源部关于加大闲置土地处置力度的通知》第二条的规定，适用“净地”的具体标准。所以对方构成净地交付违约。[24]

第二，进一步细化论证净地交付违约和道路修建迟延给我方造成的资金占用损失：（1）2010 年 12 月至 2013 年 7 月案涉地块坟墓基本搬迁完毕，资金占用损失为 1.5 亿元。该部分损失与对方的违约行为存在完全的、直接的因果关系，我方主张应由对方承担全部责任。（2）2013 年 8 月至 2015 年 12 月朝阳路东段路灯工程完工，资金占用损失为 5000 万元。基于该部分损失在很大程度上是由对方的违约行为所致，故我方主张对方承担该部分利息损失的 3/4，约 3750 万元。

庭审结束后，审判人员询问笔者一个问题，即以股权转让为名转让土地使用权的行为是否合法。笔者以书面形式回答审判人员的提问（详见附二）。

审理期间，审判人员多次召集双方调解。对方一改之前的强势姿态，主动提出调解方案。因本案历时过长，已耗费新宇公司巨大的人力和物力成本，为实现案结事了，实质化解纠纷，笔者也积极建议新宇公司通过调解解纷。其间，笔者曾赴上海、北京、南京等地保全对方两公司的财产，但仅保全到不足 200 万元现金。[25]综合考虑上述实际情况，新宇公司经反复权衡，同意调解。于是，笔者和

[24] 这应成为本案重审一审阶段新宇公司的基本立论点，即一审法院和二审法院均未认定浩瀚公司和睿雅公司构成净地交付违约，但最高人民法院作出了相关认定。

[25] 保全结果往往是律师判断对方当事人是否具有履行能力和履行可能性的重要依据。

对方律师开启了一段反复波折的调解历程。

审判人员一度因双方调解金额差距过大而想放弃调解，但笔者一再建议审判人员要从利益平衡的视角看待双方的交易结果，即对方两公司在仅投入100万元注册资金成本的情况下，通过项目公司出让土地，获得超过1.7亿元利润。而对方的违约行为造成我方开发和销售均严重误期的不利后果，导致我方投入项目公司的开发运行资金被长期占用，陆续支付了近2亿元的利息。

经过充分的交流，审判人员认同笔者的观点，继续与双方沟通调解金额的问题。经努力，双方当事人本着互谅互让的态度，在地方政府的见证下，于2018年“十一”假期达成和解协议。这场耗时五年的案件最终以调解的方式顺利结案。[26]

[26]这是律师发挥专业优势协助法院实质化解矛盾纠纷的一件力作。

附一：最高人民法院民事裁定书的部分内容

> 本院再审认为，根据《合作协议书》约定，浩瀚公司、睿雅公司与新宇公司在转让项目公司股权之前，项目公司应当具备与政府签订目标地块出让合同，且该目标地块为净地出让的条件。参照《国土资源部关于加大闲置土地处置力度的通知》第二条规定，建设用地使用权“净地”出让前，应处理好土地的产权、补偿安置等经济法律关系，完成必要的通水、通电、通路、土地平整等前期开发。因此，一审、二审判决关于《合作协议书》“净地”约定是对案涉地块基本状况的描述，并未约定净地出让明确具体标准的认定，与合同载明内容不符，认定事实不清。《某区人民政府关于案涉项目相关问题专题协调会议纪要》、某区人民政府与项目公司签订《协议书》等证据亦证明迟至2012年4月1

日仍未完成净地交付，造成案涉建设项目推迟开工。浩瀚公司、睿雅公司自愿签订《合作协议书》对案涉土地净地出让进行了约定，该约定义务的完全履行与新宇公司受让项目公司股权的合同目的实现相关联，虽浩瀚公司、睿雅公司辩称其并非土地出让方、土地拆迁主体，但该理由并非作为合同相对人的合法免责事由，浩瀚公司、睿雅公司应当承担案涉土地未在2012年4月1日建设项目开工前交付净地、股权转让合同不完全履行的相应违约责任。一审、二审判决未对新宇公司主张浩瀚公司、睿雅公司未履行案涉出让土地为净地的合同义务构成违约予以确认，适用法律有误，应予纠正。一审、二审判决未对因浩瀚公司、睿雅公司未履行案涉出让土地为净地的合同义务，造成新宇公司延迟入场施工的资金占用损失进行审理，基本事实不清。

综上，新宇公司的申请再审理由成立，一审、二审判决认定基本事实不清，适用法律有误。

附二：回答审判人员的提问（以股权转让为名转让土地使用权的行为是否合法）[1]

实践中，通过取得拥有国有土地使用权的目标公司股权，从而实现对该土地的开发、利用和转卖，已成为房地产行业的普遍做法。[2] 但该行为在民事上是否有效、在刑事上是否构成犯罪，均是司法实践中较有争议的话题。笔者结合最高人民法院裁判的

〔1〕 该回答在收录本书时作出了较大的修改。

〔2〕 参见夏克勤、郭嘉：《供给侧改革背景下以股权转让方式实现土地使用权流转行为之法律规制》，载《法律适用》2017年第9期。

一起案件进行分析。

付某、沙某和王某与周某、营口某房地产开发有限公司签订了《公司股权转让合同书》，在合同履行过程中双方产生纠纷，付某等三人将周某、房地产公司起诉至法院。在庭审过程中，周某主张其股权转让行为已被法院认定构成非法倒卖土地使用权罪，据此请求法院判决双方签订的《公司股权转让合同书》无效。一审法院审理认为，该协议系双方当事人的真实意思表示，且不具有《合同法》第五十二条规定合同无效的情形，对于被告主张合同无效的抗辩不予支持。被告周某不服，上诉至最高人民法院。最高人民法院审理认为，虽然《公司股权转让合同书》存在以股权转让为名收购土地的性质，周某也因该协议的签订及履行被认定构成非法倒卖土地使用权罪，但这并不必然使合同的效力归于无效，最终维持了一审判决。

以股权转让为名转让土地使用权的合同效力问题，法律并未予以规定，法学界经多年争议也未有定论，目前主要形成两种观点：

第一种观点是行为有效说。股东可以依照《公司法》的相关规定依法转让其股权。股权转让并不导致土地使用权的权属发生转移，因而不能将其纳入土地管理法律法规的审查范畴。若无《合同法》第五十二条规定的合同无效情形，该股权转让协议有效。上述案例中最高人民法院就采用了这种观点。

第二种观点是行为无效说。该观点认为此类合同系以合法形式掩盖非法目的，当事人的真实意思表示是转让土地使用权，其企图通过股权转让的形式恶意规避某些法律的强制性规定，实现土地使用权转让的效果，应当依照《合同法》第五十二条的规定认定合同无效。

根据相关案例，最高人民法院在审判时多倾向于行为有效说，认定合同有效，即“通过收购股权的方式获取目标公司所享有的有形或无形资产，如为了取得目标公司的市场份额、优质客户、生产线、商标、商业秘密等而收购目标公司的全部股权或实现控股，是商事交易中普遍存在的现象，是被社会普遍认可和接受的合法交易行为”。[1] 笔者也赞同该观点，主要从以下三个方面进行考量：

第一，股权转让有法可依。与建设用地使用权转让依据的法律规定不同，股权转让涉及的是投资人对公司的控制权和收益权的变动，是《公司法》所保护的法律行为。[2] 作为公司资产之一的土地使用权并未因此发生转移，此时无须涉及土地使用权转让法律条件的审查。

第二，不存在“以合法形式掩盖非法目的”的情形。法律并未禁止以股权转让形式实现土地使用权转让，因此在不损害国家利益和社会公共利益的前提下，不能将其认定为非法目的。有人认为，此类协议不仅逃避了国家对土地流转的监管，而且恶意规避了土地交易税费。这种观点忽略了几个常识：一是国家对土地的监管是对土地使用权的取得、使用、转让等进行的，在使用权主体不发生改变的前提下，不涉及监管的事项；二是股权交易依然要缴纳相应的税费，虽然股权交易所得税与土地交易税费的数

---

〔1〕 虞政平主编，最高人民法院第二巡回法庭编著：《民商事二审典型案例及审判经验》，人民法院出版社 2019 年版，第 326 页。

〔2〕 参见胡田野：《公司法律裁判》，法律出版社 2012 年版，第 311 页。

额有所不同，但不代表存在违法逃税的行为。[1]

第三，关于“违反法律、行政法规的强制性规定”的判定。《最高人民法院关于适用〈中华人民共和国合同法〉若干问题的解释（二）》第十四条规定：“合同法第五十二条第（五）项规定的‘强制性规定’，是指效力性强制性规定。”在以股权转让形式实现土地使用权转让的纠纷中，一方当事人常会援引《城市房地产管理法》第三十九条第一款第二项[2]规定，主张土地使用权转让时投资未达到开发投资总额25%以上，认为合同违反了法律、行政法规的强制性规定而无效。需要指出的是，《第八次全国法院民事商事审判工作会议（民事部分）纪要》明确了《城市房地产管理法》第三十九条第一款第二项为非效力性强制规定，其只是规范土地市场秩序的行政管理行为，[3] 此时当事人仅以转让国有土地使用权未达到该项规定的条件为由请求确认合同无效，法院不予支持。因此，依照《公司法》的相关规定转让股权从而实现对土地的开发利用，在不存在违反效力性强制性规定的情形下，不能认定合同无效。

关于这种股权转让行为在刑事上是否构成犯罪的问题。实践中存在有罪（可能会被认定为非法转让、倒卖土地使用权罪或逃

---

〔1〕 虞政平主编，最高人民法院第二巡回法庭编著：《民商事二审典型案例及审判经验》，人民法院出版社2019年版，第327－328页。

〔2〕《城市房地产管理法》第三十九条　以出让方式取得土地使用权的，转让房地产时，应当符合下列条件：

（一）按照出让合同约定已经支付全部土地使用权出让金，并取得土地使用权证书；

（二）按照出让合同约定进行投资开发，属于房屋建设工程的，完成开发投资总额的百分之二十五以上，属于成片开发土地的，形成工业用地或者其他建设用地条件。

转让房地产时房屋已经建成的，还应当持有房屋所有权证书。

〔3〕 杜万华主编：《〈第八次全国法院民事商事审判工作会议（民事部分）纪要〉理解与适用》，人民法院出版社2017年版，第234页。

税罪）和无罪的判决，理论界的认识也存在分歧。无罪论的观点与上述行为有效说一致，主张该交易行为是基于公司股权独立原则展开，是合法行为。有罪论则主张透过现象看本质，要认清股权转让形式掩盖下的非法转让倒卖土地使用权及逃税的行为。[1]笔者倾向于无罪论。

首先，这涉及刑法教义学中的法秩序统一原理。有学者指出，法秩序统一原理是指各个部门法在合法化事由上具有统一的根据。在一个部门法中合法的行为，不得在另一个部门法中认定为违法。否则，就会造成法秩序内部的逻辑混乱。在法秩序统一原理的指引下，处理刑民关系的时候，要看某一行为在民事上是否合法。如果民事上是合法的，则可以排除犯罪的成立。[2]另有学者也认为不能将民事上、行政法上合法的行为在刑法上作为犯罪处理。[3]笔者在上文已经论证了该行为在民事领域的合法性，因此刑法上就不能将其认定为非法转让、倒卖土地使用权罪。

其次，关于税务问题。当事人通过股权转让方式实现对土地的使用开发，是选择纳税数额较少的交易模式，法律并未对此予以禁止，属于合理避税，不构成逃税罪。

最后，对于市场主体而言，法无禁止即可为。除非通过修改法律，禁止以转让房地产项目公司股权形式实现土地使用权或房地产项目转让的目的，否则应当以《公司法》等相关规则认定股权转让合同有效，此时刑法司法也不应将合法的民事法律行为认定为犯罪。

---

〔1〕参见吴加明：《“以股权转让方式转让土地使用权”行为的司法认定》，载《政治与法律》2018 年第 12 期。

〔2〕参见陈兴良：《刑民交叉案件程序与实体处理规则》，载《检察日报》2019 年 8 月 19 日，第 3 版。

〔3〕详见周光权：《非法倒卖转让土地使用权罪研究》，载《法学论坛》2014 年第 5 期。

实训案例三：名誉权纠纷

——张某与刘某、A公司名誉权纠纷案代理纪实

目　次

信息网络技术的发展和普及给予人们在网络平台上自由表达观点的机会。但由于网络平台具有匿名化的特质，致使一些人在没有事实根据、仅凭主观臆断的情况下就能够轻易捏造、散布不实消息，给他人造成负面影响，进而引发纠纷。2019 年，刘某针对著名科学家张某在网络上发布了大量不实言论，不仅严重影响了张某的生活、科研和教学工作，还损害了张某领导的科研团队及其所在高校的声誉。

在意识到权利遭到侵害后，张某委托笔者代理其与刘某、A 公司的名誉权纠纷案。[①]本案历经多次开庭审理，一审、二审法院均支持了张某的诉讼请求，这在一定程度上减轻了虚假言论对张某造成的不良影响。本文介绍该案的进展过程（包括确定被告、检索法律、收集证据、法庭辩论）及笔者的代理思路。

①一位科学家的学术名誉不仅会影响到他个人的学术生涯，有时甚至会影响相关专业学科和应用领域的发展。当科学家的名誉权遭受一些别有用心之人的侵害时，律师应不懈地维护其合法权益。

一、署名排名生嫌隙　否认协议起争议

本案起因于张某与刘某之间关于发明创造发明人署名权纠纷案（以下简称前案）。20 世纪 90 年代，张某与原就职于某医药科学研究所的科研工作者刘某相识，二人在工作上产生交集。[②]2003 年，某生物医药技术公司就“某注射剂及其制备方法和用途”向国家知识产权局提出专利申请，申请人为该公司，发明人为刘某（排序第一位）、张某（排序第二位）。

②律师应对双方当事人的交往历程有所了解。

之后，基于张某对专利续展、专利应用推广的巨大贡献，二人于 2009 年签署《变更协议》，将张某变更为该发明专利的第一发明人，刘某变更为第二发明人。后来，刘某矢口否认该事实，声称《变更协议》中刘某的签名系伪造，故将张某起诉至法院，请求法院确认刘某为“某注射剂及其制备方法和用途”发明专利的第一发

明人。

前案的争议焦点系《变更协议》中刘某的签名是否由其本人亲自签署。在一审阶段，刘某称不能确定《变更协议》系其签名，故申请法院对该签名进行司法鉴定。经一审法院委托，M司法鉴定所出具《司法鉴定意见书》，认定《变更协议》中的签名非刘某书写形成。经一审法院审判委员会讨论决定，③判决刘某为案涉发明专利的第一发明人。张某不服，提起上诉。

③律师须注意，前案的判决系由一审法院的审判委员会讨论决定。

在二审阶段，张某委托笔者所在律所的律师代理本案。律师通过阅卷，与张某充分沟通，并经过审慎地分析，申请二审法院对《变更协议》中刘某签名的真实性进行重新鉴定或补充鉴定，并增补其他6份材料上刘某的签名作为补充样本。④对于我方提出的重新鉴定申请，二审法院根据《民事诉讼证据规定》（2001年）第二十七条第一款的规定，[1] 认为一审鉴定意见未出现应予重新鉴定的事由，故不予准许。但针对我方补充鉴定的申请，二审法院根据《司法鉴定程序通则》的相关规定[2]予以准许，并在我方增补6份签名样本的基础上，委托M司法鉴定所进行补充鉴定。

④前案的代理律师向二审法院提交了3份新证据：(1)某司法鉴定所出具的《司法鉴定意见书》；(2)三位业内专家出具的《论证意见书》；(3)6份具有刘某签名的材料，拟增补刘某的该6个签名为重新鉴定或补充鉴定的样本。

---

〔1〕《民事诉讼证据规定》（2001年）第二十七条　当事人对人民法院委托的鉴定部门作出的鉴定结论有异议申请重新鉴定，提出证据证明存在下列情形之一的，人民法院应予准许：

（一）鉴定机构或者鉴定人员不具备相关的鉴定资格的；

（二）鉴定程序严重违法的；

（三）鉴定结论明显依据不足的；

（四）经过质证认定不能作为证据使用的其他情形。

对有缺陷的鉴定结论，可以通过补充鉴定、重新质证或者补充质证等方法解决的，不予重新鉴定。

〔2〕《司法鉴定程序通则》第三十条　有下列情形之一的，司法鉴定机构可以根据委托人的要求进行补充鉴定：

（一）原委托鉴定事项有遗漏的；

（二）委托人就原委托鉴定事项提供新的鉴定材料的；

（三）其他需要补充鉴定的情形。

补充鉴定是原委托鉴定的组成部分，应当由原司法鉴定人进行。

M 司法鉴定所提交的《补充鉴定情况报告书》称，原鉴定人经过补充鉴定后出现了不同的鉴定意见，并且无法达成共识。原第一鉴定人仍坚持原鉴定意见，而原第二鉴定人认为检材中与原样本及补充样本中刘某的签名所表现出来的笔迹特征总和基本反映了同一书写人的书写习惯。

张某在收到上述报告后，再次申请重新鉴定。二审法院认为，由于原鉴定人对鉴定结果无法达成一致意见，一审鉴定意见属于《民事诉讼证据规定》（2001 年）第二十七条第一款第三项“鉴定结论明显依据不足”的情形，因此准许重新鉴定，并委托 C 司法鉴定所对案涉签名进行笔迹鉴定。⑤

⑤需要指出的是，二审法院之所以准许重新鉴定，还有一个重要原因，即二审法院依张某的申请，向某市司法局调取了该局就案涉鉴定意见组织的内部专家评议所形成的《会议纪要》。《会议纪要》记载，某省司法鉴定协会文痕专业委员会的三名专家经讨论，倾向于认为《变更协议》上刘某的签字笔迹系刘某本人书写形成。

根据 C 司法鉴定所的鉴定意见，《变更协议》中的刘某签名字迹与样本上的字迹系同一人所写。二审法院对《变更协议》中刘某签名的真实性予以认定，并判定《变更协议》依法成立并生效，对双方当事人具有法律约束力，遂判决驳回了刘某的全部诉讼请求（该案二审法院的主要观点详见附一）。

二、恶意中伤损名誉　检索法律定请求

虽然前述发明创造发明人署名权纠纷案已暂告一段落，但张某发现刘某在前案进行前后不断在 A 公司网站（系大型的论坛网站）以及某微博上发表大量文章、评论，扬言张某及相关主体（专利代理人）伪造其签名，指责张某是“学术骗子”“江湖骗子”。这些文章和评论的传播甚广，使张某陷入极大的被动，承受了巨大的舆论压力。

为了阻止不实言论在网上继续扩散，张某委托笔者向刘某、网络服务提供者 A 公司、某微博运营公司发送律师函，⑥列明刘某的侵

⑥律师要善用律师函。

权事实，要求侵权人刘某与A公司、某微博运营公司及时删除主帖及相关评论。此举一方面可以减少不实言论对张某的影响（刘某在收到律师函后随即删除了其在微博上的言论，但未删除其在A公司网站上发表的言论）；另一方面律师函可以作为之后提起名誉权纠纷案时的一个重要证据。

⑦注意本案的代理逻辑：先确定被告，再明确相关的法律依据，最后确定诉讼请求。

在完成通知删除的工作后，笔者开始着手确定本案的被告、支持起诉的法律依据以及据此可以主张的诉讼请求。⑦在本案中，涉嫌侵权的主体有两个：一是网络用户刘某，二是网络服务提供者A公司。由于二者的侵权表现形式、责任承担方式都不尽相同，因此需要分别检索相应的法律规范。此外，从本案的侵权事实来看，张某被侵犯的法益系其名誉，即“对民事主体的品德、声望、才能、信用等的社会评价”。[1] 综合上述两点，法律检索的重点是以上两类主体涉及名誉权侵权的相关法律规范。

需要注意的是，刘某发表侮辱、诽谤言论的时间集中在2019年至2020年，根据《民法典时间效力规定》的相关规定，[2] 本案应当适用《民法典》生效前的法律、法规以及相关司法解释。

⑧法律检索讲求全、新、准。

经过检索，以下法律及司法解释可以成为张某向网络用户刘某主张权利的法律依据（见表1）：⑧

---

〔1〕《民法典》第一千零二十四条第二款规定：“名誉是对民事主体的品德、声望、才能、信用等的社会评价。”

〔2〕《民法典时间效力规定》第一条第二款规定：“民法典施行前的法律事实引起的民事纠纷案件，适用当时的法律、司法解释的规定，但是法律、司法解释另有规定的除外。”

表1　关于网络用户直接侵权的法律规范

法律及司法解释名称	条款	规范内容
《侵权责任法》	第二条	侵害民事权益，应当依照本法承担侵权责任。 本法所称民事权益，包括生命权、健康权、姓名权、名誉权、荣誉权、肖像权、隐私权、婚姻自主权、监护权、所有权、用益物权、担保物权、著作权、专利权、商标专用权、发现权、股权、继承权等人身、财产权益。
	第六条第一款	行为人因过错侵害他人民事权益，应当承担侵权责任。
	第十五条	承担侵权责任的方式主要有：（一）停止侵害；（二）排除妨碍；（三）消除危险；（四）返还财产；（五）恢复原状；（六）赔偿损失；（七）赔礼道歉；（八）消除影响、恢复名誉。 以上承担侵权责任的方式，可以单独适用，也可以合并适用。
	第二十条	侵害他人人身权益造成财产损失的，按照被侵权人因此受到的损失赔偿；被侵权人的损失难以确定，侵权人因此获得利益的，按照其获得的利益赔偿；侵权人因此获得的利益难以确定，被侵权人和侵权人就赔偿数额协商不一致，向人民法院提起诉讼的，由人民法院根据实际情况确定赔偿数额。
	第三十六条第一款	网络用户、网络服务提供者利用网络侵害他人民事权益的，应当承担侵权责任。

续表

法律及司法解释名称	条款	规范内容
《利用信息网络侵害人身权益司法解释》（2014）	第十六条	人民法院判决侵权人承担赔礼道歉、消除影响或者恢复名誉等责任形式的，应当与侵权的具体方式和所造成的影响范围相当。侵权人拒不履行的，人民法院可以采取在网络上发布公告或者公布裁判文书等合理的方式执行，由此产生的费用由侵权人承担。
	第十八条第一款	被侵权人为制止侵权行为所支付的合理开支，可以认定为侵权责任法第二十条规定的财产损失。合理开支包括被侵权人或者委托代理人对侵权行为进行调查、取证的合理费用。人民法院根据当事人的请求和具体案情，可以将符合国家有关部门规定的律师费用计算在赔偿范围内。
《最高人民法院关于确定民事侵权精神损害赔偿责任若干问题的解释》（法释〔2001〕7号）	第八条第一款	因侵权致人精神损害，但未造成严重后果，受害人请求赔偿精神损害的，一般不予支持，人民法院可以根据情形判令侵权人停止侵害、恢复名誉、消除影响、赔礼道歉。

通过分析表1所示的法律规范可以明确，刘某构成侵害张某名誉权须满足以下要件：第一，行为人的行为违法，即刘某实施了侮辱、诽谤等毁损张某名誉的行为；第二，受害人的名誉确有被侵害的事实，即张某的社会评价受损；第三，违法行为与损害后果之间存在因果关系，即张某名誉受损的结果确实是由刘某发帖、评论的行为所致；第四，行为人在主观上有过错，即刘某发布毁损张某名誉的信息系出于故意或者重大过失。

从名誉权的概念出发，还需要注意以下两个方面的事实：其一，侵害名誉权的行为必须有特定的指向，只有行为人的行为指向特定对象时，才可能构成对他人名誉权的侵害。[1] 其二，行为人侵害他人名誉权的行为需要被受害人以外的人知悉。名誉是社会公众对民事主体的评价，如果行为人的侵害行为没有被受害人以外的人所知悉，就不存在其社会评价降低或受损的问题。[2] 本案中，刘某通过网络指名道姓地造谣、中伤张某，其言论不仅具有极强的针对性，还具有传播范围广的特性，完全符合上述两点要求。

针对网络服务提供者实施间接侵权行为的责任，法律及司法解释作出如下规定（见表2）：

表2　关于网络服务提供者间接侵权的法律规范

法律及司法解释名称	条款	规范内容
《侵权责任法》	第三十六条第二款	网络用户利用网络服务实施侵权行为的，被侵权人有权通知网络服务提供者采取删除、屏蔽、断开链接等必要措施。网络服务提供者接到通知后未及时采取必要措施的，对损害的扩大部分与该网络用户承担连带责任。
《利用信息网络侵害人身权益司法解释》（2014）	第六条	人民法院适用侵权责任法第三十六条第二款的规定，认定网络服务提供者采取的删除、屏蔽、断开链接等必要措施是否及时，应当根据网络服务的性质、有效通知的形式和准确程度，网络信息侵害权益的类型和程度等因素综合判断。

A公司作为网络服务提供者，在提供信息通道服务、获得技术红利的同时，也负有维护网络环境健康、避免侵权信息扩散的社会义务，怠于履行该义务导致侵权信息扩散应承担相应的法律责任。

〔1〕 最高人民法院民法典贯彻实施工作领导小组主编：《中华人民共和国民法典人格权编理解与适用》，人民法院出版社2020年版，第271页。

〔2〕 参见黄薇主编：《中华人民共和国民法典人格权编释义》，法律出版社2020年版，第149页。

但A公司毕竟不是实施直接侵权行为的主体，因此法律及相关司法解释对其责任作出了限制，具体包括以下两个方面：第一，除了网络服务提供者知道或者应当知道平台上存在侵权行为的情形外，需要被侵权人向服务提供者发出通知。在数字化时代，通过网络传输的信息浩如烟海，只有借助权利人的通知，网络服务提供者才能准确定位相关信息。所以，权利人的通知是否合格，至关重要。〔1〕本案中，笔者先前向A公司发送律师函的行为已经起到了通知的作用。第二，对侵权信息“未及时采取必要措施”是网络服务提供者承担责任的前提。是否“及时”则需要根据网络服务的性质、有效通知的形式和准确程度，以及网络信息侵害权益的类型和程度等因素综合判断。〔2〕⑨

⑨律师要对案涉相关的法律规定非常熟悉，达到融会贯通的程度，以此为基础进行案件分析。

综合以上关于网络用户及网络服务提供者承担侵权责任的诸项法律要件，笔者以刘某为被告一、A公司为被告二向法院起诉，并提出以下诉讼请求：

（1）被告一立即删除A公司网站里用户刘某（网名为“S”）发表的×篇文章（主帖）及下面的评论，若被告一拒不删除，由被告二删除；

（2）被告一、被告二立即向原告赔礼道歉；

（3）被告一、被告二在A公司网站及在全国发行的报刊上公开发表向原告道歉的声明，声明内容由法院审查；

---

〔1〕 黄薇主编：《中华人民共和国民法典侵权责任编释义》，法律出版社2020年版，第95－96页。

〔2〕 详见《侵权责任法》第三十六条第二款和《利用信息网络侵害人身权益司法解释》（2014）第六条。

(4) 被告一、被告二赔偿原告支出的公证费××元、律师费××元;[1]

(5) 本案的受理费、登报费由被告一、被告二承担。

三、及时固定证据 还原客观事实

在接受张某的委托后，笔者一方面深入研究案涉的法律适用问题，另一方面竭尽所能地收集、固定能够用以证明案件关键事实的证据。网络侵权与其他侵权的场景不同，网络证据具有变化多端、稍纵即逝的特征，侵权内容随时可能发生变化，并极易被侵权人删除。⑩若无法及时固定证据，很可能导致我方在起诉后难以提供充分的证据支持己方的主张。

⑩律师应对网络证据的特性有所了解。

基于此，笔者对A公司网站上的案涉网页进行公证（公证书厚达406页），将其作为核心证据，用以证明刘某曾以“S”为网名在A公司运营的网站上陆续发布数十篇文章和大量评论，其大部分的内容直指张某，用语含侮辱、诽谤之意。

在此基础上，笔者根据以下取证逻辑，收集了一系列证据，并向法院提供：⑪

⑪证据排列、组织的逻辑性非常重要。

(1) 证明刘某在A网站上多次发表诋毁张某名誉的言论，并在法院对发明创造发明人署名权纠纷案已经作出生效判决的情况下，仍然违背事实，对张某进行侮辱、诽谤；

(2) 证明作为知名教授、国务院政府特殊津贴专家的张某对相关学科作出了突出贡献，并在学术界一直保持着极高的声望。但刘某的相关言论极具针对性且为负面评价，其数量多、存在时间长、

〔1〕《利用信息网络侵害人身权益司法解释》(2014) 第十八条第一款中规定：“人民法院根据当事人的请求和具体案情，可以将符合国家有关部门规定的律师费用计算在赔偿范围内。”

点击率高，对张某构成不良影响，造成张某的社会评价降低；

（3）证明张某曾委托笔者通过发送律师函的形式告知二被告相关的侵权事项，但二被告在收悉后并未按照我方的要求及时删除主帖和相关评论，导致网上的言论对张某造成持续的负面影响；

（4）证明张某为维权花费公证费××元、律师费××元。

需要说明的是，由于刘某在A网站上使用的网名非其真实姓名，唯一可以确定的仅有其注册账号时使用的手机号码。如欲确定刘某是帖子的发布主体，我方还需要提供能证明刘某是该手机号码号主的证据。为此，笔者在案件立案后立即向法院申请《调查令》，[12]前往刘某所在地的网络通信公司以及公安部门查明该注册使用的手机号码确系刘某所有。

⑫律师应熟练掌握调查令的运用规则。

在本案一审过程中，刘某与A公司采取了不同的应对方式。刘某针对前案继续向最高人民法院申请再审。最高人民法院审查后认为二审法院对《变更协议》中刘某签名的真实性予以认定并无不当，刘某提交的多份证据亦不能证明《变更协议》中刘某的签名是虚假的，据此认定刘某的再审申请不符合《民事诉讼法》第二百条规定的情形，遂裁定驳回了刘某的再审申请（最高人民法院的主要观点详见附二）。笔者在收到最高人民法院作出的民事裁定书后将其作为补充证据提交给本案的一审法院，该证据进一步证明了刘某的网络言论没有任何的事实基础，对本案的顺利代理产生积极效果。

网络服务提供者A公司在本案立案后详细了解了案涉事实的来龙去脉，正确地判断出了刘某发表的言论存在侵害张某名誉权的风险，便及时对相关链接采取了屏蔽措施，并在一周内删除了涉嫌侵权的帖子。

四、紧扣要件据理力争　法庭博弈终获胜诉

开庭时，一审法院归纳的争议焦点系被告一刘某和被告二A公司的行为是否侵犯了张某的名誉权，以及在何种程度上构成侵权。换言之，法院需要对二被告的行为是否满足侵权的构成要件进行审查。⑬笔者的辩论意见如下（见图实3－1）：

⑬律师形成清晰的代理思路有助于提升庭审的效果。

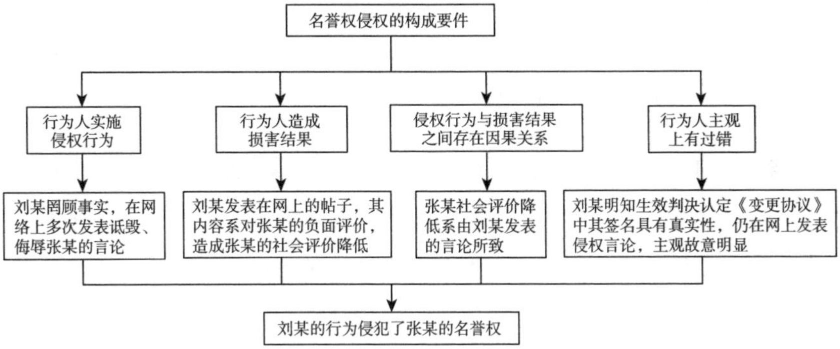

图实3－1　代理观点思路

（一）在A公司网站上发帖的主体是刘某

开庭时，审判人员询问刘某，A公司网站上争议的多篇帖子是否由其所发。刘某辩称自己年老，记忆不清，可能是年轻人所为，但刘某并未提供相应的证据加以证明。笔者从以下三点论述刘某应当为网络上发表案涉言论的行为承担责任。

（1）在A网站上发帖评论的账号是刘某用自己的手机号码注册的，经笔者赴网络通信公司调查，该手机号码确属刘某所有。开庭时刘某表示自己很少使用此手机号码的答辩也能证明刘某是该手机号码的使用者。庭审中，笔者在微信App中输入、搜索该手机号码，微信账号的头像显示是刘某本人的照片。

（2）A公司网站上争议的多篇帖子均以刘某的口吻所写，其中的内容也多涉及刘某与张某之间的发明创造发明人署名权纠纷案。除刘某本人外，其他人不会拥有如此详细的涉诉资料，也不会如此针对张某发表案涉侵权言论。

（3）即使他人使用刘某的账号发表案涉侵权言论，正如刘某当庭自述是年轻人帮忙对案涉事件进行评论，但刘某对授权他人使用账号发表侵权言论的行为也应当承担法律责任。

（二）刘某指向张某的言论内容失实、贬损人格

本案的另一核心焦点在于刘某的言论是否超出了言论自由的合法范围。本案中，刘某发帖指责张某造假的核心“事实”是张某或相关代理人伪造刘某签名，将前案所涉专利的第一发明人从刘某变更为张某。对此，法院已经作出生效判决，驳回刘某对张某的全部诉讼请求，即认为专利的第一发明人由刘某变更为张某是合法的，是双方达成合意的行为，而非刘某所说的擅自更改署名排序的侵权行为。《民事诉讼证据规定》第十条规定[1]，已为人民法院发生法律效力的裁判所确认的事实，当事人无须举证证明。据此，刘某发表的部分言论与法院生效判决所确认的基本事实相悖，构成对张某的诽谤。

---

[1]《民事诉讼证据规定》第十条　下列事实，当事人无须举证证明：

（一）自然规律以及定理、定律；

（二）众所周知的事实；

（三）根据法律规定推定的事实；

（四）根据已知的事实和日常生活经验法则推定出的另一事实；

（五）已为仲裁机构的生效裁决所确认的事实；

（六）已为人民法院发生法律效力的裁判所确认的基本事实；

（七）已为有效公证文书所证明的事实。

前款第二项至第五项事实，当事人有相反证据足以反驳的除外；第六项、第七项事实，当事人有相反证据足以推翻的除外。

（三）刘某的诽谤行为造成张某的社会评价降低

在刘某发表侵权言论后，A 公司网页上案涉言论的累计阅读量已达数万次。庭审时，我方申请出庭的多位证人均证明其可以搜索并浏览刘某发表在 A 公司网站上的帖子，内容系对张某的负面评价，影响恶劣。

（四）刘某对发表侵权言论的行为存在主观过错，且该言论与张某名誉受损存在因果关系

本案中，刘某对发表侵权言论的行为持故意态度，原因有二：其一，案涉部分侵权言论发布于前案二审判决生效后，刘某明知二审法院认定《变更协议》中其签名具有真实性，对刘某关于张某擅自变更发明人顺序的主张不予支持，但其仍然在 A 公司网站上发表张某假借他人将第一发明人由刘某变更为张某的侵权言论，主观故意明显。其二，张某发现刘某的侵权行为后，立即委托笔者向刘某发送了律师函，要求其删除侵权言论，但刘某无动于衷，拒绝删除。最终导致刘某在用户众多的 A 公司网站上公开发表的言论已为不特定的广大社会公众所知悉，客观上已对张某的名誉造成了损害，且损害后果与刘某的侵权言论之间存在因果关系。

（五）A 公司在诉讼过程中及时采取必要措施，可以不承担侵权责任

庭审时，A 公司对其不应承担侵权责任的观点作出答辩：其一，律师函列明的刘某涉嫌侵权的文章数量较多，一时无法判断其中的言论是否属实；其二，A 公司经过后续调查了解，在认识到刘某发布的言论确有侵权的可能性后，已及时采取了屏蔽措施，并在一周

内删除了案涉帖子。考虑到A公司的行为对于阻止刘某不实言论的扩散具有积极意义，笔者在庭审中认可了A公司的上述解释。

最终，一审法院支持了张某针对直接侵权人刘某的全部诉讼请求，判决如下（本案一审法院的主要观点详见附三）：

（1）刘某于判决生效之日起十日内在A公司网站上发布致歉声明，并持续十五日不得变更、删除，向张某赔礼道歉并恢复名誉（以上声明须经法院审核，若刘某逾期未履行义务，或履行义务时间不足，法院将依张某申请，选择一家全国发行的报刊，刊登判决主要内容，费用由刘某负担）；

（2）刘某于判决生效之日起十日内向张某赔偿损失（含合理开支费用）××元。

刘某不服，提起上诉。二审法院经审理依法驳回了刘某的上诉，维持原判（本案二审法院的主要观点详见附四）。

因刘某拒不履行生效判决，笔者向一审法院申请强制执行。一审法院依照我方的请求将本案判决的主要内容刊登于一家全国发行的报刊，将刘某侵权行为对张某产生的负面影响降到了最低。

附一：前案二审民事判决的部分内容

> 张某在二审中申请本院就涉案《变更协议》中刘某签名的真实性进行重新鉴定或补充鉴定。《最高人民法院关于民事诉讼证据的若干规定》（2001年）第二十七条第一款规定："当事人对人民法院委托的鉴定部门作出的鉴定结论有异议申请重新鉴定，提出证据证明存在下列情形之一的，人民法院应予准许：（一）鉴定机构或者鉴定人员不具备相关的鉴定资格的；（二）鉴定程序严重违法的；（三）鉴定结论明显依据不足的；（四）经过质证认定不

能作为证据使用的其他情形。”本院经审查认为，由于一审鉴定意见未出现重新鉴定的事由，故对重新鉴定的申请不予准许。

另根据《司法鉴定程序通则》第三十条第一款规定：“有下列情形之一的，司法鉴定机构可以根据委托人的要求进行补充鉴定：（一）原委托鉴定事项有遗漏的；（二）委托人就原委托鉴定事项提供新的鉴定材料的；（三）其他需要补充鉴定的情形。”本案中，张某要求增加6个刘某签名作为补充鉴定的样本。对张某的补充鉴定申请，本院予以准许，理由如下：(1) 双方当事人对上述6个签名的真实性均无异议，可以作为鉴定的样本；(2) 一审鉴定时所使用的样本除笔迹实验样本外，仅有四处自然状态下形成的刘某签名字迹，数量较少；(3) 从一审鉴定的检材与样本的字迹外观来看，两者确实具有较高的近似度，一审庭审中，张某一方的专家辅助人就检材与样本之间的区别属于非本质差异进行了详细论述，存在一定的合理性。综上，张某的补充鉴定申请符合《司法鉴定程序通则》第三十条第二项之规定。本院在增补上述两份《变更协议》签名样本的基础上，委托M司法鉴定所进行补充鉴定。

M司法鉴定所向本院提交《补充鉴定情况报告书》。报告称，原鉴定人进行补充鉴定后，出现了不同的鉴定意见，而且无法达成共识。原第一鉴定人仍坚持原鉴定意见。而原第二鉴定人认为，检材中刘某签名与原样本及补充样本中刘某笔迹，两者所表现出来的笔迹特征总和基本反映了同一书写人的书写习惯。

张某在收到上述报告书后，再次申请重新鉴定。本院认为，鉴于原两名鉴定人无法达成一致意见，一审鉴定意见属于《最高人民法院关于民事诉讼证据的若干规定》第二十七条第一款第三项“鉴定结论明显依据不足”的情形，因此准予重新鉴定。本院依照法定程序，委托C司法鉴定所对《变更协议》中的刘某签名进行了笔迹鉴定。

C司法鉴定所出具《司法鉴定意见书》。根据鉴定意见，《变更协议》中的刘某签名字迹与样本上的刘某签名字迹是同一人所写。张某对上述鉴定意见没有异议，刘某对上述鉴定意见不予认可，但明确表示不申请鉴定人出庭。

本院认为，本案最关键的争议焦点在于《变更协议》中刘某签名的真实性问题。二审中，M司法鉴定所原第二鉴定人经补充鉴定，认为原检验过程中发现的检材中刘某签名与样本中刘某笔迹，两者所反映出的笔迹特征的部分差异点在补充样本中得到一定的合理解释，故改变了其第一次鉴定意见。经本院委托重新鉴定，C司法鉴定所的三名鉴定人一致认为，检材与样本上的刘某签名字迹符合点是本质性的符合，且数量多、质量高，特征总和反映了同一人的书写习惯，存在个别差异分析是书写的多样性所致，系非本质的。上述鉴定人的分析说明与张某一方的专家辅助人在一审中发表的意见可相互印证。因此，本院认为，C司法鉴定所的《司法鉴定意见书》的证明力明显大于M司法鉴定所的《司法鉴定意见书》，故对前者予以采信。刘某认为，重新鉴定时鉴定人未要求其当场进行书写，违反了相关的鉴定规则。对此，本院认为，在笔迹鉴定中，当场书写程序并不是必须的，更不是判断检材与样本同一性的关键，且在重新鉴定的检材中，已经包含了第一次鉴定时提取的刘某笔迹实验样本原件，因此刘某未当场书写并不影响该份《鉴定意见书》的证明力。综上，本院对《变更协议》中刘某签名的真实性予以认定。

双方当事人签订《变更协议》，同意调整发明人顺序，将涉案专利的发明人由原发明人刘某、张某变更为现发明人张某、刘某，该协议系双方当事人的真实意思表示，且不违反法律、行政法规的强制性规定，依法成立并生效，对双方当事人具有法律约束力。刘某认为张某未经其同意擅自变更发明人顺序的主张，缺乏事实依据，本院不予支持。

附二：前案最高人民法院民事裁定的部分内容

本院经审查认为，根据刘某申请再审的理由，本案再审审查的焦点为：C司法鉴定所的司法鉴定报告是否应当采信。

本案中，张某在二审过程中申请就《变更协议》中刘某签名的真实性进行重新鉴定或补充鉴定，并要求增加6个刘某签名作为补充鉴定的样本。二审法院对张某重新鉴定的申请不予准许，但二审法院对张某的补充鉴定申请予以准许，在增补签名样本的基础上，委托M司法鉴定所进行补充鉴定并无不当。M司法鉴定所提交的《补充鉴定情况报告书》显示，原第一鉴定人仍坚持原鉴定意见，而原第二鉴定人认为，检材中刘某签名与原样本及补充样本中刘某笔迹，两者所表现出来的笔迹特征总和基本反映了同一书写人的书写习惯。

张某在收到上述报告书后，再次申请重新鉴定。二审法院依照法定程序，委托C司法鉴定所对《变更协议》中的刘某签名进行笔迹鉴定。根据C司法鉴定所出具的司法鉴定意见书，《变更协议》中的刘某签名字迹与样本上的刘某签名字迹是同一人所写。刘某对上述鉴定意见不予认可，但明确表示不申请鉴定人出庭。在此情况下，二审法院对《变更协议》中的刘某签名的真实性予以认定并无不当。刘某主张其没有去C司法鉴定所，该所没有与刘某见面，没有看到其用笔特点，鉴定报告不应当予以采信的主张缺乏法律依据，不能成立。刘某提交的其手写材料、朱某某所发手机短信打印件、发件人为公司公用邮箱的电子邮件打印件、解聘原代理机构的声明、专家顾问聘用协议、新药证书图片等证据不能证明《变更协议》中的刘某签名虚假。

综上所述，刘某的再审申请不符合《民事诉讼法》第二百条规定的情形。

附三：本案一审民事判决的部分内容

本院认为，公民享有的名誉权受法律保护，禁止采用侮辱、诽谤等方式损害公民的名誉。侵害名誉权法律责任构成要件包括：行为人行为违法、受害人名誉受到损害、违法行为与损害后果之间具有因果关系、行为人主观上具有过错。

关于侵权事实。首先，刘某是否为侵权人。张某主张，在A公司网站上发帖的主体均为刘某。刘某辩解，其年老记忆不清，可能是年轻人所为。本院认为，根据A公司提供的用户注册信息，网名为“S”的用户注册手机号码为150××××××××，另据中国联合网络通信有限公司某市分公司提供的用户信息，该手机号码联系人为刘某，且登记公民身份号码、地址、出生日期均与刘某信息具有一致性，故应当认定刘某采用基于移动电话号码的真实身份信息认证方式，在A公司网站注册了账号“S”，且为前述被诉侵权言论发帖主体。刘某辩解部分帖子及评论可能系他人所为，但未提供证据证明相应事实，且即使确由他人发表，亦系使用刘某账号、密码等验证方式予以实施，刘某当庭自述年轻人帮忙对事件进行评论，故其对授权他人使用账号发表侵权言论行为也应当承担法律责任。

其次，刘某指向张某的言论是否内容失实、贬损人格。张某主张，刘某在A公司网站发表的帖子说其造假，核心事实指的是张某或相关专利代理人伪造刘某签名，将专利的第一发明人从刘某变更为张某。刘某辩解，张某不是“某注射剂及其制备方法和用途”的原创人，帖子内容属实。本院认为，根据《最高人民法院关于民事诉讼证据的若干规定》第十条的规定，下列事实，当事人无须举证证明：……（六）已为人民法院发生法律效力的裁判所确认的基本事实。本案中，在被诉侵权言论中，刘某明确表述张某“将第一发明人由刘某变更为张某”，与前案二审法院生效判决所确认的基本事实内容相悖，故依法应予认定为虚假事实陈述。

最后，刘某主观上有过错及张某名誉受损与其侵权言论的因果关系。前案二审法院作出生效判决后，刘某明知该院认定《变更协议》中刘某签名具有真实性，不予支持其关于张某未经其同意擅自变更发明人顺序的主张，仍然在A公司网站发表张某假借他人将第一发明人由刘某变更为张某的侵权言论，主观故意明显。刘某在用户众多的A公司网站上公开发表上述侵权言论，已为不特定的广大社会公众阅读、知悉，客观上已对原告张某的名誉造成了损害，损害后果与刘某的侵权言论之间具有因果关系。

综上，刘某在A公司网站发布的言论侵害了张某的名誉权，依法应当承担相应民事责任。

附四：本案二审民事判决的部分内容

本院认为，本案系张某诉刘某的名誉权纠纷，不是前案发明创造发明人署名权纠纷案的再审审理。上述生效判决已经认定《变更协议》中刘某签名的真实性，因此驳回了刘某的全部诉讼请求，最高人民法院亦已作出民事裁定，驳回刘某的再审申请。本案在案证据无法推翻上述生效判决中的相关事实认定，故刘某案涉关于张某伪造、模仿刘某签名，将自己变更为相关专利第一发明人的言论，没有事实基础，属于对张某的诽谤。且案涉言论发表于上述判决下判之后，刘某对判决结果明知；张某与刘某属于旧相识，两人共同研究开发了部分项目，故刘某对于案涉言论会对张某名誉产生负面影响，亦应属明知。在明知上述事项的情形下，刘某仍多次发表案涉不实言论，故其对张某名誉造成负面影响属故意。刘某已在A公司网站上公开发表案涉不实言论，且已被不特定的广大社会公众所阅读并知悉，客观上对张某名誉已造成损害，该损害后果与刘某的案涉言论存在因果关系。因此，一审认定刘某在A公司网站上发表的言论侵犯了张某的名誉权正确。

附　法律写作

——以民事诉讼代理为素材

法律写作对于一名律师而言，是总结、思考、提升和分享。写作专业文章，对律师来说投入的是时间和精力，收获的却是日益深厚的法律素养与内涵，是同客户、法律职业共同体成员更加深入的交流和对话，是个人影响力的提升，是专业品牌的塑造。法律写作的水平可以通过训练习得，并可以在写作实践中逐渐获得提升，所以法律写作应是律师的一项重要能力。

一、律师写作的五重境界〔1〕

第一重境界：白茫茫大地真干净（出自曹雪芹《红楼梦》）。这层境界对应的是一种“空对空”的状态。因为彼时的律师尚无积累，未开始持续输入，脑中“真干净”，下笔便是“白茫茫”。缺乏知识，没有观点，鲜有见解，更遑论思想，所以律师不知什么可写，也写不出所以然来。

第二重境界：执手相看泪眼，竟无语凝噎（出自柳永《雨霖铃·寒蝉凄切》）。这层境界用更形象的比喻就是“茶壶里煮饺子”。律师想要表达的内容很多，但就是倒不出来。腹中千言，下笔一行。

〔1〕 参见赵宏：《法律人思维与写作》，中国法制出版社 2022 年版，第 212－213 页。

不知如何整理思路、梳理逻辑、谋篇布局，不知如何举例、阐释、论述。

第三重境界：忽如一夜春风来，千树万树梨花开（出自岑参《白雪歌送武判官归京》）。这层境界反映的是一种天女散花的状态，即律师保持输入，有了丰富的积累，有很强的表达欲，常表现为特别能写，洋洋洒洒，不计字数。一方面这些律师可能在“自说自话”“自娱自乐”，另一方面读者却看得云里雾里，理不出头绪。这是因为作者缺乏结构思维、体系意识。

第四重境界：我本将心向明月，奈何明月照沟渠（出自高明《琵琶记》）。这层境界的律师自以为在进行高雅的、规范的创作，其实思维和语言受到了无形的禁锢。虽然其笔下的每个字都是汉字，但整齐地摆放在一起后却让读者感到深深的“套路”。须知，写作是为了交流观点和思想，而这种方式的写作会使文字表达观点的功能大打折扣。

第五重境界：素月分辉，明河共影，表里俱澄澈（出自张孝祥《念奴娇·过洞庭》）。这是写作的很高境界了。有如此写作能力的律师必然有大量的输入、丰富的积累，谙熟逻辑，善于驾驭体系，掌握纯熟的修辞手法。其产出的文字有命题，有观点，有论证，有层次，有体系，兼具实质美和形式美，使读者在阅读时能享受到一种智识上的愉悦感和充实感。

上述五重境界是律师写作的几个阶段，前四重在不同层面反映了律师的写作困难及问题。律师们虽都想达到第五重境界，但该目标的实现不是一蹴而就的，甚至凡达第五重境界，也许得先依次攀登前四重。这是因为律师个人的职业进步是循序渐进的，一般情况下，律师的写作广度、深度与其执业经历、经验成正比。写作虽有方法可以习得；但持续、稳定地输出专业文章注定要有一个漫长的修炼过程。

二、律师写作的五个阶段和五种体裁

写作倚赖一定的天赋，律师的写作能力是因人而异的。但法律写作注重客观、思辨、有问题意识，多要求严谨、简明、实用，基本上是排斥想象和创造的，因此总体上法律写作对天赋的依赖度会低于文学写作，律师的写作能力是可以在写作实践中逐步提高的。

律师写作的基本路径是因时制宜，即律师在每个发展阶段写出能够代表该阶段实力的专业文章。依此路径，律师拾级而上，力争收获阶梯式的持续进步，假以时日一定会取得突破、发生质变。为此，本文分五个阶段提出律师写作的相应体裁及基本方法。

（一）培养良好的写作习惯，寻觅一切的输入机会

这个阶段的律师往往刚入行，资历较浅，不免陷入写作的第一重境界。初来乍到的年轻律师对周围的人和发生的事会产生一种新鲜感，习惯性地用书本上学到的知识去解释职场里接踵而来的各种事务。一段时间后，年轻律师会想尝试（或被要求）去写一些文字，但因彼时基本功欠扎实，不熟悉律师职业的语境，所以思维和视野会受到较大的限制，写起来难免捉襟见肘、不得要领，以及不够全面。例如笔者初入职场时，曾主动整理、写作指导老师办理的经典案例。有一起案例是“红头大苍蝇作证案”，基本案情是消费者在饭店用餐时称菜肴里出现了一只煮熟的红头苍蝇，后这一重要物证虽然灭失，但消费者仍诉至法院，要求饭店赔偿。笔者写道：

> 鉴于原告在给消费者协会的投诉信及向法院提交的起诉状中都提及“红头大苍蝇”，因此胡律师非常敏锐地将目光聚焦在了这一点上。经过多日的思索，他决定当庭进行一场“煮红头大苍蝇”的实验。
>
> 实验前，胡律师向原告方发问：“你们是否看清楚了基围虾中的苍蝇?”
>
> 原告答：“是的!”
>
> 为了防止原告事后辩称“红头”并非苍蝇的颜色而是苍蝇的品种，胡律师进一步发问：“这苍蝇到底是红头、绿头还是黄头?”
>
> 原告一致认同是“红头”。
>
> 于是，胡律师在征得合议庭的同意后，当庭将基围虾、调味料及五只活的红头大苍蝇放在锅里煮。然而，试验的结果却是“红头大苍蝇”被煮成了“黑头大苍蝇”，可见原告的陈述不真实。

彼时，笔者使出浑身解数，仅能将上述情节归纳为“红头大苍蝇作证”，将该案的写作命题定为“决胜于证据”。两年后，笔者已确信，上述情节的最佳主题应是诉讼可视化。然而写作该文前笔者从未听闻过诉讼可视化，自然就没有这般意识。

所以，年轻律师不必心急，一般需要一年左右的时间打好写作的基本功，才能真正度过“白茫茫大地真干净”的阶段。在这一阶段，年轻律师要做的是培养良好的写作习惯，其中最重要的一个习惯就是摒弃纸上谈兵、闭门造车的“校园式”写作，必须信仰实践出真知的真理，切记写作素材须来源于实践之中，努力用理论知识去阐释实践中的问题。

同时，年轻律师务必保有“海绵”心态：一要输入“纸面上的法律”，不断巩固法律基础知识，谙熟法学基本理论，不懈地学习新法、新知；二要输入“行动中的法律”，分外珍惜每一次的实践机会，做到腿勤、嘴勤、脑勤，全身心浸泡在每个实践的场域之中，学会寻找问题、请教问题、思考问题，争取解决问题，并总结规律，致力于将实践经历酝酿成实践经验；三要输入严谨的写作规范，例如注释规范、标点符号使用规范等；四要输入优秀范文的写作方法，要多收集、钻研、模仿优秀文章的谋篇布局、标题取法、案例用法等。

（二）运用基础知识和经验，用心输出法点和体悟

工作一年后，律师对执业环境已有初步认识，并打下了一定的实践基础，这个阶段的律师要有输出的意识，可以开始动笔写作了。为避免出现第二重境界里“茶壶里煮饺子”的现象，律师可以写作以下两种“点小意大”式体裁的文章。“点小”表明文章的主题聚焦，不宜过大，要克制把饺子做得太大；“意大”意味着文章的立意要高，写得透彻，把茶壶和壶口尽可能地做大。

第一种体裁是解构法点式文章。这类文章重在展现律师抽丝剥茧的分析和论证能力。每个办案环节或节点都是由一个个法律知识点构成的，具有敏锐观察力的律师以撰文的方式将办案中遇到的重要法律概念或者裁判规则归纳总结出来。这样的做法起码具有以下四大好处：一是有助于夯实律师的法律功底，提高律师的研究能力。二是有利于律师收集可供深入研究的课题，为其撰写专业论文奠定基础。三是文中的观点可供法律职业共同体的成员们交流、探讨。四是律师通过以案释法，向社会公众传播法律知识和观点，可以发挥案例最大的效用。

> 示例：
>
> 1. 赵青航：《共同债务认定并非将婚姻关系存续作为唯一标准》，载《中国商报》2019年5月23日，第7版。
>
> 2. 赵青航：《确认不侵害专利权纠纷的起诉要件》，载《法制日报》2019年6月16日，第7版。
>
> 3. 赵青航：《违反强制性规定导致合同无效的认定标准》，载《民主与法制时报》2019年8月29日，第7版。

笔者亲自撰写或指导团队律师写作的解构法点式文章均源于笔者代理的案件，且均脱胎于代理词、法律检索报告等法律文书。可以说，只要律师用心办案、尽心写作法律文书，形成这类文章其实不难。

为此，笔者在日常办案时要求团队律师必须以发表解构法点式文章的标准去写作法律文书。如此既能保证律师本职工作的质量，又能在结案后便于将法律文书中的一个个知识点“改造”成为一篇篇文章。同时，笔者严格要求团队律师在写作法律文书时要确保言之有据，重要的观点必须要参考高审级法院的观点和权威书籍（例如，全国人大法工委的立法释义书、最高人民法院的“理解与适用”书籍、学界通说），且脚注一定要规范。由此转化而来的解构法点式文章便不难达到论据充分、论证扎实的良好效果。

在此需要提醒的是，为使小篇幅的文章笔力集中，写得深入、透彻，每篇解构法点式文章只能高度提炼和深度剖析一个具有浓郁“法味”的法律知识点，点不宜贪多，否则会杂糅，造成形散，乃至神散。当一个案例中存在多个值得探讨的知识点时，这些宝贵的思考过程和探索结果可以多篇文章的形式展现。也因此，笔者每办完一起法律争议点较多的案件后，常可以发表多篇解构法点式文章。

第二种体裁是散文随笔式文章。律师在日常代理案件时会遇到各式各样的人，经历众多难忘的事，由此会形成非常个人化的体会和感悟，它们是关乎律师心迹和心灵的。

示例：

1. “在这个时刻考验匠人水准的时代，唯有匠心独具，我们身上才能洋溢出自信和自豪，才有能力在专业化的道路上一直坚定不移地走下去。”〔1〕

2. “从业多年，这般忙碌的日子不算少，但我始终希望自己一直能像当初刚进律师界一样，对自己所从事的这份事业怀有最大的激情，同时逐渐具有专业精神——受人之托，忠人之事；一丝不苟，竭尽所能。”〔2〕

3. “正因我们常悟合作之道，发挥各自的优势、取长补短、形成合力成为大家合作的主旋律。在彼此间一次次的选择之中，我们沉下心精研业务，挑重担全力攻坚，案源更充足了，口碑更好了，友谊也更坚韧了。”〔3〕

上述文字虽与法律知识和法学理论无直接关系，但也是律师职业的馈赠，是律师行进在律途中所收获的经历财富，而且形成这种文字的灵感是转瞬即逝的，所以值得记录。律师工作一年后可以多输出这般文字，其既可以作为一份份宝贵的个人记录，也可以此向社会公众传递来自律师界的正能量。律师若坚持记录，几年后便可以律师职业的经历与精神为主题将其集结出版。例如，笔者于2017

〔1〕 节选自赵青航：《唯有匠心独具》，载《浙江律师》2017年第1期。

〔2〕 节选自赵青航：《这个春天里的忙碌》，载《法制日报》2020年6月14日，第8版。

〔3〕 节选自赵青航：《合作之道》，载《民主与法制》2021年第28期。

年在中国法制出版社出版了《律师应是怎样的人》，在 2018 年推出该书的第二版时，该书的主题定为“对律师职业求真尚善精神的真诚呼吁”。

（三）悉心办理每一起案件，用办案纪实体现水平

工作两年后的律师已基本能上手办案，很多时候还能独当一面，甚至一部分佼佼者已开始形成独有的办案风格。这个阶段的律师可以开始写作办案纪实式文章（第三种体裁的文章），通过写作展示自己对办案经历、经验、思考的感悟与总结，体现应有的专业水平。

> 示例：
>
> 1. 赵青航：《一份〈承诺函〉引发的纠纷》，载《中国律师》2015 年第 7 期。
>
> 2. 赵青航：《“小案件”彰显“大智慧”——记绍兴一公司诉银行共同侵权再审案》，载《浙江律师》2016 年第 3 期。
>
> 3. 赵青航：《一方土地承家族兴衰　二十余载恩怨终落幕——历时三年的建设用地使用权纠纷案代理纪实》，载《浙江律师》2020 年第 4 期。

通过以上标题可以发现，办案纪实是一种兼具浓郁法味和文学气息的纪实性文章，因此最具有可读性，也是最容易让读者读懂案件的文章体例。办案纪实要形象地展现办案思路和案件的推进过程（如可按时间顺序），客观展示办案时各种顺与逆的经历，为读者呈现一个个立体、鲜活的案例，使其读起来有血有肉，力求不枯燥、不乏味。

办案纪实式文章的结构示例：

1.《转股分家后反悔　据理力争护诚信——一起历经三年的合同纠纷案代理纪实》。

“祸”起协议　诉诸法院

请求权基础不明　我方径行取证

围绕焦点　庭审交锋

融情于理　捍守诚信

乘胜追击　依法履约

2.《在最高人民法院扭转危局——一起因违约引起的股权转让纠纷案代理纪实》。

合同约定模糊　违约责任难定

一审二审　铩羽而归

挖掘新证据　寻找突破口

再审庭审　峰回路转

化干戈为玉帛　实质化解纠纷

写作办案纪实式文章的最佳时间是案件代理完毕后的三日内。这么做的好处既在于律师能第一时间趁热打铁地写出结案总结，供个人和团队复盘之用，也能及时向外界推广该案及其办案方法，以提高律师的影响力。当然，不是每个案件都需要写成办案纪实的，毕竟写作需要花费时间和精力。但影响较大的案件或律师运用精妙办案思路代理的案件肯定是值得花心思写的。

通常情况下，办案纪实式文章与解构法点式文章、散文随笔式文章可以是包含与被包含的关系，即前者包含了后两者，后两者被包含在前者之中。如果一个案件的代理过程既出彩，案件蕴含的法点又多，就能同时产出以上三种体裁的文章。因为律师可以把已写就的解构法点、散文随笔融入办案纪实之中，写出的办案纪实能反映出律师的论证功底和心路历程。但要注意，若三类体裁文章的文风不相符合，揉在一起便会有突兀感。例如律师写办案经历部分的文风是惆怅的，写解构法点时的文风又是厚重的，二者就不宜生硬地合并。这时律师可以在办案纪实后专门附一篇解构法点，作为一“套”文章。

> 办案纪实后附解构法点式文章的示例：
>
> 1.《牵动两条诉讼战线的既判力之战——最高人民法院受理的第三人撤销之诉纠纷案代理纪实》。
>
> 【解构法点】法院生效裁判的既判力规则
>
> 2.《巧用举证证明规则 逆转案件事实认定——一起民间借贷纠纷再审案代理纪实》。
>
> 【解构法点】民间借贷案件中原告仅依转账凭证起诉的举证证明责任
>
> 3.《条分缕析理证据 归纳焦点辨法理——某施工合同纠纷案历时五年“三”审终审代理纪实》。
>
> 【解构法点】民事诉讼中法院行使释明权应把好“三道关”

几年后，当律师撰写了二十余篇办案纪实，就可以对案例作出细分（如民事案件可根据案由分类），进而集结出版，以此向社会公众（尤其是潜在客户）“证明”自己是一位精于办案、善于总结的专业律师，这无疑是一种有效的宣传手段。例如2020年笔者在法律出版社出版了一本案例集《亲历法庭：民商事案件诉讼思维与代理策略》，该书收录了笔者悉心代理的十几个经典案例，起到了办案总结和个人宣传的作用。

（四）方法论写作超越水平，写作时树立产品思维

具有五年以上执业经验的律师在这个阶段要克服写作第三重境界里“忽如一夜春风来，千树万树梨花开”的心理。现实中有不少律师特别喜欢、擅长写办案纪实式文章，在网络上的曝光度很高，也乐于定期将这类文字收集起来出版，甚至一年可以出版多本。不可否认，这些律师是善于输出的，从写作态度上讲也是勤奋的。但案例写作的视角注定是微观的，就个案谈个案，顶多是针对具体的实践提供解决方案，或进行评析，资深读者未必会买单。因为这类文章和书籍的结构疏散，不成体系，知识体量不足，有经验的读者充其量也就大概了解这位律师解决个案的能力，借鉴个案办理中的一些亮点，深度的启示意义有限。

所以，这个阶段的律师要从具有“会写”的能力进阶至“写得好”的水平，以期获得更多读者的青睐。最直接、有效的方法就是将微观的视角提升至中观的视角，即既不局限于就案例讲案例，也不是抽象的理论建构和制度建议。

为此，第四阶段的律师要多写方法论文章（第四种体裁的文章），多归纳、提炼办理诉讼案件、非诉讼项目和服务顾问单位的优质方法论。如果说律师成功办结的每一个案件是其最务实的宣传素材，那办理一批类案的经验就是律师最佳的营销资本。律师在写作方法论文章时应聚焦于服务思维和技术，重在凸显律师资料整合和经验锤炼的能力。这种中观写作既接地气，能解决问题，又摆脱了具体问题的局限，对于沟通学术界与实务界亦很有意义。

方法论文章是笔者最提倡的一种律师写作体裁，只是目前律师界这样的作品还不多见，本书即是一种尝试。

示例：

1. 赵青航：《证据可视化工作实操》，载《中国律师》2019年第12期。

2. 赵青航：《民商事再审案件代理之魅力与挑战》，载《中国律师》2020年第5期。

3. 赵青航、徐晓阳：《体系化法律检索实操》，载《中国律师》2020年第11期。

4. 徐杨超、汪义山、赵青航：《PPP项目中律师与政府方法律谈判的道与术》，载《浙江律师》2020年第3期。

写作方法论文章要践行体现水平、超越水平的理念。实践中，律师通过常态化地办理某一类型的案件或项目，会逐渐实现实操层面的专业性。而方法论写作恰是绝佳的思考方式。在写作过程中，律师总会发现一些模棱两可的问题、一些似是而非的疑惑。如果不是一定要变成白纸黑字的文章或书籍，很多时候律师并没有强大动力、足够好奇和旺盛精力把这些问题弄得水落石出。而正是以成文为契机，让脑中诸多的“不确定”变得不可再模糊，不可再混沌。于是，或查阅各种资料，或请教各路高明，检索、探讨、切磋，最后将这样一个个似懂非懂的、犹如雾里看花的问题弄得清楚、明白、真切，体系性地呈现过往的思考沉淀。为此，笔者平时经常鼓励团队律师要“搜肠刮肚”“使出浑身解数”地写作通透、高质的方法论文章，用文字的力量彰显律师独到的专业性。

笔者希望广大律师在写作方法论文章时就达到“素月分辉，明河共影，表里俱澄澈”的第五重写作境界。在此之前，为解决第四重写作境界“我本将心向明月，奈何明月照沟渠”的问题，律师在写作时必须具备产品思维，把方法论文章视作能满足用户（读者）

需求的产品。由此，律师写作方法论文章时要以用户为导向，既要了解用户的需求，也要从用户需求的角度对产品进行设计、加工和打磨，还要高度重视产品质量。应当相信，蕴含产品思维的方法论文章写得好，律师授课的素材就会丰富，法律服务产品的雏形就能搭建，展业也就会更顺利。

（五）发挥律师的职业优势，锻炼写作“作用类”论文

笔者在多年的写作过程中真切地体会到，要解决写作第四重境界中的“禁锢”和“套路”问题，最有效的方法是提升律师的研究力。“研究力”包含两个纬度：第一个纬度指向过程和状态，即律师在写作时要保持“研究能力”，所研究的命题要具有问题意识并体现研究价值；第二个纬度指向结果，即律师的论证要具有“渗透力”，该渗透力要争取使说理达入木三分之效。律师以此为目标进行研究，并长期坚持，渐渐地可步入“素月分辉，明河共影，表里俱澄澈”的境界。

然而，律师仅写作解构法点式文章、散文随笔式文章和办案纪实式文章恐不能达到上述目标，甚至会陷入“低水平重复”的状态。上文已提到，希望律师写作的方法论文章能达到第五重境界，是因为方法论文章是律师写作的最佳体裁。但方法论文章若要写得好，就要求律师具备一定的研究力，而锻炼律师研究力的文章体裁只有一种，即论文，此系本章介绍的律师第五种写作体裁的文章。

笔者提出两个观点：第一，职业有分工，术业有专攻，论文不是律师写作的最佳体裁，而是学者的专属体裁，因此律师不必刻意为了写论文而去写论文。第二，律师写作论文的最佳目的应是写好方法论文章，律师可以仅把论文写作视作一种研究力的锻炼，没有必要刻意去追求结果（如发表、获奖），但要高度重视研究过程，把

习得的研究力用于之后方法论文章的写作。这才是律师群体所务的写作“正业”。

写论文是做研究的一种重要形式，研究的核心使命是从事知识的生产，从而创造新知。论文的基本特征是有命题，有创见，并加以论证，结论没有标准答案，讲求的是自圆其说。可以说，论文写作是锻炼思维的绝佳方式。市面上有很多关于论文写作方法的书籍，开卷有益，律师研读若干精品书籍，坚持动笔，假以时日一定可以掌握论文写作的基本方法。在此推荐以下几本书籍，供读者参考：

关于论文写作方法的推荐书籍：

1. 刘军强：《写作是门手艺》，广西师范大学出版社2020年版。

2. 熊浩：《论文写作指南：从观点初现到研究完成》，复旦大学出版社2019年版。

3. 《中外法学》编辑部编：《经验与心得：法学论文指导与写作》，北京大学出版社2017年版。

4. 何海波：《法学论文写作》，北京大学出版社2014年版。

在此，笔者仅对论文写作中几个重要的问题作出提示：

1. 论文的主题

一提到写论文，不少律师就常会想到要写一项法律制度应如何修改，一起案件应如何适用法律，甚至一类案件的裁判规则应如何提炼。笔者曾连续组织过四届杭州律师论坛民事分论坛的论文评选活动，绝大多数论文可归入上述三种写作类型。

其实，论文写作也应贯彻“专业的事让专业的人做”的职业分工理念。立法机关工作人员擅写立法解释类的论文，审判机关工作人员擅写法律适用类的论文，行政机关工作人员擅写行政对策类的论文，学者擅写理论建构、命题阐释类的论文。若律师去写以上类型的论文，既会有些“越俎代庖”之感，也不占职业优势，所写的文章亦未必专业。

笔者建议律师们可以多尝试研究律师在某项业务中的“作用类”主题。因为律师是为社会公众提供法律服务的专业人士，而律师提供服务的范围和质量直接取决于律师在该类服务中可发挥作用的边界与效果。试想，如果律师连自己究竟能否发挥作用、能发挥什么作用，以及作用发挥的效果都不作深入思考，那凭何招揽业务？又如何能自诩“专业律师”？所以，律师不懈地思考自己的作用，既可以日常自察，又或许能逐渐摸索出符合自身实力的法律服务之道。这是笔者鼓励律师们产出兼具理论性和实践性的“作用类”论文的根本原因。

这类“作用类”的论文是以律师为视角的研究，即一种主体性研究。〔1〕有学者指出：“由于法学一直被定义为一门以法律为研究对象的学问，法学家的眼中就只有法律，而很少想到创制和操作法律的人。这种只见法律不见人的客观主义倾向在部门法学表现得尤为明显……法学研究必须克服这种纯粹的客观主义倾向，切实重视作为法律的主体的人的作用，特别是职业法律家的作用。”〔2〕对此，笔者深以为然。例如在中国诉讼法学理论发展到如今规模和质量的当下，学界和律师均有必要适度转换研究的视角，思考当下的诉讼中律师究竟应被置于什么位置以及应发挥什么作用。

2. 论文的命题

一篇论文必须有且只有一个命题，且该命题要在最大程度上反

〔1〕 参见左卫民：《刑事诉讼中的“人”：一种主体性研究》，载《中国法学》2021年第5期。

〔2〕 黄文艺：《中国法律发展的法哲学反思》，法律出版社2010年版，第198页。

映出这篇论文的学术贡献（主要是原创性贡献），以凸显研究者的问题意识。所谓的命题，简单地讲，它应该是贯穿整篇论文的中心论点，是作者试图在论文中探讨或论证的一个基本问题或基本观点。换句话说，一篇论文的全部内容必须是围绕一个基本观点而展开的，否则它就不是一篇地道的论文，而更像一篇冠以论文之名的作文。[1]

作为一名长期从事民商事诉讼实践的律师，笔者常在思考一个命题：律师在民事诉讼中究竟能起到什么作用，如何能在科学的理论指引下进一步发挥律师在民事诉讼中的作用？这体现了研究一个主题时的问题意识，可直接转化为一篇论文的命题。当然，这个问题看起来比较宏大，因此笔者用了20余万字的篇幅去研究这个命题，最终形成一篇博士学位论文。笔者在论文中对命题的阐释如下：

> 对命题的阐释（部分）：
>
> 过往几十年的经济重建和社会变革极大地挑战了中国人的集体主义精神。[2] 通过理论研究和实践观察，笔者发现在受个人主义影响的自发社会秩序中诉讼主体在民事诉讼中难以实现协同效应。因为个人主义轻视人类社会的协同面向，过分强调社会个体的独立性、个人目的的主观性以及个人意志的自由性，过于夸大个人主观价值的不可识别性和社会发展的不可预知性，过度放大人与人之间的异质性，进而忽视了社会个体间协同合作的重要意义。导致个人主义论者难以贴近现实生活去观察社会个体之间的协同合作如何开展，会面临哪些协同困难，从而需要如何应对

---

〔1〕 参见刘南平：《法学博士论文的“骨髓”和“皮囊”——兼论我国法学研究之流弊》，载《中外法学》2000年第1期。

〔2〕 樊堃：《仲裁在中国：法律与文化分析》，法律出版社2017年版，第237页。

等至关重要的问题。[1] 即使互惠、互利等社会偏好和利他主义倾向在一定程度上能够缓解协同的困难，但民事司法的实践现状反映出这些困难依然普遍存在。这会大幅削弱律师在民事诉讼中的作用。

为此，笔者必须积极主动地观察包括律师在内的诉讼主体相互间有效协同的可能性，并为探究如何应对协同障碍提供一套基本思路（主要是理论基础与制度实现路径）。

当然，一般万余字篇幅的论文肯定不需要研究过于宏观的命题，反而应当缩限命题范围。例如“律师在取证中的作用”“律师在庭审中的作用”“律师在调解中的作用”等就可以成为论文的命题。

3. 研究路径

一百多年前，胡适先生曾在其名篇《多研究些问题，少谈些“主义”!》中深刻地指明了一条严谨、理性的社会科学研究路径。还是以“律师在民事诉讼中的作用”为例，要研究这一命题，研究路径应是：第一步，先从律师广泛的民事诉讼实践着手，以实证研究的方法考察、描述律师发挥的实际作用；如果作用发挥受限，就要研究“问题的种种方面的种种的事实，看看究竟病在何处”。第二步，“提出种种解决的方法，提出种种医病的丹方”，即围绕律师在民事诉讼具体环节作用发挥受限的症结，以原理为支撑，提出促进律师在取证、庭审、调解等阶段发挥作用的具体建议，主要涉及制度层面的设计。第三步，待揭示了律师在民事诉讼中作用发挥受限的种种表现及相关原因，并提出相应的制度完善建议后，就要发挥

〔1〕 参见熊丙万：《迈向合作主义的中国私法学》，中国法制出版社 2021 年版，第 20 页。

“想象的能力”，“拣定一种假定的解决，认为我的主张”，即凝练出一种有价值主张的理论，作为支持制度、完善建议的理论基础，以“解决眼前这个困难问题”。[1]

可见，研究路径其实就是研究一个命题的具体步骤，笔者将以上步骤归纳为“实践面向—原理支撑—制度完善—理论提炼”。

4. 研究方法

规范分析法、比较研究法、历史研究法是法学研究中的重要方法。大量的文章和书籍都已对此作出详尽的介绍，故不再赘述。在此，笔者着重介绍实证研究方法，希望广大律师们能够对实证研究方法有所重视。

反观经济学的研究，法学研究在方法上有些滞后。经济学已形成了比较成熟的研究路径，即从提出理论（假说），到收集数据（证据），再到分析数据，验证或者反驳理论（假说）。这种研究方法上的科学性与经济学在哲学社会科学中的“帝国主义”地位显然有着直接关系。自20世纪下半叶，社会科学实证化的趋势开始渗入法学。21世纪以来，实证研究也开始在中国法学界日益流行。实证研究关注法律制度在中国现实中的运行现状，分析制度运行存在的问题及根源，进而提出完善方案。有学者赞誉道：“实证研究方法的引入是这种多元研究方法日趋成熟并走向科学化的重要标志。”[2] 笔者认为胡适先生的一句话能揭示实证研究的真谛，“科学方法是用事实作起点的，不要问孔子怎么说，柏拉图怎么说，康德怎么说；我们须先从研究事实下手，凡游历调查统计等事都属于此项”。[3]

---

〔1〕 胡适：《容忍与自由》，云南人民出版社2015年版，第30页。

〔2〕 胡铭：《略论刑事诉讼实证研究方法——以经济学实证方法为借鉴》，载《清华法学》2011年第1期。

〔3〕 胡适：《读书与治学》，生活·读书·新知三联书店1999年版，第106页。

实证研究的方法有很多，包括定性研究、定量研究等。实证研究的具体方式也有很多，例如访谈、问卷、亲历观察等。以下书籍对此都有非常翔实的介绍：

> 关于介绍法学实证研究方法的推荐书籍：
>
> 1. 陈瑞华：《论法学研究方法》，法律出版社2017年版。
>
> 2. 贺欣：《街头的研究者：法律与社会科学笔记》，北京大学出版社2021年版。
>
> 3. 白建军：《法律实证研究方法》（第二版），北京大学出版社2014年版。
>
> 4. 范良聪：《法律定量研究方法》，法律出版社2020年版。

律师作为法律实务界人士，有运用实证研究方法的职业优势。例如有一位律师出身的学者曾针对律师行业作出了多项优质的研究成果，其实证研究的经验值得在律师界推广。如果有心的律师愿意做用心的研究，写出走心的论文，不妨多多模仿、借鉴：

> 考虑到商务律师所必须遵守的保密规则以及大量合同文本、法律意见和工作报告都被视为“know－how”而不与外传，对商务律师开展田野无疑是一项挑战性的工作。在大多数情况下，律师事务所会以商业秘密或对律师工作造成妨碍等理由拒绝调查者的贴近观察。与大范围问卷调查不同，本文的经验研究仅仅聚焦于中伦所律师，这首先考虑到调查的可行性。作为一名在中伦所工作多年的律师，我的“内部人”身份自然成为获取资料的便利条件。同时，我在工作中形成的“私人关系网”不但增加了调查可供利用的资源，还保证了受访者的自愿合作与信息的真实性。此外，我深悉律师的工作风格，谙熟其执业技巧并理解其思维

方式，这使调查过程更为顺畅。其次，考虑到律师工作往往体现为特定情景下的经验和感受，广泛抽样统计分析可能无从把握其细节和微妙之处，而以少数对象为基础的深度访谈却借着彼此的对话，凸显出受访者对社会事实和行为的认知观念。最后，作为中国最早设立、规模最大的综合式商务律师事务所之一，无论是业务种类、人员构成，还是客户类型，中伦所都集中了中国商务律师事务所的主要特征和属性，它的合伙人和非合伙人律师足以成为中国商务律师的典型代表，足以展示中国商务律师实践的逻辑和价值。

基于上述，本文使用的数据包括：(1) 我和另两位合作者在2013 年6 月至8 月完成的一系列访谈，受访者包括中伦所北京和上海的6 名合伙人律师和两名非合伙人律师。访谈问题被设定为半结构化的和开放性的，每次访谈时间控制在一个小时到一个半小时。出于尊重受访者意愿和研究伦理的考虑，本报告在引用相关访谈内容时隐去了他们的个人信息，并作了化名处理。为明确起见，我们对访谈进行了编号，其体例为“IN0001”，其中“IN”代表访谈（interview），“0001”代表进行访谈的月份日期。(2) 纪实性文献《中伦的秘密：中国顶级律所20 年风云录》披露的事实记录和访谈内容。(3) 我以律师身份在中伦所参与观察获得的信息。[1]

如果是纯学者出身的研究者，其在进行实证研究时难免会费劲很多。例如有一位学者为了提高访谈信息的准确性和可信度，有过

〔1〕 节选自许可：《中国商务律师究竟做了什么》，载苏力主编：《法律和社会科学》（第13 卷第1 辑），法律出版社2014 年版，第62－63 页。

争取和被访谈者成为朋友的经历。"由于调研时间相对较长，笔者全天8小时和法官亲密相处，再加上8小时之外的宴请和私下交流，至少到调研后期，笔者与三个法院相当部分法官成为私人朋友。"〔1〕这种做法无疑值得肯定，但成本肯定较大。如此看来，律师紧紧围绕律师群体的执业实践进行实证研究，可谓"天时地利人和"，又可以说是"近水楼台先得月"。

几年的实证研究经历让笔者深信：命题决定研究方法，研究方法成就命题，将目光流转于二者之间，既能使研究方法得当，也能让研究命题落地。例如要研究"律师在取证中的作用"这一命题，就要细分并着重回应两个问题：第一，律师在民事诉讼中的取证效果如何。因为律师取证效果的好坏直接反映了律师在取证中作用发挥的大小。第二，律师取证制度是否有进一步完善的空间，从而进一步提高律师在取证中的作用。回应上述两个问题无疑应采用实证研究方法，〔2〕先描述律师在取证实践中究竟是何种样态，再在探析实践逻辑的基础上研究制度完善的路径。笔者在一篇论文的开篇就交代了实证研究的具体方法：

> 本文围绕上述实践难题，主要开展了两项实证分析。其一，从律师取证数据和访谈切入，以位于杭州市的浙江J律师事务所本部及在浙江省六地开设的分所（以下统称为J所）为例展开实证分析。先调取、整理J所相关数据和资料，再随机抽取该所60位以民商事诉讼为主要执业领域的律师进行深度访谈。其二，

〔1〕兰荣杰：《刑事判决是如何形成的？——基于三个基层法院的实证研究》，北京大学出版社2013年版，第24页。

〔2〕当然，在此过程中，规范分析法、比较研究法、历史研究法亦构成本项命题的重要研究方法。

从法院视角入手，通过 Alpha 案例检索系统检索出浙江省三级法院共计 2109 份裁判文书。随机抽取出 400 份裁判文书作为案例样本进行实证分析。[1]

5. 其他提示

其一，理论提炼。做研究、写论文的主要目的是理论创新，而理论提炼是论文写作的至难点，也是作者研究力水平的主要体现。其既没有绝对可靠的固定方法，也绝非三言两语可以道清。但笔者坚定地认为律师不需要过分探究如何提炼理论，若能切实利用身边的资源和机会，踏实地做好实证调查，即多做“我发现”的调研，少做“我认为”的判断，便值得称赞。

其二，逻辑梳理。论文写作讲求观点鲜明、逻辑清晰、论证层层相扣。逻辑能力是需要通过大量的学习与实践才能明显提高的。但律师职业思维本身就讲究逻辑，所以律师界成熟的研究作品一般具有逻辑严密的特征。有一个有效的方法能判断一篇论文的行文逻辑是否环环相扣，即作者能否将一篇论文的逻辑形成一个闭环，并以可视化的形式展现。笔者将围绕“律师在取证中的作用”这一命题写就的《律师持令取证的实践现状与制度构建——以浙江省为例的实证研究》一文的可视化逻辑图展示如下（见图附）：

〔1〕 节选自胡铭、赵青航：《律师持令取证的实践现状与制度构建——以浙江省为例的实证研究》，载《浙江社会科学》2022 年第 3 期。

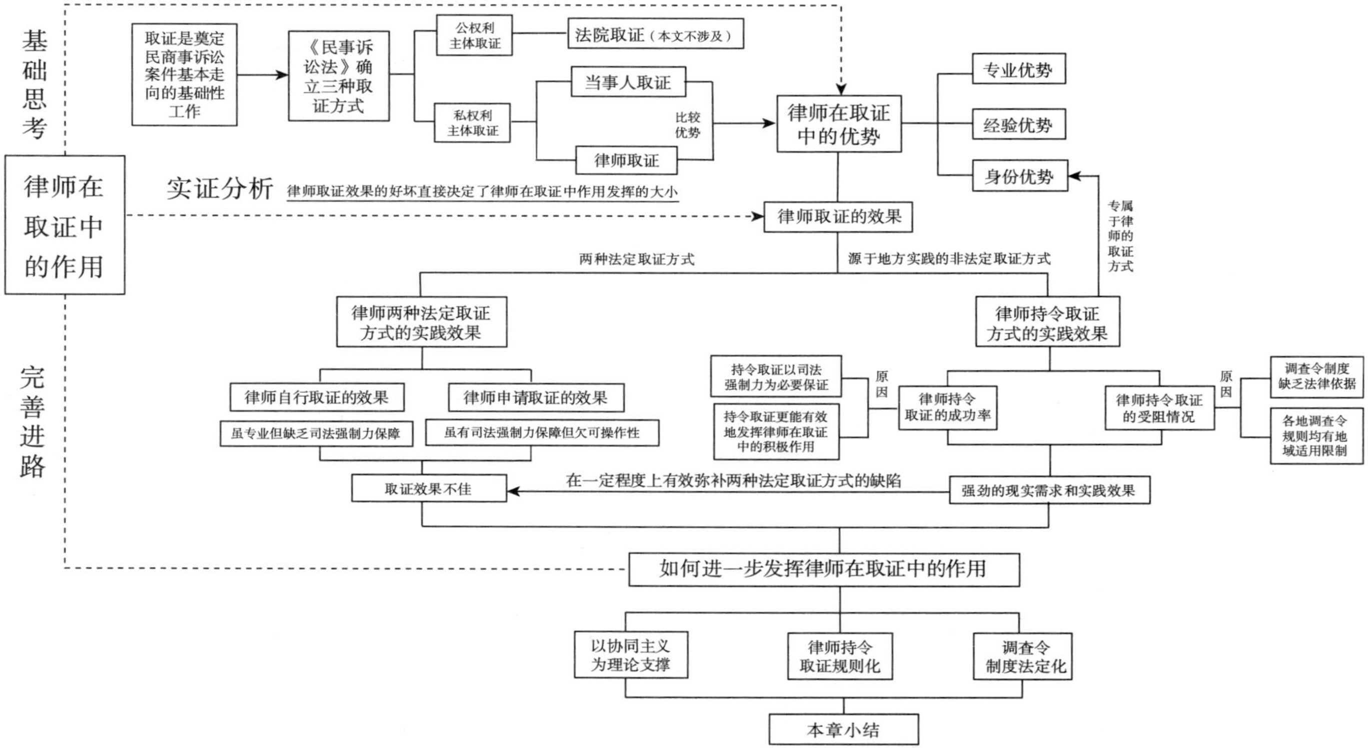
基础思考
律师在取证中的作用
完善进路
取证是奠定民商事诉讼案件基本走向的基础性工作
《民事诉讼法》确立三种取证方式
公权利主体取证
私权利主体取证
法院取证（本文不涉及）
当事人取证
律师取证
比较优势
律师在取证中的优势
专业优势
经验优势
身份优势
实证分析
律师取证效果的好坏直接决定了律师在取证中作用发挥的大小
律师取证的效果
两种法定取证方式
源于地方实践的非法定取证方式
专属于律师的取证方式
律师两种法定取证方式的实践效果
律师持令取证方式的实践效果
律师自行取证的效果
律师申请取证的效果
虽专业但缺乏司法强制力保障
虽有司法强制力保障但欠可操作性
持令取证以司法强制力为必要保证
持令取证更能有效地发挥律师在取证中的积极作用
原因
律师持令取证的成功率
律师持令取证的受阻情况
原因
调查令制度缺乏法律依据
各地调查令规则均有地域适用限制
取证效果不佳
在一定程度上有效弥补两种法定取证方式的缺陷
强劲的现实需求和实践效果
如何进一步发挥律师在取证中的作用
以协同主义为理论支撑
律师持令取证规则化
调查令制度法定化
本章小结

图附　论文的可视化逻辑

其三，行文规范。任何法律文章都必须严格遵守行文规范，论文更是如此。行文规范主要涉及格式、文字、标点符号、数字等要素的使用，相关规范主要体现为各种标准以及权威的工具书，主要包括：

语言文字方面
第一批异形词整理表（GF 1001—2001）
通用规范汉字表
新华字典
现代汉语词典
标点和数字方面
标点符号用法（GB/T 15834—2011）
出版物上数字用法（GB/T 15835—2011）
学术论文方面
学位论文编写规则（GB/T 7713.1—2006）
信息与文献　参考文献著录规则（GB/T 7714—2015）
学术出版规范　注释（CY/T 121—2015）
学位论文写作指南（GB/T 7713.1—2006）

需要指出，面向现实法律问题的论文其实就是加强版的法律研究报告、特定格式的法律备忘录，其实质功能是一致的。一名优秀的律师应当掌握撰写论文的技能。律师能写好论文，就意味着其具有研究复杂法律问题的能力。这也是律师虽非专职研究人士，但依然需要锻炼论文写作能力的原因。

三、三点感悟

第一，五种体裁的文章其实并无写作的先后顺序。笔者以律师写作的五重境界为线索，根据律师写作的五个阶段依次介绍了五种体裁文章，而五种体裁文章的写作难度也是依次提高的。通过长期写作论文获得高强度、高难度的锻炼机会，律师所写的各式文章（包括法律文书）多能呈现问题突出、素材丰富、逻辑得体、体系圆融、修辞纯熟的精致文感，即“素月分辉，明河共影，表里俱澄澈”。同时，律师的写作经历和写作能力各不相同，所以绝没有固定的写作顺序。写作能力强的律师不妨以论文的高标准去写作任何一种体裁的文章。

第二，提高格局，深度分享。也许一些律师会有顾虑，写作的度不好把握。写得浅了，太水，没有干货；写得深了，把自己的看家本领都亮出来，给别人学会了，岂不是自摔饭碗？其实，与其握紧手想抓住，不如打开心胸，律师同行们都无私地分享经验和心得，律师行业的水平就会越来越高。正如一位学者所言：“提高一个职业社会地位和市场竞争力的前提，是要让这个职业的专业技能得到国家和社会的认可和尊重。”〔1〕 如此，律师个体在这个专业水平不断提升的行业中就会不断进步和发展，获得越来越多的归属感和荣誉感。相信有这样心态的律师不仅不会失去竞争优势，反而会获得更多肯定性的评价。

第三，写作能力是助推律师事业起飞的火箭燃料。一个人思想成熟的标志之一，就是能写出清晰连贯、逻辑通畅、言之有物的文章。〔2〕 律师如果有意识地对日常的实践经验加以归纳，这个过程既是对自己经历的梳理，也是对自身能力的总结，更是一种高品质的知识管理。零散的经历、知识、经验、心得，在总结之前是碎片化

---

〔1〕 刘思达：《割据的逻辑：中国法律服务市场的生态分析》（增订本），译林出版社2017年版，再版序言第5页。

〔2〕 刘军强：《写作是门手艺》，广西师范大学出版社2020年版，第8页。

的、凌乱的，经过总结后，自然能够形成系统化的体系，这个过程是律师业务精进、品牌宣传、行业交流的重要步骤。从某种意义上讲，律师无疑是文字工作者，应不懈地锻炼写作能力，逐步提高职业竞争力。

参 考 文 献[1]

一、参考的著作

1. 张文显：《〈张文显法学文选〉卷十·法学教育》，法律出版社 2011 年版。

2. 《民事诉讼法学》编写组：《民事诉讼法学》（第三版），高等教育出版社 2022 年版。

3. 刘哲玮编：《民诉小全书》（第二版），北京大学出版社 2022 年版。

4. 许士宦：《程序保障与阐明义务》，学林文化事业有限公司 2003 年版。

5. 马龙：《民事诉讼中逾时提出攻击防御方法之规制研究》，中国社会科学出版社 2018 年版。

6. 姜世明：《举证责任与真实义务》，厦门大学出版社 2017 年版。

7. 姜世明：《民事诉讼法》（上册），新学林出版股份有限公司 2018 年版。

8. 王亚新、陈杭平、刘君博：《中国民事诉讼法重点讲义》（第二版），高等教育出版社 2021 年版。

〔1〕 按照引用顺序排列。

9. 许士宦：《集中审理与审理原则》，新学林出版股份有限公司2009年版。

10. 江伟、肖建国主编：《民事诉讼法》（第七版），中国人民大学出版社2015年版。

11. 王福华主编：《民事诉讼法案例百选》，高等教育出版社2022年版。

12. 李浩：《民事证据规定：原理与适用》，北京大学出版社2015年版。

13. 邹碧华：《要件审判九步法》，人民法院出版社2021年版。

14. 最高人民法院民事审判第一庭编著：《最高人民法院新民事诉讼证据规定理解与适用》，人民法院出版社2020年版。

15. 杜万华：《杜万华大法官民事商事审判实务演讲录》，人民法院出版社2016年版。

16. 张燕：《律师调查令制度与实务操作指引》，法律出版社2023年版。

17. 陈瑞华：《刑事辩护的理念》，北京大学出版社2017年版。

18. 张群力：《诉讼代理55步——案件流程管理》，法律出版社2021年版。

19. 王学棉、李倩：《民事诉讼程序实务讲义》，北京大学出版社2018年版。

20. 张卫平：《民事证据法》，法律出版社2017年版。

21. 王新平：《民事诉讼证据运用与实务技巧》（增订版），法律出版社2020年版。

22. 贺小荣主编：《最高人民法院第二巡回法庭法官会议纪要》（第一辑），人民法院出版社2019年版。

23. 齐晓丹等：《类案检索方法指引》，法律出版社2020年版。

24. 张文显主编：《法理学》（第五版），高等教育出版社 2018 年版。

25. 司伟：《执行异议之诉原理与实务》，法律出版社 2022 年版。

26. 刘晗：《想点大事——法律是种思维方式》，上海交通大学出版社 2020 年版。

27. 姚辉：《民法学方法论研究》，中国人民大学出版社 2020 年版。

28. 最高人民法院民事审判第二庭编著：《〈全国法院民商事审判工作会议纪要〉理解与适用》，人民法院出版社 2019 年版。

29. 江必新、刘贵祥主编，最高人民法院执行局编著：《最高人民法院关于人民法院办理执行异议和复议案件若干问题规定理解与适用》，人民法院出版社 2015 年版。

30. 蒋勇主编：《诉讼可视化》，法律出版社 2017 年版。

31. 邹碧华、许可、王闯、雷继平、林海权：《民商事审判方法》，法律出版社 2017 年版。

32. 最高人民法院修改后民事诉讼法贯彻实施工作领导小组编著：《最高人民法院民事诉讼法司法解释理解与适用》，人民法院出版社 2015 年版。

33. 王泽鉴：《民法思维：请求权基础理论体系》，北京大学出版社 2009 年版。

34. 吴香香编：《民法典请求权基础检索手册》，中国法制出版社 2021 年版。

35. 梁慧星：《裁判的方法》（第二版），法律出版社 2012 年版。

36. 程啸：《民法学习方法九讲》，中国人民大学出版社 2022 年版。

37. 吴香香：《请求权基础——方法、体系与实例》，北京大学出版社 2021 年版。

38. 张卫平：《民事诉讼法》（第五版），法律出版社 2019 年版。

39. 景汉朝主编，最高人民法院审判监督庭编：《审判监督指导》（2014 年第 1 辑），人民法院出版社 2014 年版。

40. 王东敏：《公司法审判实务与疑难问题案例解析》，人民法院出版社 2017 年版。

41. 薛晓蔚：《实习律师指南》（第三版），法律出版社 2020 年版。

42. 天同律师事务所编著：《天同办案手记》，中国法制出版社 2021 年版。

43. 北京天同律师事务所编著：《民商事再审程序操作指引》（修订版），法律出版社 2013 年版。

44. 最高人民法院第二巡回法庭编著，郑学林主编：《民商事再审典型案例及审判经验》，人民法院出版社 2019 年版。

45. 北京市律师协会主编：《民事二审再审改判案例：诉讼过程与争点剖析》（第二辑），法律出版社 2023 年版。

46. 丁义平：《民商事再审前沿实务与疑难解析：以最高人民法院案例为视角》，法律出版社 2023 年版。

47. 朱兰春：《法官如何裁判》（第二版），中国法制出版社 2021 年版。

48. 孙祥壮：《民事再审程序：从立法意图到司法实践》，法律出版社 2016 年版。

49. 朱加宁、徐鹏：《律师办案的思维和方法》，法律出版社 2018 年版。

50. 全国人大常委会法制工作委员会民法室编著：《中华人民共

和国民事诉讼法解读》，中国法制出版社 2012 年版。

51. 江必新、何东林等：《最高人民法院指导性案例裁判规则理解与适用·合同卷二》，中国法制出版社 2012 年版。

52. 王利明：《合同法研究》（第一卷），中国人民大学出版社 2002 年版。

53. 王军：《中国公司法》（第二版），高等教育出版社 2017 年版。

54. 黄薇：《中华人民共和国民法典总则编释义》，法律出版社 2020 年版。

55. 虞政平主编，最高人民法院第二巡回法庭编著：《民商事二审典型案例及审判经验》，人民法院出版社 2019 年版。

56. 胡田野：《公司法律裁判》，法律出版社 2012 年版。

57. 杜万华主编：《〈第八次全国法院民事商事审判工作会议（民事部分）纪要〉理解与适用》，人民法院出版社 2017 年版。

58. 最高人民法院民法典贯彻实施工作领导小组主编：《中华人民共和国民法典人格权编理解与适用》，人民法院出版社 2020 年版。

59. 黄薇主编：《中华人民共和国民法典人格权编释义》，法律出版社 2020 年版。

60. 黄薇主编：《中华人民共和国民法典侵权责任编释义》，法律出版社 2020 年版。

61. 赵宏：《法律人思维与写作》，中国法制出版社 2022 年版。

62. 黄文艺：《中国法律发展的法哲学反思》，法律出版社 2010 年版。

63. 樊堃：《仲裁在中国：法律与文化分析》，法律出版社 2017 年版。

64. 熊丙万：《迈向合作主义的中国私法学》，中国法制出版社

2021 年版。

65. 胡适：《容忍与自由》，云南人民出版社 2015 年版。

66. 胡适：《读书与治学》，生活 · 读书 · 新知三联书店 1999 年版。

67. 兰荣杰：《刑事判决是如何形成的？——基于三个基层法院的实证研究》，北京大学出版社 2013 年版。

68. 刘思达：《割据的逻辑：中国法律服务市场的生态分析》（增订本），译林出版社 2017 年版。

69. 刘军强：《写作是门手艺》，广西师范大学出版社 2020 年版。

70. 袁真富：《诉讼方法论：知识产权律师执业思维与办案逻辑》，清华大学出版社 2020 年版。

71. ［德］米夏埃尔 · 施蒂尔纳编：《德国民事诉讼法学文萃》，赵秀举译，中国政法大学出版社 2005 年版。

72. ［英］理查德 · 萨斯坎德：《法律人的明天会怎样？——法律职业的未来》（第二版），何广越译，北京大学出版社 2019 年版。

二、参考的文章

1. 葛洪义：《关于中国法学教育改革的几点认识》，载《中国法学教育研究》2015 年第 2 期。

2. 田平安、刘春梅：《试论协同型民事诉讼模式的建立》，载《现代法学》2003 年第 1 期。

3. 肖建华：《构建协同主义的民事诉讼模式》，载《政法论坛》2006 年第 5 期。

4. 熊跃敏、张伟：《民事诉讼中的协同主义：理念及其制度构建》，载《法治研究》2012 年第 1 期。

5. 江必新：《加强法官律师良性互动 探索构建协同诉讼模式》，载《中国律师》2018 年第 3 期。

6. 陈贤贵：《当事人的具体化义务研究》，载《法律科学》2015 年第 5 期。

7. 刘明生：《消灭时效抗辩阐明之研究》，载《法学新论》2010 年第 22 期。

8. 唐力：《辩论主义的嬗变与协同主义的兴起》，载《现代法学》2005 年第 11 期。

9. 任重：《法律释明与法律观点释明之辨》，载《国家检察官学院学报》2020 年第 6 期。

10. 熊跃敏：《民事诉讼中法院的法律观点指出义务：法理、规则与判例——以德国民事诉讼为中心的考察》，载《中国法学》2008 年第 4 期。

11. 刘鹏飞：《电子诉讼庭审中心主义的程序实现——以借鉴和反思淘宝 ODR 经验为视角》，载《社会科学》2021 年第 5 期。

12. 章武生：《我国民事案件开庭审理程序与方式之检讨与重塑》，载《中国法学》2015 年第 2 期。

13. 许士宦：《集中审理之争点整理——依一贯性审查及可证性审查之法律思维》，载《月旦法学教室》2012 年第 117 期。

14. 陈虎：《律师与当事人决策权的分配——以英美法为中心的分析》，载《中外法学》2016 年第 2 期。

15. 侯怀霞、荆秋：《律师风险代理制度的完善》，载《法治论丛（上海政法学院学报）》2007 年第 6 期。

16. 申黎：《律师事务所承担诉讼代理赔偿责任的界定》，载《人民司法·案例》2009 年第 6 期。

17. 高志宏：《大数据时代“知情—同意”机制的实践困境与制

度优化》，载《法学评论》2023年第2期。

18. 姚佳：《知情同意原则抑或信赖授权原则——兼论数字时代的信用重建》，载《暨南学报（哲学社会科学版）》2020年第2期。

19. 司伟：《错误汇款返还请求权排除强制执行的效力研究——基于裁判分歧的展开与分析》，载《比较法研究》2022年第6期。

20. 李浩：《回归民事诉讼法——法院依职权调查取证的再改革》，载《法学家》2011年第3期。

21. 曹建军：《论民事调查令的实践基础与规范理性》，载《法学家》2019年第3期。

22. 汤维建、徐枭雄：《民事司法鉴定意见的评价机制论纲》，载《中国司法鉴定》2018年第3期。

23. 张卫平：《当事人文书提出义务的制度建构》，载《法学家》2017年第3期。

24. 孙光宁：《指导性案例在类案检索机制中的地位及其作用》，载《法律适用》2020年第12期。

25. 刘树德、胡继先：《〈关于统一法律适用加强类案检索的指导意见（试行）〉的理解与适用》，载《人民司法》2020年第25期。

26. 田朗亮：《法律检索方法与人民法院指导性案例及类案的检索与应用》，载朱全景、邵世星主编：《民事检察实务培训讲义》（第二版），法律出版社2020年版。

27. 王毓莹：《执行异议之诉中账户资金的排除执行问题》，载《人民法院报》2017年11月1日，第7版。

28. 司伟：《案外人将其所有的款项误划至被执行人账户后被法院冻结扣划的，案外人请求排除强制执行的，应否支持》，载最高人民法院民事审判第一庭编：《民事审判指导与参考》2018年第3辑（总第75辑），人民法院出版社2018年版。

29. 罗昆：《运用类案思维实现法治体检精准化》，载《人民论坛》2020 年第 11 期。

30. 周翔：《作为法学研究方法的大数据技术》，载《法学家》2021 年第 6 期。

31. 周翔：《司法数字化中的法律专家地位和参与方法——以检察机关为例》，载《浙江大学学报（人文社会科学版）》2023 年第 3 期。

32. 杨波：《论法律事实的程序保障》，载《当代法学》2008 年第 5 期。

33. 汤维建：《民事庭审程序优质化改革的理论与实践》，载《贵州民族大学学报》2016 年第 3 期。

34. 樊崇义、张中：《论以审判为中心的诉讼制度改革》，载《中州学刊》2015 年第 1 期。

35. 王韶华：《“以审判为中心诉讼制度”的三重意蕴》，载《人民法院报》2014 年 12 月 12 日，第 2 版。

36. 曹士兵、杨小利：《以“审判中心论”鼎革与续造中国民事审判》，载《中国应用法学》2019 年第 1 期。

37. 占善刚、陈哲：《商谈式民事诉讼：民事诉讼转型的方向》，载《湖南大学学报（社会科学版）》2021 年第 4 期。

38. 马靖云：《司法商谈机制的构建及其功效》，载《华东政法大学学报》2018 年第 4 期。

39. 国鹏、韩振文：《当事人发问权：规则体系、制约因素及优化路径》，载《山东法官培训学院学报》2020 年第 2 期。

40. 江必新：《商事审判与非商事民事审判之比较研究》，载《法律适用》2019 年第 15 期。

41. 黄昊：《民商事案件中法官思维及律师代理策略》（上），载

《辽宁律师》2021 年第 2 期。

42. 王闯：《〈民法典〉实施中的裁判思维与裁判方法》，载《中国应用法学》2022 年第 3 期。

43. 黄昊：《民商事案件中法官的思维及律师代理策略》（下），载《辽宁律师》2021 年第 3 期。

44. 贺小荣：《体系化思维对民事裁判统一性的内在约束——以〈民法典〉适用为视角》，载《中国应用法学》2022 年第 4 期。

45. 李占国：《当前司法实践中影响公平正义实现的若干问题》，载《中国应用法学》2022 年第 5 期。

46. 何海波：《深化再审程序改革　凸显最高审判机关职能定位》，载《人民法院报》2022 年 9 月 2 日，第 2 版。

47. 龚稼立：《多措并举　做好审判监督》，载《人民法院报》2020 年 11 月 23 日，第 2 版。

48. 夏克勤、郭嘉：《供给侧改革背景下以股权转让方式实现土地使用权流转行为之法律规制》，载《法律适用》2017 年第 9 期。

49. 吴加明：《“以股权转让方式转让土地使用权”行为的司法认定》，载《政治与法律》2018 年第 12 期。

50. 陈兴良：《刑民交叉案件程序与实体处理规则》，载《检察日报》2019 年 8 月 19 日，第 3 版。

51. 周光权：《非法倒卖转让土地使用权罪研究》，载《法学论坛》2014 年第 5 期。

52. 左卫民：《刑事诉讼中的“人”：一种主体性研究》，载《中国法学》2021 年第 5 期。

53. 刘南平：《法学博士论文的“骨髓”和“皮囊”——兼论我国法学研究之流弊》，载《中外法学》2000 年第 1 期。

54. 胡铭：《略论刑事诉讼实证研究方法——以经济学实证方法

为借鉴》，载《清华法学》2011 年第 1 期。

55. 许可：《中国商务律师究竟做了什么》，载苏力主编：《法律和社会科学》（第 13 卷第 1 辑），法律出版社 2014 年版。

三、参考的外文文献

1. Peter Gilles, Rechtsmitteleinlegung, Rechtsmittelbegründung und nachträglich Parteidispositionen über das Rechtsmittel, Archiv für die civilistische Praxis, Band 177, Heft 2/3, 1977.

2. Rudolf Wassermann, Der soziale Zivilprozeß: Zur Theorie und Praxis des Zivilprozesses im sozialen Rechtsstaat, Neuwied – Darmstadt: Luchterhand, 1978.

3. Astrid Stadler, *The Multiple Roles of Judges and Attorneys in Modern Civil Litigation*, Hastings International and Comparative Law Review, Vol. 27: 55(2003).

4. Kimberlee K. Kovach, *The Duty to Disclose Litigation Risks and Opportunities for Settlement: The Essence of Informed Decision-Making*, University of La Verne Law Review, Vol. 33: 71(2011 – 2012).

5. Brian A. Garner, editor in chief. *Black's Law Dictionary*, Thomson Reuters, 2009.

四、参考的网络文献

1. 《教授访谈 | 田朗亮：打破唯一性，接受不确定》，载微信公众号“STL 中国法”，2023 年 5 月 5 日。

2. 《刘哲玮：一个联合培养项目的诞生与发展》，载微信公众号“教书青年说”，2022 年 6 月 27 日。

3. 《刘哲玮：当教学真正激发思维》，载微信公众号“北京大学教务部”，2021 年 12 月 8 日。

4. “人民法院大力弘扬社会主义核心价值观十大典型民事案例”，载最高人民法院官网：https：//www. court. gov. cn/zixun－xiangqing－229041. html。

5. 王东敏：《复印件作为民事诉讼证据的几种情形》，载中国法院网：https：//www. chinacourt. org/article/detail/2019/10/id/4567475. shtml。

6. 《法院给公安局开 10 万元罚单！法院为何能对公安机关开罚单?》，载微信公众号“中国普法”，2019 年 12 月 14 日。

7. 《拒不配合律师持“令”调查　这家法院开出 10 万罚单》，载微信公众号“山东高法”，2018 年 11 月 26 日。

8. 《最高法院关于抵押财产转让的裁判规则精解》，载微信公众号“最高人民法院司法案例研究院”，2023 年 5 月 17 日。

9. 《股东出资问题 21 条裁判规则汇总》，载微信公众号“最高人民法院司法案例研究院”，2023 年 6 月 14 日。

10. 《〈最高人民法院公报〉关于执行异议之诉的 14 条裁判规则》，载微信公众号“最高人民法院司法案例研究院”，2023 年 7 月 4 日。

11. 何远、黄琳娜：《什么是理想的庭审?》，载微信公众号“麦读”，2018 年 7 月 21 日。

12. 《［师道］郑彧：我的认真，一以贯之》，载微信公众号“笃行致知明德崇法”，2018 年 5 月 21 日。

五、参考作者前期出版、发表的文献

1. 《亲历法庭：民商事案件诉讼思维与代理策略》，法律出版社 2020 年版。

2.《民事诉讼中律师作用的实证研究——以协同主义理论为视角》，浙江大学博士学位论文。

3.《论数字时代下协同主义诉讼模式的建构》，载《北方法学》2024 年第 1 期。

4.《律师持令取证的实践现状与制度构建——以浙江省为例的实证研究》，载《浙江社会科学》2022 年第 3 期。

5.《协同主义理论下律师在调解中的作用——基于杭州市的实证研究》，载焦宝乾主编：《浙大法律评论》（第七卷），浙江大学出版社 2021 年版。

6.《民事诉讼中律师取证的原则和方式》，载《中国律师》2023 年第 3 期。

7.《律师应向当事人全面披露案件法律风险》，载《中国律师》2021 年第 6 期。

8.《诉讼可视化的适用》，载《中国律师》2020 年第 12 期。

9.《体系化法律检索实操》，载《中国律师》2020 年第 11 期。

10.《民商事再审案件代理之魅力与挑战》，载《中国律师》2020 年第 5 期。

11.《证据可视化工作实操》，载《中国律师》2019 年第 12 期。

12.《律师调解的大格局》，载《中国律师》2018 年第 5 期；收录于胡仕浩、龙飞主编：《多元化纠纷解决机制改革精要》，中国法制出版社 2019 年版。

13.《推动纠纷化解：律师的核心职能》，载《中国律师》2018 年第 2 期。

14.《律师专业文章写作之道》，载《法治日报》2023 年 12 月 3 日，第 8 版。

15.《民事诉讼中证人出庭作证的规则》，载《法治日报》2021

年3月21日，第7版。

16.《律师收集证据的三种方式》，载《法治日报》2020年11月8日，第7版。

17.《“新的证据”在再审审查阶段的三项功能》，载《法治日报》2020年10月25日，第7版。

18.《优势证据规则的法律适用》，载《法制日报》2019年7月14日，第7版。

19.《“证人不得旁听庭审”之我见》，载《人民政协报》2020年7月21日，第8版。

20.《证据新规下民事诉讼证据的“三性”要义》，载《民主与法制时报》2020年3月19日，第7版。

21.《请求权基础是民商事案件审理的基本依据》，载《中国商报》2020年2月20日，第7版。

后　　记

跨进法学大门已逾十四年。在学业上，我从一名法学学士，成为法学硕士，再攻读法学博士学位；在律师职场上，从一名律师助理，后成为主办律师，再经过三年的连续晋升，成为高级合伙人，现担任团队负责人；在教学工作上，经历近八年高校兼职教师的讲台耕耘，实现了全职从教的职业理想。

求知识、做实务、钻学术，是我十余年间的三条发展主线，且相辅相成。近几年，我意识到，自己虽热爱实务工作，但更加尊崇教书育人、传道授业的事业。而且自己写作、研究的爱好和学习、工作的经历也是高校所需要的。如何将上述两项事业无缝衔接，使之有机结合、相互促进，并保持自我的开放性，我愿不断去摸索，去体悟，去实践。[1]

自执业以来，我先后出版了《律师应是怎样的人》《亲历法庭：民商事案件诉讼思维与代理策略》等几本与律师职业、执业相关的作品，其间在实践中不懈地思考与总结，深感持之以恒、厚积薄发

---

〔1〕 我赞同一位曾专职从事过多年律师工作的法学教授所言，“无论是政府部门还是广大人民群众对于法律及律师的角色、应有的地位和作用还是怀有偏见。我希望‘法律’能够更好地服务于社会，让大家觉得法律是有用的，而这一点不是一个律师或者一群律师有着优秀的表现就能改变现状，而是需要培养一大批具备优秀法律思维、理解市场规律的法律人才，所以最好的途径便是回到学校教书”。《［师道］郑彧：我的认真，一以贯之》，载微信公众号“笃行致知明德崇法”，2018 年 5 月 21 日。

的重要性。

在博士研究期间，我专注于将经年积累的实践经验提炼为学术观点，以此思路写就了一篇20余万字的博士学位论文《论律师在民事诉讼中的作用——以协同主义理论为视角》。这篇论文主要探究的问题是律师在民事诉讼中究竟能起到什么作用，如何能在协同主义理论下进一步发挥律师在民事诉讼中的作用。我尝试提炼的协同主义理论具有一定的层次性，其包含了从宏观到中观再到微观的三个子系统理论，即协同治理理论、协同诉讼模式理论、民事司法商谈理论。其中，协同主义诉讼模式是指民事诉讼中法官运用职权发挥诉讼指挥作用，与诉讼参加人充分沟通与合作，使诉讼主体在事实发现、法律适用、程序促进等方面共同推进民事诉讼程序的一种模式。此“协同”主要是法官与律师以诉讼作业共同体的身份一起积极地推动民事诉讼的作业任务和程序进程。因此，我认为在协同主义诉讼模式中，律师应以有效商谈的方式与法官共同发挥探知案件真实、正确适用法律、提升诉讼效率和实现诉讼使命的作用，以实现案结事了人和。这篇博士论文是我用心做出的一份关于学术研究和执业经验的学术总结，我将其视为“民事诉讼律师执业的学术提炼”。同时，我已将研究民事诉讼模式理论和律师作用理论作为我的学术志业，本书可作为以上两个理论的一项应用成果。

律师在民事诉讼中的代理职能如欲在实践中得以有效发挥，就必须要习得一套深入、系统的代理方法论。而法律人的法学（律）教育始于高校的本科阶段。综观我国法学教育界，目前鲜有高校的法学院开设高质量的民事诉讼实务类课程，更遑论系统性的应用训练。市面上的相关书籍大多过于偏重微观的实操，类似于业务操作指引或办案技术规范，叙述太过具体。而往往越具体，越无法穷尽，反而造成体系感缺失，令读者深陷密集的规则丛林之中，失去方向。

我认为，教师在讲授有关民事诉讼代理的内容时既不需要拔高到理论层面，也不宜太具体、太琐碎，而应将经验归纳成中观的方法论，向上求索能直触理论，往下细化能落地实操。所以在日常教学中，我非常重视“民事诉讼律师执业的教学提炼”，本书就是一项经系统化提炼的教学成果。我坚信，这项工作有利于法学教育，能惠及后学之人，是很有意义的。

最后，我想说，将凝练的系统性知识和经验传授给学生们，尽力消除理论与实践的鸿沟，希冀他们在校期间就树立健康的法律职业观，收获科学的职业方法论，是每位教师的初心。谨以此书，愿我的学生们：

一生做一件事，

一生做好一件事，

一生做好一件专业的事。

赵青航

2024 年元旦